亚相容解悖方案研究

A Study on Paraconsistent Solution to Paradoxes

付 敏 著

社会科学文献出版社
SOCIAL SCIENCES ACADEMIC PRESS (CHINA)

国家社科基金后期资助项目
出版说明

　　后期资助项目是国家社科基金设立的一类重要项目，旨在鼓励广大社科研究者潜心治学，支持基础研究多出优秀成果。它是经过严格评审，从接近完成的科研成果中遴选立项的。为扩大后期资助项目的影响，更好地推动学术发展，促进成果转化，全国哲学社会科学工作办公室按照"统一设计、统一标识、统一版式、形成系列"的总体要求，组织出版国家社科基金后期资助项目成果。

全国哲学社会科学工作办公室

前　言

　　美国作家海勒（J. Heller）在小说《第二十二条军规》中讲述了一个有趣而又荒诞的故事。约翰·尤萨林上尉忍受不了永无休止的战斗飞行任务，于是装疯躲进了医院。他以为这样就可以名正言顺地停飞，因为在飞行员中流传着这样一条军规：疯子可以获准免于飞行。但他很快发现，自己打错了算盘。按照要求，他必须亲自提出申请，可这条"该死的"军规还宣称：凡能够意识到飞行有危险而提出申请的，属于头脑清醒者，应当继续执行飞行任务。假如上尉真的提出申请，这就等于向人们宣告："我证明自己是个疯子。""证明"是一个理性思维活动，要理性地证明自己此时是不理性的，何其难也。若明知如此而为之，又是多么不理性的行为！这是一个离奇的纠缠，思维中的自我相悖。在这样的悖乱中，如何能够保持清醒的头脑，这正是本书研究的对象——亚相容解悖方案（paraconsistent solution to paradoxes，简称"亚相容方案"）所关心的问题。

　　悖论（paradox）有着悠久的历史，它一经在我们的思维中出现，就再也挥之不去，关于它产生的根源与解决之道的争论也从未停止过。从逻辑的观点看，不论何种解悖的主张，都一定包含了对某种逻辑的承诺。此时，为解悖提供合法的逻辑基础，便成了逻辑学研究的一项重要任务。在逻辑学的大家族中，亚相容逻辑（paraconsistent logic）无疑是最有"革命性"的，它毫无顾忌地向我们的思维大法——（不）矛盾律（law of non-contradiction）发出了挑战。在它的立场上，矛盾（contradiction）并不是那样可憎，含有矛盾的理论和思维也并非如此不堪；相反，由于我们以往把矛盾律当作教条，一味地拒绝矛盾，我们应当为此自我检讨。既然如此，当悖论出现的时候，正确的态度应该是面对，把其中的矛盾当作"真"命题接受下来，并在逻辑系统中对它的"真"提供精确的刻画。唯有这样，我们才能在矛盾中保持理智：若以经典逻辑（classical logic）为基础，矛盾会借司各脱法则（Scott's law）推出任一命题，这样的思维和理论是平庸的（trivial[①]）；而在亚相容逻辑中，该法则不再具有普适性，矛盾可能带来的恶果也就能够被消除了。这就是亚相容逻辑面对悖论时表现的姿态，在解悖中表达的诉求：矛盾但非平庸（non-trivial）。

亚相容逻辑的思想和技术萌芽于20世纪初，形成于20世纪40年代，成熟则在60年代。它一经诞生，就被推到了风口浪尖，成为学界谈论的焦点。也正是在各种争议中，它的队伍不断壮大，影响范围亦更加广泛。在数十年的历程中，亚相容逻辑逐渐被推广至谓词演算、模态逻辑、多值逻辑、相干逻辑、辩证逻辑、认知逻辑、时态逻辑、道义逻辑、模糊逻辑、条件句逻辑等逻辑学分支，并在数学、计算机科学、人工智能、法律等领域得到了应用。同时，它的基础也更加深厚，涌现出大量亚相容"基础逻辑"（underlying logic）的研究成果，形成了弃合（non-adjunctive）方案、正加（positive-plus）方案、多值化（many-valued）方案和相干（relevant, relevance）方案这四大方向。

亚相容逻辑以其深刻的"革命性"、清晰的指向性、广泛的争议性而备受关注。本书的研究就是对它展开的反思性、批判性和建设性的探讨：立足于解悖，借助技术分析，在严肃的哲学关怀下，揭示其方法论的特异性质，展现它的得与失，并提出更加合理的研究路径的构想。

本书的主体内容由七个部分构成。

第一章"悖论的亚相容解决路径"从悖论的表现和根源出发，分析了亚相容解悖方案的基本诉求，以及方法论的特质。

亚相容方案要求接受悖论，这如何能够算作"解悖"呢？这是第一章所要回答的重要问题。悖论是一个理论事实，由"公认正确的背景知识"、"正确无误的推导"和"矛盾性的结论"三大要素构成，这是悖论的一般表现。其中，公认正确的"背景知识"要素是各种悖论展现自己个性的场所，它还是悖论生根的土壤，是蕴藏解悖密匙的地方。在此基础上，第一章回顾和分析了解悖方案的评价标准——RZH标准。该标准由"足够狭窄"、"充分宽广"和"非特设"（non-ad hoc）三项要求组成。所谓"足够狭窄"，即要求方案能让该悖论以及与之相关的其他悖

[①] 也译作"琐碎的""不足道的"。

论都不再出现;"充分宽广"则要求对原有理论的改动越少越好,如果两个方案的效力相仿,那么,对原先的理论修改更少的更有优越性;"非特设"是要求该方案给出充足的理由,以说明拒斥或修改某个前提并不是因为它导致了悖论,而是因为它本身就是错误的。第四、五、六章对亚相容方案的考察正是在 RZH 标准这一框架内展开的。

与传统的解悖观念不同,亚相容方案的目标主要不在悖论根源的挖掘上,它更加关心的是:当悖态(即悖论这一状态)已成事实,如何避免理论或思维滑向平庸。那么,它所要消除的悖态就有了另一番含义,本书称之为"元层次"的悖论之悖。它表现为这样一种不相容(inconsistent)的情况:根据经典赋值原则,矛盾不能为真;根据前提的真和推理规则的保真性,矛盾应该为真。那么,所谓解悖,就是要消除这种不相容。经典方案显然要保留前者而修改后者,亚相容方案则刚好相反。体现在方法论上,就是在系统的语义上允许 A 和非 A(记为 ¬ A)这样相互矛盾的命题同时为真,所以,亚相容方案拥有一种特殊的解悖资质:通过接受悖论,允许系统不相容,以消除"元层次"上的不相容状态。对悖论的"元层次"解析为我们理解和评价亚相容解悖方案提供了基石。

第二章"弃合方案和多值化方案"主要考察雅斯科夫斯基(S. Jaśkowski)的"讨论逻辑"(discussive logic)[①]、雷歇尔(N. Rescher)和布兰登(R. Branddom)关于"不相容世界"(inconsistent world)的逻辑以及普利斯特(G. Priest)的"悖论逻辑"(logic of paradox)、亚相容衍推(entailment)系统。这两类方案有所区别,但它们都直接以改造经典二值语义为重心,因而具有明显的相似性。

弃合方案认为,A 和非 A 可以各自为真,但它们的合取"A 且非 A"不能为真,因此要求阻断二者在语义上的联系:不能从 A 和非 A 分别的

[①] 在国内文献中,discussive logic 的常见译法有"谈论逻辑""商谈逻辑"。前者如张清宇、郭世铭、李小五《哲学逻辑研究》(第 2 版),社会科学文献出版社,2007;后者如杜国平《不协调信息的推理机制研究》,中国社会科学出版社,2017。雅斯科夫斯基构建系统 D2 主要针对的是同一话题下多个主体的论断之间的不相容(他认为同一主体自身的一系列论断之间很可能是相容的)。笔者认为,与"谈论"相比,"讨论"一词能够更明确地表达这种多主体性。"商谈"则伴有"寻求解决办法"的目的性,含义多出。因此,本书采用"讨论逻辑"的译法。

真得出它们同时为真。雅斯科夫斯基主要关注多主体的讨论过程。在这个过程中，每个参与者的观点都是自我相容的，但他们之间的观点很可能相互冲突：对于同一个命题，他们的真、假判断可能不同；或者，对于同一个问题，他们的结论可能刚好相反。从讨论的整个系统来看，两个相互矛盾的观点分别代表了各自为真的可能性，但不能由此认为它们的合取在系统中也有为真的可能。基于这样的考虑，他以模态逻辑 S5 系统为基础，建立了"讨论逻辑"系统 D_2。其中，说谎者语句"本语句为假"可能真，也可能假，但得不出"它是真的，并且它是假的"，因此，它不会导致系统的平庸。

雷歇尔和布兰登的看法与此相似，他们明确区分了两种世界："标准世界"（standard world）和"不相容世界"。在标准世界中，两个相互矛盾的命题必定一真一假，它们的合取也为假。不相容世界与此不同，两个相互矛盾的命题的合取在其中仍然为假，但它们各自分别为真。要从矛盾推出任一命题，矛盾就必须在所有的世界中都为真，这显然是办不到的，因为矛盾只在不相容世界中才能为真。如此，既可以同时接受两个相互矛盾的命题，又宣布了司各脱法则的无效。

多值化方案认为，"既真又假"是不同于"真"和"假"的第三种状态，因此可以把它单独看作一种特殊的语义值。"悖论逻辑"系统 LP 有三个语义值：单真（true only，真而不假）、单假（false only，假而不真）、悖论性（paradoxical，既真又假），其中"单真"和"悖论性"都是特征值（designed value）①。LP 的赋值规则有如下特点：若 A 为悖论性的，则非 A 也是悖论性的，其余同经典语义；若 A 和非 A 一个单真另一个是悖论性的，或者都是悖论性的，那么"A 且非 A"就是悖论性的；若 A 和非 A 一个单假另一个是悖论性的，或者都是悖论性的，那么"A 或非 A"就是悖论性的。这样，"从 A 和非 A 推出任一命题 B"就是无效的，因为存在 A 和非 A 都为悖论性的而 B 单假的情况。

在"悖论逻辑"的基础上，普利斯特运用可能世界语义学建立了衍推系统，既维持了分离规则（modus ponens）的有效性（validity），又能排除寇里型悖论（Curry's paradox）。该衍推系统由于沿用了 LP 系统的三

---

① 逻辑系统内定理的取值：如果公式 A 是系统的内定理，那么 A 只能取特征值。

值语义，并且能够阻止从矛盾推出一切命题，因而也是亚相容的。

第三章"正加方案和相干方案"考察了达·科斯塔（N. C. A. da Costa）的命题演算系统 C_n（$1 \leq n \leq \omega$）、辩证逻辑系统 DL 以及安德森（A. R. Anderson）和贝尔纳普（N. Belnap）的相干命题逻辑系统 R、E、FE。这两类方案都更加注重语法系统的构建，以对司各脱法则实施某种语法上的"限制"为主要手段。

正加方案的思路是：先保留所有经典逻辑关于"正命题"（positive proposition）的法则，再有差别地增加涉及否定词的内容。在 C_n（$1 \leq n \leq \omega$）中，经典逻辑中那些不涉及否定词的定理和规则都继续有效（valid），部分涉及否定词的经典法则也仍然成立，如排中律（law of excluded middle）、双重否定律（double negation law）等。还有一些与否定词相关的内容则被加上了限制：在遵守矛盾律的情况下有效，在不遵守矛盾律的情况下无效。从语义来看，所谓不遵守矛盾律，即矛盾为"真"的情况。此时，司各脱法则中的前件为真而后件可能为假，依据推理有效性的定义，它就不再成立了。C_n（$1 \leq n \leq \omega$）代表的是一个等级序列，从系统 C_1 到系统 C_ω 严格渐弱：若 A 在 C_k 中遵守矛盾律，则 A 在 C_k 之前的所有系统中都遵守矛盾律，反之不然；若 A 是 C_k 的定理，它在 C_k 之前的所有系统中都是定理，反之不然。

系统 DL 的构造思路与 C_n（$1 \leq n \leq \omega$）相同，它致力于刻画由"对立统一规律"所决定的推理机制：一个连续体被拉伸之后显现出一些中间地带，它在这里或者兼具彼此矛盾的两种状态，或者都不具有。在系统 DL 中，表达这两种状态的命题可以同时为真，也可以同时为假，矛盾律和排中律都不普遍有效。

相干方案最初的目标不是刻画亚相容性，而是要避免形形色色的"实质蕴涵怪论"（paradoxes of material implication）、"严格蕴涵怪论"（paradoxes of strict implication），司各脱法则正好是怪论之一。相干逻辑学家认为，蕴涵怪论之所以产生，是因为我们忽视了蕴涵的前件与后件（或推理的前提与结论）在意义上的联系。因而他们主张把这种联系引入蕴涵（或推理）中。他们的基本想法是：A 相干蕴涵（或推出）B 的必要条件是 A 和 B 有共同的命题变元；在推理中，所有前提都应当"真正"被使用（be really used）。在这个意义上，司各脱法则的后件 B 与其

前件 $A \wedge \neg A$ 并不一定具有相干性，因而不能成为逻辑定理，与其对应的推理规则也不是有效的。通过对安德森和贝尔纳普的相干命题公理系统 R、E 和自然推理系统 FE 的考察，相干逻辑刻画相干性、亚相容性的基本思路和效果能够得到比较清晰的展现。

与其他亚相容逻辑相比，相干逻辑的产生具有独立性，也不是亚相容解悖方案的主流。关于其"相干诉求""相干原理"等是否具有足够合理性的讨论，实际上已经是另一个单独的课题。因此，随后三章的考察主要针对其他三种亚相容方案。

第四章"'狭窄性'和'宽广性'考察"是对亚相容方案的解悖效果和代价的研究。

对亚相容方案"狭窄性"的考察主要包括两个方面。其一，"元层次"悖论的消解：亚相容方案主要的逻辑系统都在语义上允许两个相互矛盾的命题同时为"真"，成功取消了第一章所述的"元层次"的悖态。其二，在寇里型悖论中，任一命题都能被推出，因此必须被亚相容方案排除。但是，由于它不涉及否定词，故允许矛盾为"真"的路子是行不通的。在普利斯特的"悖论逻辑"中，该悖论能被成功阻止；达·科斯塔的系统由于包含了全部的经典正命题逻辑，寇里型悖论仍会存在。

亚相容方案要求尽可能多地保留经典逻辑的内容，各个系统在"宽广性"上都有所表现。首先，它们都保留了部分经典有效的法则，但程度有所差别。在"悖论逻辑"中，分离规则失效了，C_n（$1 \leq n \leq \omega$）把经典逻辑吸收为子系统，雷歇尔的方案更是保留了所有经典的法则，并在"元语义学"的层面为它们的使用进行了规定。其次，这些系统没有完全抛弃某些失效的规则，而是通过哲学说明或形式刻画明确了使用它们的条件。第四章的分析表明，亚相容方案并没有完全放弃对相容性（consistency）的追求，而是实现了一种较弱的相容性，"合经典性"也是亚相容方案的基本诉求。

第五章是对现有主流亚相容方案之"特设性"的分析，论证"允许矛盾为真"不论在哲学上还是技术上都无必要。

亚相容方案所要接受的是"有意义的矛盾"，第五章的讨论从对这一概念的辨析开始。若它是指"不导致平庸的矛盾"，则难有确切的所指，因为这样会陷入循环：通过放弃司各脱法则来刻画有意义的矛盾，而该矛盾正是因为司各脱法则无效才拥有了"意义"。若它是指"包含悖论的有意义的理论",则意义不在矛盾自身,而在理论的其他部分。为此,第五章以贝克莱悖论的产生和解决以及微积分的发展为例,进行了详细说明和论证。悖论能够让我们意识到理论的深处隐藏着错误,能够为理论的变革提供契机,这正是悖论研究的价值所在。但这并不代表悖论中的矛盾本身是有意义的。相反,悖论的首要意义在于"证伪",是对矛盾的拒斥。爱因斯坦"光速悖论"的解决、相对论的提出恰好表明,悖论的价值最终要通过"消除矛盾"来实现,该过程并不需要预设或暂时假定"矛盾为真"。

系统与其现实原型的"恰当相符"是解悖方案"非特设性"(non-ad hocness)的表现之一。亚相容方案现实原型的特征是"不相容但非平庸"。亚相容方案在语形上能够有效地阻止平庸状态产生,实现与原型的对应,却在语义上有所偏离。在原型中,"允许矛盾为真"与非平庸并无必然的因果关系,在系统内也就不应被当作必不可少的手段。并且,它还可能在其他方面导致"相符性"的缺位。更何况,所谓亚相容现实原型,大多来自亚相容论者对这些原型的误解。此外,语义封闭性(semantic closure)是语义悖论这一原型的显著特征,但封闭性在"悖论逻辑"中并不能够真正实现。

第六章继续分析现有主流亚相容方案的"特设性",论证"允许矛盾为真"不但在技术上无法实现,在哲学上也缺乏根基。

允许矛盾为"真"是亚相容方案当前的主要手段。然而,这在技术上是一种过于"特设"的做法,因为不论在语形、语义还是语用上,亚相容逻辑学家都难以找到充足的理由说明矛盾为什么可以为"真"。对于"矛盾"概念,若采用纯语形定义的途径,则既不充分也不必要。其失误在于:用"矛盾"的形式表述代替了"矛盾"本身,而后者本质上含有比前者更丰富的内容。在语义上,无法从经典真值关系说明矛盾如何为"真"。如果强行赋予其"真"值,将改变"矛盾"一词通常的含义及其所指的范围,否定词也将变成下反对关系形成算子,为真的也就不再是矛盾。从语用的角度来定义"矛盾"会涉及"断定""否认"等概念,第六章结合它们论证了所谓"真矛盾"(true contradiction)的实质:两个具有矛盾关系的命题同时"被断定为真",若承认"真矛盾",

将会导致平庸。

此外，第六章分析了在理性思维中拒斥矛盾的重要意义，就矛盾律在合理认知中的价值展开了论证：从矛盾律的本体论基础出发，讨论它与思维法则、语言规范的关系；同时指出，矛盾律兼有"规律"和"规范"双重含义，在本体论意义上不可能存在对矛盾律的违背，所谓"矛盾为真"只是在语用上对"不矛盾规范"的违反。

第七章"亚相容方案的'逻辑应用'构想"是在此前批判性考察的基础上，为亚相容解悖方案研究提出的建设性意见。

该章明确指出亚相容逻辑系统的中心任务是要实现对系统外"亚相容性"恰当的形式刻画：要能恰当地刻画"不"相容性；要能恰当地刻画"亚"相容性。围绕这项任务，我们所提供的逻辑一方面要能确保 α 和 $\neg\alpha$ 确实具有矛盾关系，另一方面要能回答为什么它们的出现没有导致理论或信念体系的平庸。这就要求我们回到亚相容状态下的理论或信念体系本身，重新考察其"熔断机制"如何发挥作用。笔者认为，真正需要关注的不是"应当使用什么样的逻辑"，而是"应当如何使用（经典）逻辑"。基于这样的理解，笔者提出了一个"逻辑应用"（logic application）路径的构想，并对此进行了初步的形式化，构造了面向悖论的亚相容逻辑系统 BLP，系统外的亚相容性在其中得到了更加准确的刻画。

本书的主题既属于逻辑悖论研究的领域，又属于现代非经典逻辑（non-classical logic）研究的范畴，具有较强的专业性，适合具备一定数理逻辑知识，又对悖论问题或非经典逻辑感兴趣的读者阅读。若对亚相容逻辑的主要系统已经有所了解，可以跳过第二、三章，直接阅读后面的内容。第一章是基础，尤其对亚相容方案方法论特质的分析，是深入理解其解悖功能的关键，建议阅读。第七章提出了亚相容方案"逻辑应用"路径的构想，不仅提供了一种新的研究视角，也有助于我们准确把握亚相容方案的实质，亦建议阅读。

由于笔者能力有限，对文献的掌握和分析难免有疏漏，欢迎读者批评指正。

目 录

第一章 悖论的亚相容解决路径 ·········· 1
 第一节 悖论的表现和根源 ·········· 1
  一 悖论的表现 ·········· 1
  二 悖论的根源 ·········· 6
  三 解悖的评价标准 ·········· 13
 第二节 解悖的亚相容之路 ·········· 16
  一 不相容且非平庸诉求 ·········· 16
  二 亚相容方案的历程 ·········· 20
 第三节 亚相容方案的方法论特质 ·········· 27
  一 解悖路径的特异性 ·········· 27
  二 解悖资质的特异性 ·········· 33

第二章 弃合方案和多值化方案 ·········· 37
 第一节 亚相容弃合方案 ·········· 37
  一 雅斯科夫斯基的"讨论逻辑" ·········· 37
  二 雷歇尔和布兰登的"不相容世界" ·········· 46
 第二节 亚相容多值化方案 ·········· 54
  一 普利斯特的"悖论逻辑" ·········· 55
  二 普利斯特的亚相容衍推 ·········· 63

第三章 正加方案和相干方案 ·········· 74
 第一节 亚相容正加方案 ·········· 74
  一 达·科斯塔的 C_n 系统 ·········· 74
  二 亚相容辩证逻辑系统 DL ·········· 84
 第二节 亚相容相干方案 ·········· 93
  一 相干方案的动因 ·········· 94

二　相干方案的形式系统 …………………………………………… 98

第四章　"狭窄性"和"宽广性"考察 ………………………… 107
　第一节　亚相容方案的"狭窄性"考察 …………………………… 107
　　一　对悖论的消解与接受 …………………………………………… 108
　　二　寇里型悖论的挑战 ……………………………………………… 113
　第二节　亚相容方案的"宽广性"考察 …………………………… 120
　　一　经典规则的"有限合法" ……………………………………… 121
　　二　亚相容情境中的经典推理 ……………………………………… 128
　　三　亚相容方案的"合经典性"诉求 ……………………………… 134

第五章　特设性考察：矛盾不必为真 ………………………… 137
　第一节　"真矛盾"与悖态中的理论 ……………………………… 138
　　一　理论的意义在矛盾之外 ………………………………………… 139
　　二　悖论的意义在于证伪 …………………………………………… 145
　第二节　"真矛盾"与系统内外的相符性 ………………………… 152
　　一　对系统外亚相容原型的误解 …………………………………… 152
　　二　系统内语形和语义的不平衡 …………………………………… 161

第六章　特设性考察：矛盾无法为真 ………………………… 170
　第一节　"真矛盾"在系统内无法定义 …………………………… 172
　　一　纯语形定义的不足 ……………………………………………… 173
　　二　语义型定义的缺陷 ……………………………………………… 178
　　三　语用视角下的"真矛盾" ……………………………………… 182
　第二节　"真矛盾"语义缺乏哲学根基 …………………………… 189
　　一　对"理性"的误解 ……………………………………………… 189
　　二　本体论和认识论上的贫困 ……………………………………… 193

第七章　亚相容方案的"逻辑应用"构想 …………………… 200
　第一节　从"基础逻辑"到"逻辑应用" ………………………… 200
　　一　亚相容方案的核心：刻画亚相容性 …………………………… 200

二　"基础逻辑"路径的局限 …………………………… 202
　　三　"逻辑应用"路径构想 …………………………… 206
第二节　面向悖论的亚相容置信逻辑 BLP ……………………… 210
　　一　系统 BLP 的语言 ………………………………… 210
　　二　系统 BLP 的公理和规则 ………………………… 213
　　三　系统 BLP 的语义 ………………………………… 220
　　四　系统 BLP 的特点 ………………………………… 225

总结与展望 ……………………………………………………… 229

参考文献 ………………………………………………………… 234

索　引 …………………………………………………………… 243

致　谢 …………………………………………………………… 252

第一章　悖论的亚相容解决路径

如果从历史来看，悖论已是个老者，而亚相容逻辑的诞生不过是20世纪的事情。严格来讲，它的产生并非因为悖论研究的需要，但它一经问世，就显现了与悖论的天然联系。亚相容逻辑思考的是如何在不相容情境下进行非平庸的推理。不相容情境（inconsistent situation）以矛盾的出现为标志，而最令人惊异和难以消解的矛盾就是悖论———一种特殊的逻辑矛盾。在传统的观念中，矛盾的存在是不被允许的，我们必须找到其根源并从源头上阻止它生成，以维持理论或思维的相容性。亚相容逻辑却反其道而行之，主张把矛盾当作事实接受下来，甚至可以允许某些矛盾为真。因为在它看来，更加难以忍受的不是理论和思维中的不相容，而是它们的平庸：根据经典逻辑法则，由矛盾可以推出任一命题。可是，悖论在人们的信念世界中广泛存在，平庸却从未成为事实；况且，已有的解悖方案大多存在这样那样的缺陷，与其头撞南墙，倒不如把悖论当作"残忍的"的事实接受下来①。因此，作为一种解悖方案，亚相容逻辑关注的不是怎样挖掘致悖的根源，而是如何恰当地容纳矛盾，如何阻止平庸的推理，以便为处于悖论状态中的理论和思维提供合适的逻辑基础。这正是亚相容方案在解悖思想上的特异性。那么，这种特殊的思想从产生到成熟经历了怎样的历程，在方法论上有何特色，"接受悖论"为何也算解悖？这还要从悖论的一般性质说起。

第一节　悖论的表现和根源

一　悖论的表现

在理论研究中，悖论因其复杂性和深刻性备受关注。在日常思维里，

---

① 参见 G. Priest, "The Logic of Paradox," *Journal of Philosophical Logic* 1 (1979): 220。

悖论也因为它所具有的趣味性和存在的广泛性而常为人们谈起。说到悖论，我们都能脱口道出几个经典的句子，如："我正在说的这句话是假的"，"我只给那些不给自己刮胡子的人刮胡子"，"我只知道一件事，那就是我什么都不知道"。这三个句子代表的正是大家所熟知的说谎者悖论、理发师悖论和苏格拉底悖论。

为什么它们被称作悖论呢？以说谎者悖论为例，若我们接着思考"这句话到底是真还是假"，通过分析不难得到："这句话是真的，并且这句话是假的"或者"这句话是真的，当且仅当，这句话是假的"。[①] 这样自相矛盾的结果显然是荒谬的。在汉语中，"悖"字兼有"冲突""错误"的含义[②]。与之对应的英文单词 paradox 由希腊语词根 para 和 doxa 构成，在此处的意思分别是"超越"和"信念"[③]，合到一起，意即"令人难以置信的"。悖论可以直观地表现为某些奇怪的语句，但其"悖"更在于那些荒谬的结论。

然而，悖论之"悖"还有更加深刻的特殊性，使它既不同于由明显虚假的前提（如"吾盾之坚，物莫能陷也"）所导致的信念冲突，也不同于因计算或推理错误（如"这条狗是你的，它是一个父亲，所以它是你的父亲"）而出现的荒谬处境。正因此，悖论才显得那样"令人难以置信"。在此意义上，悖论不是形形色色的奇异语句，也不是它们带来的错误结果，而是表现为一种完整的理论或思维状况。正是基于这样的认识，赛恩斯伯里（R. M. Sainsbury）对悖论做了如下定义。

(1) 我所理解的悖论是：从明显可接受的前提，通过明显可接受的推理，导出了一个明显不可接受的结论。[④]

这个定义既保持了对悖论的整体性理解，也揭示了悖论的一般结构。亚相容逻辑学家普利斯特也曾表达过类似的看法，把悖论视为一种论证

[①] 关于说谎者悖论的由来和更严格的塑述，见本章第三节。
[②] 参见翟文明、李冶威主编《现代汉语辞海》，光明日报出版社，2002，第45~46页。
[③] 参见 N. Rescher, *Paradoxes: Their Roots, Range, and Resolution* (Chicago: Carus Publishing Company, 2001), p. 3。
[④] R. M. Sainsbury, *Paradoxes* (3rd) (Cambridge: Cambridge University Press, 2009), p. 1.

（argument）："悖论是一种论证，其前提看起来都为真，其步骤看起来都有效，却结束于为假的结论。"①

为了严格和准确地定义悖论，国内学界曾有过长期争论。众多学者经过反复、深入的探讨，对悖论的理解也渐趋相近。以下表述都较有代表性。

（2）……如果从看起来合理的前提出发，通过看起来有效的逻辑推导，得出了两个自相矛盾的命题或这样两个命题的等价式，则称得出了悖论。②（陈波）

（3）悖论是某些知识领域中的一种论证，从对某概念的定义或一个基本语句（或命题）出发，在有关领域的一些合理假定之下，按照有效的逻辑推理规则，推出一对自相矛盾的语句或两个相互矛盾的语句的等价式。③（张家龙）

（4）逻辑悖论指谓这样一种理论事实或状况，在某些公认正确的背景知识之下，可以合乎逻辑地建立两个矛盾语句相互推出的矛盾等价式。④（张建军）

以上定义尽管在表述上有明显的区别，但它们都准确地揭示了悖论的结构特征，所异之处在一定程度上亦可实现共通。

第一，它们都强调悖论的系统性。悖论不是单个的"悖论性语句"本身（如说谎者语句），任何孤立的语句本身都不能构成悖论。悖论也不是"推导过程"或"论证过程"本身，不是前提、假设或背景知识本身，不是最终的结论本身，而是由以上各环节结合而成的系统的、完整的理论事实或思维状态。

第二，它们都强调前提的合理性。若从已知为假的前提或假设出发，即便得出了荒谬的结论，该事实也不能称为悖论。与"明显可接受"和"看起来合理"相比，"公认正确"这一表述更加明确，它至少指出，所

---

① G. Priest, "The Logic of Paradox," *Journal of Philosophical Logic* 1 (1979): 220.
② 陈波：《逻辑哲学》，北京大学出版社，2005，第97页。
③ 张清宇主编《逻辑哲学九章》，江苏人民出版社，2004，第194页。
④ 张建军：《逻辑悖论研究引论》（修订本），人民出版社，2014，第7页。

谓"可接受""合理""正确",不是来自个人的好恶或者偏见,在一定程度上强调了悖论的严肃性。也有学者认为前两种说法更恰当一些,因为悖论显示了思维的"毛病",而"公认正确"难以表达对这种异常的觉识。① 但是,如果我们能进一步考虑到"公认"一词所隐含的知识的主体相关性,以及认知"正确"与事实"正确"的区别,对"公认正确"一词的这种疑虑也是可以消除的。

第三,它们都指出了推理过程的正确性。不论是"明显可接受的""看起来有效的",还是"合乎逻辑的",都强调了(逻辑)推理规则的正确运用。背景知识不仅包括前提以及为它们的"合理性"提供根据的观念、直觉等,也包括推理所依据的基础逻辑以及关于它的合理性、应用范围等的观念。那么,所谓思维的"毛病"也可能出在这种逻辑之上,"看起来有效"这一表述很可能正是要为此留下余地。但即便这样,也不可把对逻辑的怀疑等同于推理错误,只要所使用的规则是在现有逻辑中有效的,那么它就是合乎逻辑的。按照这样的理解,以上各种表述并无实质性的差别。

第四,关于悖论中的结论。从经典逻辑来看,落脚于"不可接受的结论"和"矛盾等价式"②(或一对相互矛盾的语句)是可以相互转化的。根据经典语义,矛盾永假,其本身就是不可接受的;或者,使用司各脱法则($A \land \neg A \to B$),从矛盾等价式可以推出任一命题,包括荒谬的、"不可接受的"命题。反过来,使用归谬律(reduction to absurdity)等规则,从"不可接受的结论"可以推出其中某个前提的否定,从而建立起该前提与其否定命题的合取,再由此得到二者的等价式。但是,若采取亚相容解悖方案的视角,情况就会有所不同了:司各脱法则和归谬律均为无效式,矛盾亦并非都不可接受。这样,既无法因结论是"矛盾等价式"而说其不可接受,又无法把"不可接受的结论"还原为矛盾等价式。此外,普利斯特所说的"明显为假"并不等于赛恩斯伯里的"不可接受",他认为矛盾命题可能兼有"真""假"二值,而"假"与"可接受"并不互相排斥。

---

① 参见陈波《逻辑哲学》,北京大学出版社,2005,第96~97页。
② 张建军称其为"悖论的形式特征"。参见张建军《悖论是一种特殊的逻辑矛盾》,载张建军、黄展骥《矛盾与悖论新论》,河北教育出版社,1998,第56~65页。

通过以上比较，我们可以得到关于悖论的一些一般性的观念，即悖论表现为一种系统的理论事实或思维状况，并且这一事实或状况由三个基本要素构成：公认正确的背景知识、正确的逻辑推导、矛盾性的结论①。一个事实最终能够被确认为悖论，都需要在这三个要素方面经过反复的推敲和严格的检验。

在这三个要素中，"公认正确的背景知识"无疑是最为根本的，它是悖论得以生根的土壤，揭开悖论之谜、消解悖论的钥匙也蕴藏其中。它既包含了明晰的、对推理产生直接作用的共识，也包括隐性的、被我们不自觉地持有并使用的观念。研究悖论，就是要让这些知识充分地展现出来，重新加以审视和评价，再通过某种方式修改、限制或排除其中的问题成分，从源头阻止悖论的出现。然而，由于这些背景知识往往具有隐蔽性，挖掘悖论根源的道路漫长；由于这些背景知识有相当程度的公认性，消解悖论的过程也常常很艰难。例如，说谎者悖论已走过了两千多年的历程，但直至20世纪初经由塔尔斯基（A. Tarski）的工作，其中隐含的共识才被完全揭示出来。但即便如此，时至今日，人们仍未找到能够获得普遍认同的消解之道，说谎者依然顽强地游荡在我们的思维之中。

背景知识不仅在悖论的一般表现中扮演着重要角色，也是每一个具体的悖论表达"个性"的场所。于是，在悖论大家族中，便有了语形悖论、语义悖论、语用悖论、哲学悖论、具体理论悖论的区别。②

语形悖论只涉及"元素"、"类"或"集合"、"属于"和"不属于"、"基数"和"序数"等数学概念，并且，它们都可以借助纯逻辑形

---

① 三个要素的说法由张建军提出［参见张建军《逻辑悖论研究引论》（修订本），人民出版社，2014，第7页］，后得到国内学界较为普遍的认同。
② 拉姆齐（F. P. Ramsey）在1925年最先将悖论明确分为语义悖论、逻辑-数学悖论（后来一般称为"语形悖论"）。后来，人们又把一些背景知识中本质地涉及认知主体的悖论统称为"语用悖论"。张建军把这三种类型的悖论称为狭义逻辑悖论，以此与哲学悖论、具体理论悖论相区别。近年，王习胜又引入了一个新的用语"泛悖论"，用来统摄狭义逻辑悖论之外的悖论，并将狭义逻辑悖论称作"严格悖论"。相关文献参见 F. P. Ramsey, "The Foundation of Mathematics," in D. H. Mellor, ed., *Foundations: Essays in Philosophy, Logic, Mathematics and Economics* (London: Routledge and Kegan Paul, 1978), pp. 152-212；张建军《逻辑悖论研究引论》（修订本），人民出版社，2014，第12~24页；陈波《逻辑哲学》，北京大学出版社，2005，第99~100页；王习胜《泛悖论与科学理论创新机制研究》，北京师范大学出版社，2013，第12~21页。

式语言得到表达。其成员包括罗素悖论、康托尔最大基数悖论、布拉里-福蒂悖论等。语义悖论不仅涉及语形，其背景知识和构造过程还与"真""假""有意义""可定义""可描述""可满足""断定""指称"等语义概念有着本质的关联，主要包括说谎者悖论（以及它的若干变体，如卡片悖论、方框悖论、砝码悖论等），理查德悖论，格里林悖论，拜里悖论等。语用悖论是从语义悖论分离出来的，其背景知识不仅涉及语义因素，"知道"、"相信"、"可辩护"、"预料"或"选择"等语用概念也本质地参与其中。语用悖论又可分为认知悖论、合理选择（行动）悖论。前者包括知道者悖论、相信者悖论、绞刑架悖论（另两个版本分别是突然演习悖论和意外考试疑难）、普莱尔-伯奇悖论等；后者的主要代表有纽科姆疑难、盖夫曼-孔斯悖论等。同样，哲学悖论和具体理论悖论的生成也都离不开相应的理论背景。芝诺悖论和康德的四个二律背反都是著名的哲学悖论。具体理论悖论更是多姿多彩，如：物理学中的光速悖论、双生子悖论、祖父悖论、引力悖论，伦理和法律领域的道义悖论，博弈论中的囚徒困境、蜈蚣博弈悖论，等等。[①]

我们已经从系统性层面考察了悖论的一般表现，也站在背景知识的角度浏览了悖论的多面个性。如果回到起点，直接面对那些形形色色的悖论性语句，我们还会发现，它们大多与自我指称（self-reference）有关。不仅如此，它们在自我指称的同时，还不忘借助各种表达否定的词语，以这样那样的方式述说着总体或者无限。这可以看作众多悖论在语言层面的直接表现，也是人们在探索悖论根源时的重要切入点。

二 悖论的根源

许多悖论的产生与悖论性语句的构成方式密切相关，自我指称便是一个极为重要的方面。所谓"自我指称"，"指一个总体的元素、分子或部分直接或间接地又指称这个总体本身，或者要通过这个总体来加以定

---

① 各种悖论的具体内容和构造过程可参见以下文献：张建军《逻辑悖论研究引论》（修订本），人民出版社，2014；陈波《逻辑哲学》，北京大学出版社，2005；张清宇主编《逻辑哲学九章》，江苏人民出版社，2004；G. W. Erickson, J. A. Fossa, *Dictionary of Paradox* (New York: University Press of America, 1998); R. M. Sainsbury, *Paradoxes* (3rd) (Cambridge: Cambridge University Press, 2009); D. Olin, *Paradox* (Chesham: Acumen Publishing Limited, 2003)。

义或说明。这里所说的总体可以是一个语句、集合或类"①。如果给这种对总体的自我指标再加上恰当的否定，悖论就可能因此而产生。说谎者悖论就是一例："本语句"指称了"本语句为假"这个总体，并且，"为假"又构成了对这个总体的否定。

所以，人们一般认为，正是自我指标、否定、总体这三者的有机结合构成了某些悖论的直接根源。之所以强调这三者的结合，是因为单独的任何一方都不足以成就悖论。例如，"本语句为真""本语句由汉字构成"虽然都实现了对自我这个总体的指称，但并不会导致矛盾；"所有人都不能长生不老""所有奇数都不能被 2 整除"虽然涉及总体和否定，但也不构成悖论。即便这三者一应俱全，也并非悖论产生的充分条件，例如"本语句不是用英文写成的"。

另一种探寻悖论根源的思路是回到"公认正确的背景知识"这一要素。悖论的出现说明某个（或某些）错误的认识伪装成真理藏匿在背景知识中，研究悖论首要的任务就是把它寻找出来，揭去其面纱，予以修正、限制或者抛弃。正如塔尔斯基所说："如果我们认真对待我们的工作，我们就不能容忍这个事实。我们必须找出它的原因来，也就是说，我们必须分析出悖论所依据的前提来；然后，在这些前提中我们必须至少抛弃其中一个……"② 在这条道路上，人们对罗素悖论成因的分析以及应对手段的探索可谓经典。

罗素悖论是罗素（B. Russell）于 20 世纪初在康托尔（G. Cantor）创立的集合论中发现的。罗素把集合分成了两类：自属集和非自属集。所谓"自属集"，是指属于自身的集合。例如，能够成为自身的元素的集合所构成的集合。这个集合的特征性质为"是一个集合，并且能够成为自身的元素"。显然，该集合本身也是具有这一性质的，因此，它能够成为自身的元素，即它属于自身。又如，所有非人的东西组成的集合，它自身也是非人的东西，所有可以成为认知对象的东西所组成的集合，其自身也可以成为认知对象，等等，这些也都是自属集。

---

① 陈波：《逻辑哲学》，北京大学出版社，2005，第 118 页。
② 〔美〕A. 塔尔斯基：《语义性真理概念和语义学的基础》，肖阳译，载〔美〕马蒂尼奇编《语言哲学》，牟博等译，商务印书馆，1998，第 91 页。

所谓"非自属集",是指不能成为自身的元素的集合。例如,大于 0 且小于 3 的自然数的集合。这个集合具有一个特征性质"大于 0 且小于 3,并且是自然数"。所有属于它的元素(即 1 和 2)都具有这一性质。但这个集合本身并不具有这个性质,所以它不能成为自身的元素,因而是不属于自身的。在物理世界中,我们也可以找到许多这样的例子。如,太阳系行星的集合本身不是一颗行星,松树的集合本身不是一棵松树,人的集合本身不是一个人,等等。它们都不具有自身的特征性质,因而都不属于自身。

现在,如果把所有的非自属集放到一起,构成一个新的集合 S,它的特征性质为"是一个集合,并且不属于自身"。那么,集合 S 本身是否属于自身呢?考虑以下推导:

首先,假设 S 不属于自身。这意味着 S 不具有它的特征性质"不属于自身",即 S 不是不属于自身的,因此,它属于自身。于是有:若 S 不属于自身,则 S 属于自身。

接着,假设 S 属于自身,即 S 是自身的元素。那么,S 就一定具有它自己的特征性质"不属于自身",因而它是不属于自身的。于是有:若 S 属于自身,则 S 不属于自身。

结合以上两个推导,一个自相矛盾的结果便产生了:S 不属于自身,当且仅当,S 属于自身。①

---

① 关于罗素悖论的构造过程,更具形式特征的刻画可参考以下推导(杜国平《经典逻辑与非经典逻辑基础》,高等教育出版社,2006,第 115 页):

对于任意的集合 x 和 y,$x \in y$(x 属于 y)可以是 x 的一个性质,$x \notin y$(x 不属于 y)也可以是 x 的一个性质;尤其,$x \in x$(x 属于 x)和 $x \notin x$(x 不属于 x)也都可以是 x 的一个性质。从而,依据特征性质 $x \notin x$,我们可以定义这样一个集合:
$$S = \{x / x \notin x\},$$
即,所有不属于自身的集合所组成的集合。那么,S 自身是否是 S 的元素呢?

(1)假设 $S \in S$,即 S 是集合 S 的一个元素,那么 S 也应当具有性质 $x \notin x$,即 $S \notin S$,从而有:若 $S \in S$,则 $S \notin S$。

(2)假设 $S \notin S$,即 S 不是集合 S 的元素,那么 S 应当具有性质 $x \notin x$,而这恰好是集合 S 的特征性质,所有具有这一性质的集合都应当是 S 的元素,所以 S 是 S 的元素,即 $S \in S$,从而有:若 $S \notin S$,则 $S \in S$。

由(1)(2)可得到:$S \in S$,当且仅当,$S \notin S$。矛盾。

人们研究发现，罗素悖论的构造需要如下一些条件：（1）任何一个特征性质都可以定义一个集合（概括原则）；（2）对于任一集合 S，"S 属于 S"是一个有意义的命题；（3）任何一个集合都可以作为元素属于一个新的集合或它自身；（4）一阶逻辑是集合论的基础逻辑。罗素认为问题出在条件（3），正是它导致了"恶性循环"，于是提出了类型论。策墨罗（E. Zermelo）则认为条件（1）不合理，应当严格限制集合的构造。后经斯科伦（A. T. Skolem）、弗兰克尔（A. A. Fraenkel）、冯·诺依曼（J. von Neumann）等人的努力，建立起了 ZF（C）公理化集合系统。另一个由冯·诺依曼、贝尔纳斯（P. Bernays）和哥德尔（K. Gödel）完成的公理化集合系统 BG（C）把条件（2）看作矛盾产生的根源，通过对"作为一个集合的元素"的资格进行限制来消除悖论。①

对说谎者悖论的探索亦是如此。塔尔斯基认为问题出在语言使用的封闭性，于是提出了语言层次理论；② 多值逻辑和真值间隙论则认为根源在于对经典二值语义的不当使用，主张予以限制；情境语义学则认为我们忽略了对背景知识中语境因素的关注，要求以"语境敏感"的态度重述说谎者语句。③

王天思从描述论的角度认为"描述与作为自身前提的规定之间以及描述所涉及的规定之间的冲突是悖论产生的最终根源"④。所谓"描述"，指的是主体对对象的语词-符号说明或摹写；而"规定"是指主体为描述对象所作的关于质和量、方式和方法等的规范性设定。在他看来，任何描述都必须以一定的规定为前提，所有的规定之间的冲突，都是通过描述而实现的。为了进一步说明这种冲突如何导致悖论的产生，王天思把冲突的形成机制总结为三类。⑤

(1) 描述包含作为其前提并与之相冲突的规定；

---

① 这些解决方案的主要思想参见陈波《逻辑哲学》，北京大学出版社，2005，第 102~104 页。
② 对塔尔斯基语言层次理论更详细的介绍，见本章第三节。
③ 这些方案对说谎者悖论根源的分析和解决办法参见张建军《逻辑悖论研究引论》（修订本），人民出版社，2014，第 103~161 页。
④ 王天思：《现代科学和哲学中的描述问题》，上海大学出版社，2014，第 62 页。
⑤ 王天思：《现代科学和哲学中的描述问题》，上海大学出版社，2014，第 64 页。

（2）同一对象内含有两种不同的规定；

（3）把两个矛盾或不相容的规定关联起来。

第一种机制的典型后果是说谎者悖论；第二种机制产生的悖论包括了与"本语句""理发师""所有集合的集合""所有目录的目录"等相关的悖论；与第三种机制相关的悖论有卡片悖论、连锁（sorites）悖论等。

还有一些学者似乎不太关心某个背景知识本身是否有缺陷，而更加重视这些知识（前提）之间的关系。雷歇尔认为，真正的（actual）悖论是由多个论题构成的疑难（aporetic）境地：（1）每个论题单独来看都毫无疑问是自我相容的、可接受的；（2）它们聚合在一起却相互冲突。[①]因此，他认为任何被称作悖论的自我不相容的命题都不是真正的悖论，因为不符合（1）。但是，我们可以将它重新刻画为多个论题的聚合，使其满足这两个条件并转化成真正的悖论。假设有一个命题 N：

(N) It is never correct to claim that something is never the case.（绝不要说绝不。）

对它扩充如下：

（1）N 做出了一个有条理的要求。

（2）N 采用了"it is never the case"这一模式。

（3）如果 N 正确，那么任何采用"it is never the case"这种模式的陈述都是错的。

（4）N 导出了它自身的错误性。由（2）和（3）。

（5）N 没有做出有条理的要求。由（4），因为没有哪个导出了自身错误性的要求是有条理的。

（6）（5）与（1）矛盾。

[①] N. Rescher, *Paradoxes: Their Roots, Range, and Resolution* (Chicago: Carus Publishing Company, 2001), p. 7.

雷歇尔强调，只有（1）～（6）这些陈述的聚合（不是命题 N 本身）才能算作真正的悖论，它是对 N 的扩充，但包含了矛盾。至于悖论的产生，他认为这是我们认知上"过量承诺"（overcommitment）的结果，因为我们所提供的信息超出了实际所需。例如，对于未知数 x 和 y，为了求得它们的值，使用 $x+y=3$ 和 $x-y=3$ 信息量就刚刚好；若使用 $x+y=4$ 和 $2x+2y=5$，信息就过载（overload）了，不相容的情况便由此产生。

按照雷歇尔的看法，悖论之所以生成，出毛病的并不是某个背景知识，而是把（在特定情境下）本不相容的知识糅在一起的认知行为。另一个有趣的思想实验似乎与此形成了呼应，那就是"黄油猫悖论"。这个悖论基于以下两个常识。

（1）猫从半空中掉下来，永远是脚先着地。
（2）把涂有黄油的吐司抛到半空，永远是涂有黄油的那一面先着地。

现在，假设把涂有黄油的吐司绑在猫的背上，没有黄油的那一面贴着猫背，然后让猫从半空中跳下，将会怎样呢？根据（1），猫的脚会先着地；而根据（2），情况则刚好相反。（1）和（2）都是常识，皆有确切的经验证据，但合到一起却产生了矛盾。或许正如雷歇尔所说的，黄油猫这一思想实验本身就是在进行"过量的"承诺。

如果从认知的角度来看，雷歇尔的看法或许能概括为知识的不确定性。更准确地说，是知识在源头上的不确定性。在源头上，"人们只能有确定性的诉求却不能有确定性前提的保证。信念的不确定性已经内含着矛盾的冲突，埋藏着悖论的种子"。[①]

从认知上考察，悖论的产生亦可从思维与对象的割离说起。例如，张建军认为："辩证哲学对于悖论产生的根源的一般认识可以概括为：认识对象所固有的矛盾和主客观之间的矛盾，便是悖论产生的实在根源。更具体地说，悖论产生于人类思维'超出它自己的那些进行分离的规定，并且要联系它们'之时。这些用于进行分离的规定是一些范畴，诸如我

[①] 王习胜：《泛悖论与科学理论创新机制研究》，北京师范大学出版社，2013，第 105 页。

们谈到的个别与一般、肯定与否定、间断性与连续性、静止与运动等。在利用这些范畴进行的抽象思维的基础上,再对它们本身进行考察之时,若仍用局限于固定范畴的知性思维方法考察它们的联结,或考察涉及它们的联结的最高问题(存在与非存在的关系、真与假的关系等),便会产生悖论性的冲突。用哲学的术语概而言之:悖论产生于在人类思维中进行相对与绝对的'割离性'联结之时。这便是辩证哲学对于悖论根源的一种深层把握。"①

显然,关于悖论产生的根源,学界富有价值的探索远远超过以上列举,并且迄今仍没有形成统一的认识。鉴于本书的主旨并不是要为悖论的解决提供一套系统的、一般的方法论,故此处不再做更深入和全面的讨论。不过,从以上谈及的观点出发,我们依然能够大致窥见关于悖论根源讨论的不同但相互关联的层次,以及一些与之相应的粗略但合理的观点。

首先,悖论根植于背景知识中,这一点毋庸置疑。上文对悖论的定义和构成的分析显示,只有"公认正确的背景知识"② 要素能够对悖论的出现"负责"。其次,如果进一步追问"背景知识如何导致了悖论",则可从不同层面和角度展开研究,探寻悖论埋于背景知识中的根系。一方面,可以为某个(或某一类)悖论找到具体的源头,如自我指称、恶性循环、素朴集合论中的造集原则、语义封闭性等;另一方面,也可以在一般方法论上把原因归结为某些认知过程,如存在于描述和规定之中的冲突、知识上的"过量承诺"等。这也为各种解悖方案的提出打开了思路。需要强调的是,这一层次的研究所找到的各种原因(不论是具体的还是方法论的)仍不会逃出背景知识的范围,它们均作为前提或方法公开或偷偷地参与了悖论的构造。例如,原来被视为合理的自我指称和循环、原来被视为合理的语言使用规则、原来被视为合理的描述与规定、原来被视为合理的论题聚合方式,等等。最后,如果再进一步追问"为什么这些原因会出现于背景知识中",便可在哲学上对人的认知活动进行更深层的分析。例如,站在思维与存在之关系的高度,讨论思维的"割

---

① 张建军:《科学的难题——悖论》,浙江科学技术出版社,1990,第240~241页。
② 不论是否认同这一表述。

离性""联结性",等等。

三 解悖的评价标准

我们已经知道,悖论的构成有三个必备要素:公认正确的背景知识、正确的逻辑推导和矛盾性的结论。其中,矛盾的出现是悖论最为直观的表现。按照传统的观念,因为矛盾永假,所以是不可接受的。因此,解决悖论的第一要务是消除矛盾。当悖论从一个理论中被揭示出来,人们的第一直觉是它的背景知识出现了问题,于是试图通过发现并清理背景知识中隐藏的错误,使矛盾不再出现。

但是,由于人们对悖论的根源认识不同,所以寻找的解决途径就会存在差异,于是就形成了各种各样的解悖方案。例如,对于说谎者悖论,塔尔斯基认为是由自然语言的封闭性造成的,于是主张回归在语义上开放的语言;克里普克(S. Kripke)则认为说谎者悖论的出现,是因为"本语句为假"这个说谎者语句本身是没有根基的,因而是一个"不合法"的表达;情境语义学的支持者则主张对该语句真值的分析引入"情境"要素,因为悖论的产生就是来自语境上的混乱。亚相容方案却走向了相反的方向,认为悖论的产生自有其合理根源,与其在众多前提中痛苦纠结,不如干脆把它接受下来,因为如果矛盾是可以接受的,那么它对我们的理论和信念所造成的危机感自然就消解了。由于各自的观念和出发点不同,各种解悖方案之间就存在竞争关系,很难达成共识。但经过不断的思考和论争,学界在解悖方案的评价标准的问题上逐渐趋于一致。

罗素在发现罗素悖论之后,除了积极探索解决的途径,对解决方案所应坚持的方法论原则和恰当性标准也进行了深入思考。他在《我的哲学的发展》中写道:

> 正当我在寻求一个解决办法的时候,我觉得如果这个解决完全令人满意,那就必须有三个条件。其中第一个是绝对必要的,那就是,这些矛盾必须消失。第二个条件最好具备,虽然在逻辑上不是非此不可,那就是,这个解决应尽可能使数学原样不动。第三个条件不容易说得准确,那就是,这个解决仔细想来应该投合一种东西,

我们姑名之为"逻辑的常识",那就是说,它最终应该像是我们一直所期待的。①

罗素所说的关于"逻辑的常识"的条件,后来被哈克(S. Haack)更加清晰地表达了出来。

>……另外,它应该解答为什么这些前提或者原则表面上是无懈可击的,但实际上却是有懈可击的(哲学上的解决方法)。很难精确地说明对这种解释的要求是什么,但大致说来,这种解释应该表明被拒斥的前提或原则本身就是有缺陷的,这就是说,这些缺陷不依赖被拒斥的前提或原则导致悖论。要避免那些所谓的解决办法——这样做尽管很难,但却很重要——这些解决方法简单地给违法的语句贴上标签,这种做法表面上振振有词,实际上一钱不值。②

简单地说,要拿出充足的证据来表明,那些被修改或排除的前提本身就是错的。因为它们是错的,所以才导致了悖论,而不是反过来:因为它们导致了悖论,所以它们是错的。这个要求又被简称为"非特设性"或"非人为性"标准。虽然我们对于这个标准的理解是足够清楚的,但如果应用到某个具体的悖论,如何令人信服地接受却非易事。一方面,被修正或放弃的前提本身已经具有较高的"公认性",除非极具说服力,否则很难将其从人们的信念中移除;另一方面,这种说明常常具有强烈的哲学味道,因而具有一定的模糊性,很难形成统一的观念。例如,塔尔斯基针对说谎者悖论提出了语言层次方案,由于它对自然语言的开放性要求与人们的直觉不符,因而饱受质疑。也正因此,亚相容解悖方案的支持者几乎一致认为,经典方案之所以"失败",主要就是受困于它们自身的特设性(*ad hocness*)。

罗素所主张的前两个标准,更具有技术特征,因而在操作上比"非特设性"标准容易把握。数学家策墨罗也曾经独立表述为:"要使问题得到

---

① 〔英〕B. 罗素:《我的哲学的发展》,温锡增译,商务印书馆,1982,第70页。
② 〔英〕S. 哈克:《逻辑哲学》,罗毅译,商务印书馆,2003,第172页。

解决，我们必须一方面使得这些原则足够狭窄，能够排除掉所有矛盾；另一方面又要充分宽广，能够保留这个理论中一切有价值的东西。"①

策墨罗对解悖方案的要求与罗素是一致的，在表述上更具普遍性。因此，这两个要求可分别简称为"足够狭窄"和"充分宽广"。前一要求是最明确的，成功消除矛盾是一个方案成其为方案的首要条件。更高一层的考量是检查会不会出现"报复问题"（revenge problem），如果在消除一个悖论的同时又产生了新的悖论，或者对与被消除的悖论相关的另一些悖论束手无策，那这样的方案是难以被认可的。例如，用真值间隙论或三值化的方法来解决说谎者悖论，就一定会遭到"报复"，无法进一步融贯地解决"强化的说谎者悖论"（strengthened liar paradox）②。因此，成功的方案必须能防止"按下葫芦又起瓢"，"跳出油锅又进火坑"。对于集合论悖论，公理化集合论在这方面的表现堪称典范。

相对于"足够狭窄"要求，"充分宽广"要求具有一定的模糊性。对理论的修正应该维持在什么范围，达到什么程度，应该保留原有理论的哪些部分，各种方案之间常常争论不休，没有统一的标准。但是，在指导思想上人们普遍认同"最小代价，最大收益"原则。这就需要我们注重用整体性的眼光来看待被修正的理论，尽量维持理论体系的完整性和独立性，不能"剜肉补疮""因噎废食"。亚相容论者在处理亚相容逻辑与经典逻辑的关系时，也普遍遵循这一原则，力求在系统中尽可能多地保留经典有效的定理和推理规则。

将以上三个要求统合起来，即张建军所命名的"RZH 解悖标准"。③

第一，要"足够狭窄"：能够阻止原来的悖论以及与之相关的其他悖论；

---

① 转引自张建军《逻辑悖论研究引论》（修订本），人民出版社，2014，第26页。原文见 E. Zermelo, "Investigation in the Foundation of Set Theory Ⅰ," trans. by S. Bauer-Mengelberg, in J. van Heijenoort, ed., *From Frege to Gödel* (Cambridge: Harvard University Press, 1967), pp. 199-225。

② 参见第四章第一节。

③ 其中，字母 R、Z 和 H 分别取自逻辑学家 B. Russel、E. Zermelo 和 S. Haack（哈克）的姓氏，用以指称经由他们的研究而形成的解悖方案评价标准。参见张建军《逻辑悖论研究引论》（修订本），人民出版社，2014，第24~32页。

第二，要"充分宽广"：尽量保留原有理论的功能和作用；

第三，要"非特设"：为被拒斥之背景知识提供独立于"它导致了悖论"之外的其他的充足理由。

在学界，RZH 标准已成为人们在悖论问题的研究上广泛认同和遵循（尽管并不总是直接使用"RZH"这个名称）的方法论指导原则。亚相容逻辑作为一种解悖方案，对其可接受性的考量也离不开这三个要求。本书第四章、第五章和第六章对亚相容方案进行的考察和评价，正是基于 RZH 标准（结合本章第三节对悖论的"元层次"解析）展开的。

第二节 解悖的亚相容之路

一 不相容且非平庸诉求

亚相容解悖方案一般不讨论悖论产生的根源。它更加关心的是：当悖态已成事实，如何避免理论或思维滑向平庸。所谓平庸，也称"爆炸性的"（explosive），指谓这样一种状况或结果：如果两个相互矛盾的命题 A 和 ¬A 都成为一个理论的定理（被合法地推出），根据经典逻辑的司各脱法则，任一命题 B 也将成为该理论的定理。而悖论中的矛盾结果是从"正确的"前提，经由正确的推理合法地得出的。假如既要把悖论作为事实接受下来，又要避免理论变得平庸，就需要在逻辑上对司各脱法则加以限制。承担这一使命的正是亚相容逻辑：一种"允许从不相容信息进行非平庸推理的逻辑"。[①]

最初，人们是用 inconsistent logic（不相容逻辑）来指谓此类逻辑。而 paraconsistent logic（亚相容逻辑）一词最早是由逻辑学家奎萨达（F. M. Quesada）在第三次拉丁美洲数理逻辑讨论会（1976 年）上提出的。他以此来代替原先的 inconsistent logic，其目的是要说明，亚相容思想虽然对经典相容性这一要求进行了批判，但并没有完全弃之不

---

① G. Priest, "Paraconsistent Logic," in Dov M. Gabbay and F. Guenthner, eds., *Handbook of Philosophical Logic*, Vol. 6 (2nd) (Dordrecht: Kluwer Academic Publishers, 2002), p. 287.

顾，相反，在系统中仍保持了一种稍弱的相容性。这个新词由于更有利于人们理解这种新的逻辑类型，很快便得到了逻辑学家们的普遍认可。①

这种弱的相容性主要体现在：接受矛盾，但并非接受所有的矛盾。若非如此，便是对非平庸诉求的自毁。这是因为，任一命题 A（或 ¬A）都存在它的否定命题 ¬A（或 A），如果准备接受任一矛盾，那就等于要接受所有的命题。那么，哪些矛盾可以接受，什么样的矛盾又必须拒斥呢？很遗憾，亚相容论者并没能给出令人满意的答案。虽然如此，本书所说的严格的悖论（在真正解决之前）显然应当是在可接受之列的。

可是，由于"悖论"一词的日常使用并不统一，不同用法所指的对象也各有特性，必要的甄别和筛选就成了亚相容解悖方案自我辩护的重要环节。于是，在各种亚相容系统相继出现之后，阿鲁达（A. I. Arruda）适时地提出了自己的看法。他细致考察了各个时期、各个领域的主要悖论，把它们分为以下几种类型。②

---

① 尽管如此，逻辑学家们对 paraconsistent 的前缀 para 的解释却各有千秋。para 本身有"相像""类似""超越"的意思，奎萨达把它理解为"准"或"辅助"（quasi），而普利斯特更倾向于采用"超越"（beyond）之义，他曾将 transconsistent 作为 paraconsistent 的同义词。paraconsistent logic 亦有多个中文译法。一方面，对 consistent（名词形式为 consistency）的译法不同，除意译为"不矛盾""无矛盾"外，国内学界（含台港澳）较为通行的译法有"协调""一致""相容""自洽"等。莫绍揆、朱梧槚、郑毓信、张建军等学者认为，在汉语语境中，"不相容"可意会为韩非"矛盾之说"意义上的"不可同世而立"，相比于其他用语，该词更为传神达意，面向当代可能世界语义学也更有其语用优势，因而主张将 consistent 译为"相容"。对此，笔者亦有同感。另一方面，对 para 的翻译也不相同。这分别体现在如下通译之中："超协调逻辑"（杨熙龄等）、"超一致性逻辑"（王文方等）、"弗协调逻辑"（张清宇等）、"次协调逻辑"（桂起权等）、"亚相容逻辑"（张建军等）、"弱相容逻辑"（张建军早期译法）。显然，将 para 译为"超"与普利斯特等人的理解是相同的；译为"弗"则在汉字的字义上很难与"不"区别开；而译为"亚""次"则体现了 paraconsistent 一词创造者奎萨达的本意。根据笔者的研究心得，本书采用"亚相容逻辑"这个译法。但在引用和讨论国内学者的观点时，将临时采用他们原来的用语。关于各种译法的讨论亦可参见张建军《关于 paraconsistent logic 的几个问题》，《逻辑学研究》2018 年第 2 期，第 1~8 页。

② 参见 A. I. Arruda, "A Survey of Paraconsistent Logic," in A. I. Arruda, R. Chuaqui and N. C. A. da Costa, eds., *Mathematical Logic in Latin America* (New York: North-Holland Publishing Company, 1980), pp. 3-5。

(1) 形式悖论（formal paradox）：形如 A 和 ¬A 的命题都成为理论 T 的定理。

(2) 形式的二律背反（formal antinomy）：理论 T 的一个元逻辑证明，它使 T 变得平庸。

(3) 非形式悖论（informal paradox）：某种看似荒谬却有论证支持的结论。有些貌似荒谬但事实上可以为真（veridical paradox），其余则是由错误的论证导致的（falsidical paradox）。

(4) 非形式的二律背反（informal antinomy）：推理可接受，结论却自相矛盾的论证。如格里林悖论、说谎者悖论、罗素悖论等严格的逻辑悖论。

(5) 黑格尔论题（Hegel's thesis）：断言了矛盾为真的陈述。例如，在亚相容集合论中，"某些对象属于某个类，同时又不属于该类"。

阿鲁达认为，对于非形式的悖论，我们只要承认其结论为真，或指出其论证中的错误，就可以将其消除；形式的二律背反则无论在逻辑上还是在元逻辑上都毫无价值，因为它导致了理论的平庸。此外，若以经典逻辑为基础，形式悖论最终也将导致平庸，变成形式的二律背反。但在他看来，这并非形式悖论的宿命，因为我们完全可以把它的基础逻辑从经典的改换为亚相容的。至于非形式的二律背反，经典逻辑除了拒斥某些公认的原则之外别无良策。但阿鲁达认为我们并不是非这样做不可，相反，以亚相容思想视之，它们很可能事实上就是真的。对于黑格尔论题，他则极力表明，亚相容逻辑已经证明了它在形式层面和抽象层面上都为真。

通过上述分类，阿鲁达便为亚相容逻辑提供了现实的理论原型。不难看出，他对悖论的甄别采用了两个标准：一者，悖论是否可消除；二者，悖论是否导致平庸。前一个标准将非形式悖论排除在外，后一个标准则将形式的二律背反排除在外。余下的形式悖论、非形式的二律背反和黑格尔论题就是他所说的有意义的悖论，也就是可以接受的矛盾。在阿鲁达看来，亚相容逻辑恰好能为它们的"有意义"及"可接受"提供形式基础。

亚相容逻辑学家主张接受形式悖论和非形式的二律背反，除了因为他们对已有的经典解决方案不满，更重要的理由来自哥德尔关于形式算术系统完全性、相容性的天才贡献——哥德尔不完全性定理。

　　定理Ⅰ：如果形式算术系统 PA 是相容的，则在 PA 中一定存在一个公式 E，E 和 ¬E 在 PA 中都不能被证明。

　　定理Ⅱ：如果形式算术系统 PA 是相容的，则该相容性在 PA 中是不能证明的。

为了证明定理Ⅰ，哥德尔在 PA 中构造了一个语句 E：E 在 PA 中不能被证明。通过严格的推导，E 在 PA 的元语言中得到了证明①。这就是说，"E 在 PA 中不能被证明"得到了证明。现在，假设 ¬E 在 PA 中是可以证明的，即"并非'E 在 PA 中不能被证明'"是可证明的，而这与刚才的结论相矛盾，因此，¬E 在 PA 中也是不可证的。

定理Ⅱ可以看作对定理Ⅰ的一个自然的推广。假设 PA 的相容性在 PA 中是可证的，则"PA 是相容的"就一定是 PA 的一条定理。将它代入定理Ⅰ，根据分离规则就得到另一个定理"E 在 PA 中不能被证明，并且，¬E 在 PA 中不能被证明"，分解后得到"E 在 PA 中不能被证明"。由于它也是 PA 的定理，并且它恰好就是 E 本身，因此，E 是 PA 的定理，即 E 在 PA 中得到了证明。而这与定理Ⅰ是矛盾的。所以，假设不成立，PA 的相容性在 PA 中不能被证明。

亚相容逻辑学家认为，既然形式算术系统的相容性不能在自身的系统内得到证明，当出现悖论时，维护相容性就不再是必需的选择，放弃相容性而接纳悖论反而更加明智。但根据司各脱法则，不相容的系统必然会变得平庸。因此，要接纳悖论，就必须放弃司各脱法则，放弃经典逻辑。

除了悖论和哥德尔定理，梅农（A. Meinong）的本体论、含糊性、维特根斯坦（L. Wittgenstein）关于矛盾演算的理想等，也常被亚相容论

---

① 关于哥德尔定理Ⅰ的证明思路，可参见张建军《逻辑悖论研究引论》（修订本），人民出版社，2014，第 79~90 页。一个较为简略的证明可参见 G. Priest,"The Logic of Paradox," *Journal of Philosophical Logic* 1 (1979): 222-223。

者视为该方案之合理性的依据。①

（1）梅农的本体论。梅农是奥地利哲学家，他认为，虚构或假想的对象虽然在现实中没有对应物，却能以抽象的方式存在（subsist），如金山、圆的方、怪物等。当我们谈论对象的属性时，大可不必考虑它到底存在与否或它究竟是哪一类存在，因为属性是独立于存在的（所谓"独立性原则"）②，既然如此，让一个对象同时拥有两个相互矛盾的属性也就无可挑剔了。亚相容逻辑学家认为这恰好构成了违背矛盾律的一个原型。

（2）含糊性。当我们在描述一些处于边界状态的对象时，常常需要使用一些带有模糊性的谓词，如"是灰色""是蝌蚪"等。还有一些对象，由于缺乏明确的标准，我们的描述本身就是含糊的，如"秃头""谷堆"等。亚相容逻辑学家认为，在这种"亦此亦彼"的情况下，A 与 $\neg A$ 的界限自然也就不那么明确了，矛盾律也就不再有效。

（3）维特根斯坦关于矛盾演算的理想。维特根斯坦认为，把矛盾视为鬼怪完全是一种偏见和迷信，"总有一天，会出现包含有矛盾的数学演算研究。那时，人们将会真正感到自豪，因为他们把自己从协调性的束缚中解放出来了"。③ 维特根斯坦的理想被看作亚相容思想的渊源，这种理想也恰好能够借助亚相容逻辑而得到实现。

二 亚相容方案的历程

亚相容解悖方案的先驱首推俄国逻辑学家瓦西里耶夫（N. A. Vasil'év），代表性成果是他构建的"想象逻辑"（imaginary logic）。1910 年，他在自己的第一篇论文《论特称命题、对当三角形和排四律》中将判断分为"关于事实的判断"和"关于概念的判断"，前者表达处于特定瞬间的事实，后者表达不受时间限制的规律。"关于概念的判断"又可分为三类："所有 S 是 P"、"没有 S 是 P"和"只有部分 S 是 P，其余的都

---

① 参见李志才主编《方法论全书》（第1卷），南京大学出版社，2000，第526~528页。
② 参见〔英〕S. 里德《对逻辑的思考》，李小武译，辽宁教育出版社，1998，第163页。
③ 转引自桂起权、陈自立、朱福喜《次协调逻辑与人工智能》，武汉大学出版社，2002，第17页。原文可参见 L. Wittgenstein, *Philosophical Remarks*（Oxford: Basil Blackwell, 1975），p. 332。

不是 P",其中任意两种判断都不能同时为真,但可以同时为假。对于任一概念和任一谓词,这三种判断只能有一个为真,不存在第四种判断。他把这个论断称作"排四律"(the law of excluded fourth)。瓦西里耶夫发现,他关于判断的看法与亚里士多德并不相同,于是把自己"关于概念的逻辑"称作"非亚氏逻辑",认为这正像非欧几何与欧氏几何的关系一样。①

在此基础上,瓦西里耶夫进一步发展了自己的想法,提出了"想象逻辑"②。他认为,每个逻辑系统都是由两个部分组成:元逻辑、逻辑的本体论基础。元逻辑包含不可消去的思维规律,如果系统缺少了其中任何一个规律,就不成其为逻辑了。逻辑的本体论基础所包含的规律则依赖于认知对象的属性。在他看来,元逻辑是"第一逻辑",先于任何一种逻辑,并且对于任何可能的系统,其元逻辑都相同。不仅如此,他还引入了"逻辑维"(logical dimension)的概念。元逻辑中的判断只有一种质,即"肯定性的",属于"一维逻辑"。若给元逻辑加入否定性的(第二种质)判断,就得到了亚氏逻辑,因此,亚氏逻辑可称作"二维逻辑"。亚氏逻辑还可以进一步扩充为"想象逻辑",方法是引入一种"无差别判断"(indifferent judgements):"S 是 P 并且不是 P"。这种判断的质与前两种都不相同,所以"想象逻辑"是一种"三维逻辑"。按照这种方法,只要引入有限的 n 个质,就可以得到"n 维逻辑"。

显然,瓦西里耶夫所说的"无差别判断"就是我们谈论的矛盾。"想象逻辑"是从元逻辑发展而来的,而元逻辑是关于思维规律的逻辑,这里的矛盾也应当是指思维中的矛盾。事实上,瓦西里耶夫并不认为实在世界中有矛盾,而是将它的存在限定于心智所创造的可能世界中,他给自己的逻辑取名为"想象逻辑"也正是出于这样的考虑。再有,虽然这种矛盾出现于思维中,但元逻辑意义上的矛盾律仍然有效,"想象逻辑"并不会允许一个判断自相矛盾,同一个判断不能既真又假。但是,

---

① 参见 A. I. Arruda, "Aspects of the Historical Development of Paraconsistent Logic," in G. Priest, R. Routley and J. Norman, eds., *Paraconsistent Logic: Essays on the Inconsistent* (München: Philosophia Verlag, 1989), pp. 102–103。

② 参见 N. A. Vasil'év, "Imaginary (Non-Aristotelian) Logic," *Axiomathes* 3 (1993): 353–355; N. A. Vasil'év, "Logic and Metalogic," *Axiomathes* 3 (1993): 329–351。

他允许用两个相反的谓词来述说同一个对象，矛盾律在"逻辑的本体论基础"意义上不再有效。

第一个提出要建立亚相容命题逻辑系统的，是波兰逻辑学家雅斯科夫斯基，他于1948年在《不相容演绎系统的命题演算》[1]中构建了一个"讨论逻辑"。他认为我们应当区分"矛盾系统"（contradictory system）和"过完备系统"（over-complete system），前者包含两个相互矛盾的论题。雅斯科夫斯基指出，从辩证法、含糊性、科学发展的时代性等方面来看，矛盾往往是不可避免的，甚至是必要的，我们应当允许系统包含矛盾。而在"过完备系统"中，所有的公式都成立，这样的系统毫无实际意义。

根据雅斯科夫斯基的观点，"矛盾系统"实际上可以分为两类：其一，矛盾且过完备的系统；其二，矛盾但非过完备的系统。若以经典逻辑为基础，前者能够得到很好的刻画，因为根据司各脱法则，矛盾的系统必然是过完备系统。但对于那些"矛盾但非过完备"的系统，经典逻辑就明显不够用了。因此，他主张构造一种新的逻辑，并且这种逻辑应当满足以下条件：

（1）当被应用于矛盾系统的时候，并不总是导致过完备；
（2）应当足够丰富以能够进行实际的推理；
（3）要有合乎直观的依据。[2]

他所说的"矛盾但非过完备"的系统，相当于后来的研究者所指的亚相容的系统。由此看来，雅斯科夫斯基此时已经提出了比较完整的关于亚相容逻辑的思想。他所构建的"讨论逻辑"，正是在这一思想指导下进

---

[1] 该文最初是用波兰语发表的：S. Jaśkowski, "Rachunek zdań dla systemow dedukcyjnych sprzecznych," *Studia Societatis Scientiarum Torunensis* (Sectio A) 5 (1948): 57-77；在1969年被翻译为英文：S. Jaśkowski, "Propositional Calculus for Contradictory Deductive Systems," *Studia Logica* 1 (1969): 143-157. 后来，其中的波兰记法被转换为标准记法，并做了其他少量修改，以 " A Propositional Calculas for Inconsistent Deductive Systems" 为题名再次发表于 *Logic and Logical Philosophy* 35 (1999): 35-56。

[2] S. Jaśkowski, "Propositional Calculus for Contradictory Deductive Systems," *Studia Logica* 1 (1969): 143-157.

行的尝试，其现实原型是生活中的会谈、讨论过程。在多人参与的实际讨论中，所涉及的术语、概念等往往具有含糊性，这样，他们对论题的理解就可能存在差异。如果把他们的论点合并到同一个演绎系统中，很可能无法得到一个统一的结论。虽然这些论点相互冲突，但讨论一定不会是过完备的。雅斯科夫斯基把这样的系统称作"讨论系统"（discussive system），其中，每个论点都代表了一个可能世界。对讨论系统进行逻辑刻画，就形成了他所说的"讨论逻辑"。

雅斯科夫斯基的"讨论逻辑"被后来的达·科斯塔、杜比卡提斯（L. Dubikajitis）、阿鲁达等学者进一步推进。同时，其他类型的亚相容逻辑也相继被提出和发展。具有里程碑意义的包括达·科斯塔于1963年提出的亚相容命题演算系统 C_n（$1 \leq n \leq \omega$）、普利斯特于1979年提出的"悖论逻辑"等。随着越来越多学者的参与，亚相容逻辑逐渐被推广到谓词演算、模态逻辑、多值逻辑、相干逻辑、辩证逻辑、认知逻辑、时态逻辑、道义逻辑、模糊逻辑、条件句逻辑等逻辑学分支，涌现了大量亚相容"基础逻辑"研究成果，并在数学、计算机科学、人工智能、法律等领域得到了应用。

现在，亚相容逻辑已经成为非经典逻辑的重要成员，悖论情境下推理之逻辑机制也已成为逻辑学界所普遍关心的问题。尤其是在巴西、澳大利亚、比利时、加拿大、波兰、中国、意大利等国家，亚相容逻辑研究呈现蓬勃发展的态势，其中以巴西、澳大利亚和比利时三大学派最具影响力。2014年2月，关于亚相容性的第五次世界会议（the 5th World Congress on Paraconsistency，简称5th WCP）在印度加尔各答举行[1]。从会议发表的论文来看，亚相容逻辑的基础系统、哲学根基和应用研究仍是亚相容逻辑学家普遍关心的主题。尤其，多值化研究方向成为会议成果的重点之一，一些新的三值、强三值、多值亚相容逻辑系统被提出。另一个重点则涉及方法论，一些理论工具或研究框架被运用于亚相容逻辑，如：拓扑语义学（topological semantics）、自适应逻辑（adaptive logic）、用于对不相容后承关系进行筛选的表推演系统（tableau system）、沃沃斯基（V. Voevodsky）关

---

[1] 前四次会议分别于1997年（根特，比利时）、2000年（圣塞巴斯蒂昂，巴西）、2003年（图卢兹，法国）和2008年（墨尔本，澳大利亚）举行。

于数学基础系统的单价基础（univalent foundations）理论，等等。①

尽管亚相容逻辑学家的目标是一致的，他们实际采用的思路和具体方法却存在差异。其中，四个方向上的研究取得了比较有影响力的成果，即弃合方向、正加方向、多值化方向和相干方向。

弃合方向的早期成就正是雅斯科夫斯基的"讨论逻辑"。其基本手段是取消合取引入规则（adjunction）$A, B \vdash A \wedge B$ 的有效性。A 和 $\neg A$ 可以分别在不同的可能世界中为真，但不能在同一个可能世界中同时为真。他以模态逻辑 S5 系统为基础，建立了语句演算系统 D_2。其中，考虑一个 S5 模型 M：它使 A 在世界 w_1 中成立，$\neg A$ 在另一个不同的世界 w_2 中成立，并且有某个命题 B，它在任何世界中都不成立。从而，在 M 中，$A, \neg A \vdash B$ 的前提 A 和 $\neg A$ 都成立，但结论 B 却为假，因此是无效的。雅斯科夫斯基的思路后来被雷歇尔、布兰登等逻辑学家继承并发展，达·科斯塔及其合作者也就此进行了一些探索。

正加方向的第一个亚相容逻辑系统由达·科斯塔提出。1963 年他发表博士论文《不相容形式系统》，在其中建立了一系列亚相容逻辑系统 C_n（$1 \leq n \leq \omega$）。其基本思想是：在经典正命题逻辑②的基础上增加一个亚相容否定算子 $\neg$，并使得 A 和 $\neg A$ 可以同时获得语义值"真"，从而取消司各脱法则的有效性。达·科斯塔建立的 C_n（$1 \leq n \leq \omega$）系统得到了广泛的传播和研究。在国内学界，张清宇、杜国平、杨武金、余俊伟等学者也对它做了比较详细的介绍或讨论③。在 C_n（$1 \leq n \leq \omega$）中，若 A 为"假"，则 $\neg A$ 为"真"；若 A 为"真"，则 $\neg A$ 可能为"真"，也可能为"假"，即 $\neg A$ 的真值并不能由其子公式 A 的真值唯一地决定。这表明，其中的否定词 $\neg$ 并不具有真值函项（truth function）的性质，因而 C_n（$1 \leq n \leq \omega$）又被普利斯特称作"非真值函项性"（non-truth functionality）的亚相容逻辑。正因如此，比尔（Jc Beall）认为，"没有

---

① 参见 5th WCP 论文集，J. -Y. Béziau, M. Chakraborty and S. Dutta, eds., *New Directions in Paraconsistent Logic*（London：Springer, 2015）。

② 即经典逻辑中不含否定联结词的部分。

③ 参见张清宇《弗协调逻辑》，中国社会出版社，2003；杜国平《经典逻辑与非经典逻辑基础》，高等教育出版社，2006；杨武金《辩证法的逻辑基础》，商务印书馆，2008；余俊伟《否定词研究》，中国社会科学出版社，2014；等等。

第一章　悖论的亚相容解决路径

了真值函项性，便没有什么先验的理由来禁止 A 和 $\neg A$ 同时为真了"。[①]

最早考虑用多值化方法来构造亚相容逻辑的是阿森霍（F. G. Asenjo）。他早在 1954 年就有过这种想法，但直到 1966 年才将其发表出来。除标准的语义值"真""假"外，他又引入了第三值 i，专门作为悖论性语句和自相矛盾的语句（假设：A）的语义值，同时规定其否定（$\neg A$）也取值 i，二者的合取式（$A \wedge \neg A$）也拥有值 i。不仅如此，他还将 i 规定为特征值，从而，司各脱法则不再有效。普利斯特在亚相容逻辑上的想法与阿森霍一致。他在 1979 年发表了论文《悖论逻辑》，构造了亚相容逻辑 LP，对这种逻辑及其性质做了详细的考察。实际上，任何多值逻辑，只要它具有特征值 i，并且，若 $v(A) = i$ 则 $v(\neg A) = i$，那么它就是亚相容的。此外，达·科斯塔与其合作者也为其亚相容系统 C_n（$1 \leq n \leq \omega$）构造了一种三值语义。[②]

相干逻辑的产生并非源自对亚相容性的追求，而是为了排除实质蕴涵（material implication）怪论（如：$\vdash A \rightarrow (B \rightarrow A)$，$\vdash \neg A \rightarrow (A \rightarrow B)$[③]）和严格蕴涵怪论（如：$\vdash \Box A \prec (B \prec A)$，$\vdash \neg \Diamond A \prec (A \prec B)$）。其主要代表包括安德森、贝尔纳普、迈尔（R. K. Meyer）、R. 卢特雷（R. Routley，后改名为 R. Sylvan）、V. 卢特雷（V. Routley）、阿克曼（W. Ackermann）、马雷什（E. D. Mares）、邓恩（J. M. Dunn）、雷斯塔尔（G. Restall）等。他们认为，蕴涵怪论之所以产生，是因为我们忽视了蕴涵的前件与后件（或推理的前提与结论）在意义上的联系，因而主张把这种联系引入蕴涵（推理），其基本想法是：A 相干蕴涵（推出）B 的必要条件是 A 和 B 有共同的命题变元。在这个意义上，司各脱法则的后件（B）与其前件（$A \wedge \neg A$）并不相干（这更明显地体现在由原子命题复合而成的表达式 $p \wedge \neg p \rightarrow q$ 上），因而是无效的蕴

---

① Jc Beall, "Introduction: At the Intersection of Truth and Falsity," in G. Priest, B. Armour-Garb, eds., *The Law of Non-Contradiction: New Philosophical Essays*（Oxford: Clarendon Press, 2004）, p. 6.

② 参见 N. C. A. da Costa, D. Krause and O. Bueno, "Paraconsistent Logics and Paraconsistency," in D. Jacquette, ed., *Philosophy of Logic*（Amsterdam: North-Holland Publishing Company, 2007）, pp. 791-911。

③ 在演绎定理和逆演绎定理都成立的情况下，与它们等价的表达式分别是 $A \vdash B \rightarrow A$ 和 $\neg A \vdash A \rightarrow B$。

涵式。但从悖论的角度来看，"相干性"并不包含对"矛盾可接受"的承诺，以接受悖论为特点的亚相容相干逻辑，只是相干逻辑中的一种特殊类型。

杜国平的"知识蕴涵逻辑"① 吸收了对蕴涵的相干性要求（以及对相干性的定义），但把该要求限定在以假命题（矛盾命题）为前件的蕴涵关系中，使得司各脱法则的一般形式不成立，但能够容许它的某些特殊形式。他认为，司各脱法则让人难以接受的原因之一在于：其前件 $A \wedge \neg A$ 恒假，但在直觉上"人们说命题 A 和命题 B 之间如果存在蕴涵关系，一般会首先假设 A 是一个真命题"。② 因此，在一般意义上，司各脱法则应当是无效的。但是，对于它的某些特殊形式，如果前件和后件存在相关性（如：$A \wedge \neg A \rightarrow A$），则是可以接受的。基于这些考虑，杜国平构建了知识蕴涵命题逻辑公理系统 D。"前件为真""前后件相干"这两项要求在以下公理中得到集中体现：$B \rightarrow (\neg A \rightarrow (A \rightarrow B))$，其中 A 和 B 相关。在语义上，他对知识蕴涵联结词定义如下：如果 A 和 B 的真值相同，则 $A \rightarrow B$ 为真；若 A 真 B 假，则 $A \rightarrow B$ 为假；若 A 假 B 真且 A 和 B 相关，则 $A \rightarrow B$ 为真。显然，对于 A 假 B 真且 A 和 B 不相关的情况，$A \rightarrow B$ 是无定义的。因此，$A \wedge \neg A \rightarrow B$ 在一般意义上并不是 D 系统的逻辑真理。此外，在 D 系统中，同一律、矛盾律和排中律仍然成立，否定词、合取联结词的经典性质也得到了维持。

近年来，也有学者尝试对亚相容逻辑各个方向的成果进行统一。在"悖论、逻辑与哲学国际会议"（北京，2016）上，日本学者大森仁（H. Omori）发表了论文《对亚相容逻辑的一种统一》。在他看来，处于亚相容逻辑核心的是两种亚相容否定，它们分别来自贝尔纳普和邓恩的四值逻辑 FDE、普利斯特的三值逻辑 LP。由此，他对各种亚相容系统的统一性进行了说明：这些系统对"否定"的语义规定或者同时"分有"了这两种逻辑，或者"分有"了其中之一。而关于这些系统的主要区别，他分析认为，这决定于它们各具特色的额外的联结词，以及这些联结词的语义特征。③

---

① 参见杜国平《不相容信息的推理机制研究》，中国社会科学出版社，2017。
② 杜国平：《不相容信息的推理机制研究》，中国社会科学出版社，2017，第 43 页。
③ 参见 H. Omori, "Towards a Unification of Paraconsistent Logics," *Proceedings of International Conference：Paradoxes, Logic and Philosophy* (Beijing, China, 2016), pp. 291-300。

亚相容逻辑与经典逻辑的关系问题，向来是学界讨论的焦点之一。2018年，张建军在《关于 paraconsistent logic 的几个问题》一文中提出，应将"是否承认经典逻辑的普适性"作为划分亚相容逻辑"保守进路"与"激进进路"的标准。① 按此标准，前述四个方向的研究由于都对经典逻辑的适用性进行了不同程度的限制，显然属于激进进路。保守进路则试图跳出"修改经典逻辑"这一思维定式，为亚相容逻辑探寻一种新的研究方向。可以推断，保守进路的中心问题将是：如何在完整保留经典逻辑的前提下，从技术上实现对亚相容性的准确刻画。张建军在该文中再次分析强调了他于 2014 年提出的构想，即为亚相容逻辑建立"置信语义"基础，以真正实现其与经典逻辑的协调。② 国内已有学者循此思路进行了尝试，如郝旭东对达·科斯塔的系统 C_1 进行语法和语义扩充，建立了亚相容置信逻辑系统 C_1D。③ 笔者认为，这一新兴的保守进路或将带来亚相容逻辑研究范式的一次重要变革，成为亚相容逻辑未来发展的新生长点。原因之一在于亚相容逻辑本身就具有强烈的"合经典性"诉求。根据下文对亚相容逻辑作为解悖方案之方法论特质的分析，这一点恰可得到充分的显现。

第三节 亚相容方案的方法论特质

一 解悖路径的特异性

拒绝还是接受，这是个问题！对待悖论的态度截然相反，决定了解悖的思路大相径庭：一种是亚相容的，另一种可称作经典的。④

经典的解悖思路把目光投向"公认正确的背景知识"这一要素。如前所述，根据经典逻辑的归谬律，背景知识中必定存在某个或某些被我

---

① 参见张建军《关于 paraconsistent logic 的几个问题》，《逻辑学研究》2018 年第 2 期，第 5 页。
② 参见张建军《关于 paraconsistent logic 的几个问题》，《逻辑学研究》2018 年第 2 期，第 6 页。
③ 参见郝旭东《面向认知冲突的弗协调置信逻辑》，《逻辑学研究》2018 年第 2 期，第 26～40 页。
④ 此处是在一种宽泛的意义上使用"经典"一词，指不以接受悖论为手段和目标的解悖思路，以区别于亚相容解悖方案。

们误以为真的前提或观念，其任务就是把它们揭示出来，再用一定的方式进行限制、修正，或者直接抛弃，以此阻断矛盾的产生。塔尔斯基对说谎者悖论之根源和解决方法的探讨是经典解悖思路的典型代表。

说谎者悖论的构造涉及"真""假"概念。其最早形态出现于公元前6世纪，由克里特岛人伊壁门尼德（Epimennides）提出。他说："克里特岛人总是说谎者。"那么，伊壁门尼德说的这句话是真还是假呢？假设这句话是真的，根据它所述的内容可知：克里特岛人所说的所有话都是假话，由于他也是克里特岛人，那么他所说的话都是假话，因而这句话也是假的。假设这句话是假的，根据它所述的内容可知：有的克里特岛人所说的有的话是真话。但是，我们无法进一步据此推出这句话本身是真的。至此，从它的真可以推得它的假，但从它的假无法推得它的真。公元前4世纪，欧布里德（Eubulides）把该语句改造为："我正在说的这句话是假的"。根据推导容易得出：该语句是真的，当且仅当，该语句是假的。

对说谎者悖论更精确的塑述得自塔尔斯基的工作。[①] 他认为，任何关于"真"的定义如果要与我们的直观一致，它就必须蕴涵下述等值式：

"雪是白的"是真的，当且仅当，雪是白的。

他对这一等值式做了更一般的表述：对于任一语句，用字母 p 来代替它，然后构造它的名称并用字母 X 来代替这个名称，则语句 p 和语句"X 是真的"是等值的，即有如下等值式：

(T) X 是真的，当且仅当，p。

这就是塔尔斯基提出的真理模式（truth schema）——T-模式[②]。

现在考虑说谎者悖论。令 S 是以下语句的缩写：

[①] 参见〔美〕A. 塔尔斯基《语义性真理概念和语义学的基础》，肖阳译，载〔美〕A. P. 马蒂尼奇编《语言哲学》，牟博等译，商务印书馆，1998，第 84~91 页。

[②] 也称作"（T）型等值式"。

本书本页本行的语句不是真的。

于是，根据词项"真的"的使用惯例，有以下等值式：

（1）S是真的，当且仅当，本书本页本行的语句不是真的。

根据符号S的含义，可以直观地确立如下事实：

（2）S与本书本页本行的语句是同一的。

于是，根据同一性替换原理（the law of substitution of co-referential expressions）[1]，可以将（1）中的表达式"本书本页本行的语句"用符号S代替，从而得到：

（3）S是真的，当且仅当，S不是真的。

矛盾性的结论被得出了。

塔尔斯基认为，说谎者悖论的根源在于以下三个假定，要消解它就必须至少修改或放弃其中之一。

第一，语言的"语义封闭性"，即"我们已暗含地假定，悖论在其中构成的语言不仅包含了这种语言的表达式，也包含了这些表达式的名称，同时还包含了诸如指称这种语言中的语句的词项'真的'这样的语义学词项；我们还假定所有决定这个词项的适当使用的语句都能在这种语言中得到断定。"[2]

第二，通常的二值逻辑定理有效。

第三，在该语言中可以表述并断言像前述推导中（2）（即"S与本书本页本行的语句是同一的"）那样的经验前提。

---

[1] 把一个语句的某个组成部分替换为与其有相同指称的表达式，该语句的真值不变。

[2] 〔美〕A.塔尔斯基：《语义性真理概念和语义学的基础》，肖阳译，载〔美〕A. P. 马蒂尼奇编《语言哲学》，牟博等译，商务印书馆，1998，第91页。

塔尔斯基认为，第三个假定对于构造悖论并非必需。但任何同时满足前两个假定的语言都是不相容的，必须至少放弃其中之一。如果放弃第二个假定，就不得不改变逻辑，甚至是其最基本的定理，但这是塔尔斯基不能容忍的。因此，他主张放弃第一个假定，"不使用任何在给定意义下语义学上封闭的语言"，① 把我们所使用的语言改造成语义开放的语言。

于是，塔尔斯基提出了著名的"语言层次理论"。其具体做法是给语言划分层次：把语言划分为"对象语言"（object language，即被谈论的语言）和"元语言"（metalanguage，即用来谈论的语言）。这种划分具有相对性，最终形成了一个层次系列。

对象语言 L_0：其中不包含"真""假"等语义概念。
元语言 L_1：其中包含指称 L_0 的表达式的手段；谓词"在对象语言 L_0 上为真""在对象语言 L_0 上为假"等。
元元语言 L_2：其中包含指称 L_1 的表达式的手段；谓词"在元语言 L_1 上为真""在元语言 L_1 上为假"等。
元元元语言 L_3：……

在该系列中，任何语句都处于某一特定的层次，它的真只能由下一层次上的谓词表达。例如，"在对象语言 L_0 上为真"只能在元语言 L_1 中得到定义或表达，"在元语言 L_1 上为真"也只能在元元语言 L_2 中得到定义或表达。

按照塔尔斯基的设想，这种层次的划分打破了语言在语义上的封闭性，使之变成了开放的语言。如此，塔尔斯基给"为真"这一谓词贴上了数码标签，使之成为一种有序化的歧义谓词：在语言的每一个层次都具有特定的含义。其结果是，任何给包含"真$_n$""假$_n$"的语句赋予真$_m$、假$_m$（$n \geq m$）的做法都变得不合法了。由此，说谎者悖论也就失去了生存的土壤："本语句为假"是一个"非法的"语句，其正确的表达应当是"本语句在某个语言上为假"，而"本语句在语言 L_0 上为假"只能是语言 L_1 上的语句，不可能在语言 L_0 自身中为真或为假。

---

① 〔美〕A. 塔尔斯基：《语义性真理概念和语义学的基础》，肖阳译，载〔美〕A. P. 马蒂尼奇编《语言哲学》，牟博等译，商务印书馆，1998，第 92 页。

如果认为亚相容解悖路径不关心背景知识，那就失之武断了。接受悖论并不等于接受背景知识中的一切，相反，它对同为背景知识的经典逻辑异常敏感，尤其有的亚相容逻辑对二值原则、矛盾律等甚为不满。当然，主张通过修改经典逻辑的方法来解悖并不是亚相容逻辑的专利，克里普克的"真值间隙"方案、菲尔德（H. Field）的"三值化"方案也都主张放弃部分经典法则。但它们的目标起码与语言层次理论是一致的，那就是阻止矛盾的得出。从这一点来看，它们也都可以归为本书所谓"经典方案"，与之相比，亚相容解悖方案对经典逻辑的修正则具有明显的特异性。

经典逻辑的二值原则至少有两层含义：（1）任何命题必有"真""假"二值之一；（2）任何命题都不能同时拥有"真""假"二值。"真值间隙"方案和三值化方案（以及多值化方案）通常只修改（1）而保留（2），这样，矛盾律就被保留了下来，矛盾仍然是不可接受的。亚相容方案的目标则是挑战（2），允许悖论性的命题或矛盾性的结论既真又假。① 虽然亚相容方案中的多值化分支要求同时对第一层含义进行修改，但这项主张也是从属于该目标的。

亚相容方案容纳悖论，必须防止系统走向平庸，就必须让规则 $A \wedge \neg A \vdash B$（ex contradictione quodlibet，简记为 ECQ）② 失效。这就要求在技术上消除它的根基。在经典逻辑中，对 ECQ 的支持主要来自两个方面。

（Ⅰ）经典矛盾律（LNC）和经典的有效性（VAL）：

（LNC）对于所有命题 A，在同一模型（解释）下，不可能 A 和 $\neg A$ 都为真。

（VAL）一个论证是有效的，当且仅当，不可能其前提为真且结论为假。

---

① 经典二值原则的第二层含义也可以等价地表述为："两个相互矛盾的命题不能同时为真。"根据经典否定词的定义，如果 A 既真又假，那么 A 与其否定命题 $\neg A$ 一定都为真，反之亦然。但是，在亚相容语义中，反过来就不成立了。因此，亚相容逻辑挑战的实际上是这一层含义的部分内容。

② 亦作 ex falso quodlibet，其等价的表达式为 $A, \neg A \vdash B$；相应地，在语形上可记为 $A \wedge \neg A \vdash B$ 或 $A, \neg A \vdash B$，又称作"爆炸原理"（principle of explosion）。根据经典命题演算中的演绎定理，可等价地得到：$\vdash A \wedge \neg A \to B$，即前文所说的司各脱法则。

根据矛盾律，$A \wedge \neg A$ 永假，因而从 $A \wedge \neg A$ 向任意命题 B 的推导满足有效性的定义，即 ECQ 有效。

（Ⅱ）析取引入规则（introduction of the disjunction，简记为 ID）和析取三段论规则（disjunctive syllogism，简记为 DS）：

  （ID）若 A，则 $A \vee B$。
  （DS）若 $\neg A$，且 $A \vee B$，则 B。

ID 的含义是：若 A 为真，则 A 或 B 至少有一个为真。DS 的含义是：若 A 和 B 至少一真，且 $\neg A$ 为真，则 B 真。如果以 A 和 $\neg A$ 为前提，借以下推理，B 很容易被导出：

  (1) A 前提
  (2) $\neg A$ 前提
  (3) $A \vee B$ (1)，ID
  (4) B (2)(3)，DS

这说明，如果允许 A 和 $\neg A$ 同时为真，就不得不允许任一命题为真。

亚相容方案可以有两种方式来消除 ECQ 的基础。其一，修改"有效性"的定义，使它具有更多的限制性内容，如增加相干性要求等。其二，修改语义，允许 A 和 $\neg A$ 同时获得"真"值，使矛盾律和析取三段论同时失效。这样，亚相容逻辑就可以有以下三种。[①]

  (1) 允许命题以及它的否定都为真的亚相容逻辑。
  (2) 给"有效性"增加限制条件的亚相容逻辑。
  (3) 同时承认(1)和(2)的逻辑。

普利斯特的 LP 系统和达·科斯塔的 C_n（$1 \leq n \leq \omega$）系统都属于第一类，

[①] 参见王文方《"超一致性"逻辑与中国古代哲学思想中的矛盾观》，《哲学与文化》2003 年第 12 期，第 39~50 页。

相干逻辑则属于第二类。

二 解悖资质的特异性

与经典方案相比，亚相容的解悖路径是那样特立独行。可是，这也让我们想起了最初的疑问："接受悖论"也算是解悖吗？对这一问题的解答可以回到 RZH 标准。虽然 RZH 标准是为评价而生，但它也不失为解悖方案的识别标准，尤其是"足够狭窄"要求。亚相容逻辑要成为一种解悖方案，必须至少要在这一方面有所建树。

我们已经知道，悖论标志着不相容状态的产生，而这种不相容除了体现为自相矛盾的结论，更体现为以下理论事实：

（1）根据经典语义赋值规则，矛盾无法获得"真"值；
（2）根据背景知识的"公认性"和推理规则的保真性（有效性），悖论中矛盾性的结论"应该"为"真"。

从逻辑基础的角度考虑，（1）和（2）之间的冲突正是悖论的"悖"之所在，笔者把它称作"元层次"的悖论之悖。那么，所谓解悖，也就是对这种冲突的消解：防止其中一方的出现。

经典方案排斥矛盾为真的可能性，因而主张保留（1）而斩断（2）的链条。又由于推理规则的有效性恰好是以经典语义为基础的，那么就只能质疑某些背景知识的正确性。当然，诚如我们已知，（1）中的"经典语义赋值规则"也包含于背景知识，但并不在被质疑的知识之列。

与之相反，亚相容方案（除相干方案等）首先要求放弃（1），修改经典语义，允许矛盾为真。这与容纳矛盾的初衷是一致的。不仅如此，它还可能带来另一个后果：（2）中的"推理规则的保真性"这一环节也被打破了，因为没有了经典语义作为基础，某些推理规则也不再有效，而它们有可能直接参与了矛盾的导出。

除此之外，由于亚相容方案还要防止理论或思维的平庸化，故亚相容方案所面对的悖论之"悖"还有如下进一层的含义：

（1'）亚相容方案拒斥"任一矛盾都为真"；

（2′）悖论中矛盾性的结论"应该"为"真"。根据 ECQ，矛盾推出任意命题 B，由 ECQ 的有效性可知 B 为真。由于 B 是任一命题，包括任一矛盾命题，因此，任一矛盾都能被推出并且为真。

对亚相容方案来说，（1′）的原则性显然必须要坚持，那么，防止（2′）的出现就是它唯一的选择。其具体做法即建立新的语义规则，放弃 ECQ 从而阻断由 $A \land \neg A$ 向 B 的推导。有趣的是，在大多数亚相容方案中，一旦矛盾可以获得"真"值，上述两种"元层次"悖态将同步得到消解。

由此看来，亚相容逻辑显然拥有作为解悖方案的资质，只不过与经典方案相比，它显得那样奇特。但是，以上分析也告诉了我们另一个无可辩驳的事实：亚相容方案对这两种悖态的消解，恰好也是建立在经典语义基础之上的，（1）与（2）的矛盾、（1′）和（2′）的冲突，即便是亚相容论者也断不能接受。藉经典逻辑的思想，以修改经典逻辑之手段，达解悖的非经典效果，这正是亚相容方案最为特异之处。

不过，这与人们对"亚相容"一词的解读倒也甚为贴合。正如亚相容论者所坚称的那样，此方案并不试图拒绝所有的相容性，而是要维持一种相对较弱的相容性，在接受某些悖论的时候，也果断地拒绝另外一些。即使对于那些准备要接受的悖论，对于那些准备要拒斥的经典法则，他们也普遍要求采取审慎的态度。

例如，普利斯特在他的 LP 方案中区分了"有效的推理"和"准有效的推理"。所谓"准有效"（quasi-valid），即在没有悖论出现时有效，在有悖论的时候无效。同时，他强调："除非我们有明确的理由来相信悖论性语句出现于我们的论证中，我们能允许自己既使用有效的推理，又使用准有效的推理。"[①] 所谓"明确的理由"，在我们当前的语境下可以理解为：按照经典的解悖路径，无法令人满意地消除（1）与（2）之冲突的情况。但是，有"明确的理由"的悖论具有多大普遍性，亚相容论者一般持明显的乐观态度。他们认为，经典方案在整体上是失败的，试

---

① G. Priest, "The Logic of Paradox," *Journal of Philosophical Logic* 1 (1979): 235.

图按照这样的方式去解决悖论，或许本身就是一种错误的选择。

既然要维持一种稍弱的相容性，那么在 RZH 标准之"充分宽广"要求上，亚相容方案又有何种表现呢？一般而言，这个问题的答案可以通过考察亚相容逻辑与经典逻辑的关系予以揭示。但即使是在亚相容论者当中，也存在不同的看法。

一种观点认为，亚相容逻辑与经典逻辑并列，具体而言，有下列三种情况。

> 其一，没有出现矛盾时（相容情形），经典逻辑适用；
> 其二，出现矛盾（不相容情形）并导致平庸，经典逻辑适用；
> 其三，出现矛盾（不相容情形）但没有导致平庸，亚相容逻辑适用。

所谓"并列"关系，在这里可作两种理解：第一，在"亚相容逻辑是对经典逻辑的局部修正"的意义上，二者具有竞争关系，即亚相容逻辑允许矛盾为真，限制了矛盾律等经典规律的普适性；第二，在"相容情形与不相容情形在事实上并存"的意义上，二者又具有互补关系，它们分别为这两种情形提供了逻辑基础。在一些学者看来，后一种含义更能体现这种逻辑的合理性。例如，李娜和郝旭东认为，"逻辑的目标指向是思维形式及其相应的规律，而次协调逻辑及其他非经典逻辑也没有背离这个方向。它们从不同的层面丰富了逻辑学科的内涵，延展了逻辑处理能力的外延。从这个意义上来说，非经典逻辑与经典逻辑是协作的伙伴关系，其竞争意义也仅仅是相对的"。[①]

另一种观点则坚持认为，应当用亚相容逻辑取代经典逻辑，在悖论的问题上，亚相容方案更加合理。既然悖论在理论和信念中经常出现，即相容的情形和不相容的情形同时存在，那么它们在"总体上"就是亚相容的。而"逻辑"（the Logic）的任务在于研究所有情形下的推理机制，那么，它在"总体上"也应当是亚相容的，亚相容性是世界的本

---

① 李娜、郝旭东：《次协调逻辑及其带来的逻辑哲学问题》，《学术论坛》2005 年第 10 期，第 18~21 页。

性，因而也是"逻辑"本身的属性。①

内部的分歧还体现在他们对亚相容方案的"非特设性"说明上。有的亚相容逻辑学家采用了实用主义的立场，认为在系统中允许 A 和 $\neg A$ 同真纯粹是形式技术上的需要，二者同真的可能性其实并不存在。或者，他们干脆将这一问题悬置，认为二者是否可能同真是不可知的。达·科斯塔、布埃诺（O. Bueno）②、迈尔等就持这种立场。还有的亚相容逻辑学家一方面承认存在这样的可能性，另一方面又将它限制在人的信念中，认为在实在（reality）世界中（本体论意义上）二者不会事实上同真，如瓦西里耶夫、雅思科夫斯基、雷歇尔等。最激进、影响最广泛的是普利斯特等人所持的"真矛盾"论（dialetheism）立场，他们认为 A 和 $\neg A$ 不仅可以在技术上同真，而且可以在思维领域同真，更可以在实在世界中同时成立，因为存在事实上为真的矛盾。

站在 RZH 标准的角度，我们不仅看到了亚相容方案解悖资质的特异性，看到了它对经典方案的背离和纠缠，而且能够借此对其动机及合理性辩护进行整合。接下来，笔者将考察主要的亚相容逻辑系统，看一看亚相容方案解悖之路如何自然地展现，并援用通行的评价标准对它的得失进行深入的讨论。

---

① 参见 K. Tanaka, "Three Schools of Paraconsistency," *Australasian Journal of Logic* 1 (2003): 28-42。
② 参见 N. C. A. da Costa, O. Bueno, "Consistency, Paraconsistency and Truth (Logic, the Whole Logic and Nothing but 'the' Logic)," *Ideasy Valores* 4 (1996): 48-60。

第二章　弃合方案和多值化方案

第一节　亚相容弃合方案

在经典命题逻辑中，否定词¬（"并非"）具有真值函项性：如果命题 A 为真，则 $\neg A$ 一定为假；如果 A 为假，则 $\neg A$ 一定为真。因此，再加上合取联结词∧（"并且"）的定义，它们的合取 $A \wedge \neg A$ 就一定为假。因此，在经典逻辑关于有效性的定义下，从 A 和 $\neg A$，或者从 $A \wedge \neg A$ 就可以推出任意一个命题 B。要使上述推理无效，从而消除第一章指出的"元层次"悖论之悖，在维持有效性的基本含义不变的情况下，只需构造出它的一个反例：A 和 $\neg A$ 都为真，但 B 为假。假如要求 A 至多只能拥有"真""假"二值之一，要允许 A 和 $\neg A$ 都为真的话，就不得不取消否定词¬的真值函项功能。

亚相容弃合方案正是采用了这一思路。具体来说，这一思路包含两方面的工作。其一，提供哲学论证以说明 A 和 $\neg A$ 可以都为真。为此，可以指出它们（所表达的命题）分别来自不同的主体（可能世界），它们相对于主体各自的信念体系（各自的可能世界）都是成立的，但不相互影响。其二，论证从 A 和 $\neg A$ 推出 $A \wedge \neg A$ 是不正确的（即便承认 A 和 $\neg A$ 都真，也得不出 $A \wedge \neg A$ 为真）。为此，就需要在更一般的意义上对合取引入规则的使用做出某种限制。

总的来说，在弃合方案看来，相互矛盾的两个命题可以"分立地"为真，但不可"合并地"为真。弃合方案最有代表性的理论是雅斯科夫斯基的"讨论逻辑"、雷歇尔和布兰登的"不相容世界"。

一　雅斯科夫斯基的"讨论逻辑"

弃合方向的第一个系统是雅斯科夫斯基提出的"讨论逻辑"，其动机来自他对有多个参与者的讨论活动的相容性的思考。他发现，针对某个话题，每个参与者自己所给出的一系列论断之间可能是相容的，但假如我们把所有参与者的论断都放到一起，构成一个语句集合或系统，则其中很可能包含潜在的矛盾。像这样有可能存在不一致观点的系统，被雅斯科夫斯基称作"讨论系统"。对于矛盾产生的根源，他认为主要来自讨论中所使用的语词的含糊性：一方面，不同的参与者对同一个语词的理解和使用并不相同；另一方面，当某个参与者的观点被纳入语句集合的时候，语词所具有的个人主观特性被略去了。因此，在"讨论系统"中应当把这一层面的特性揭示出来。具体来说，对某个论题 p，应理解为"根据某参与者的看法，p"或"根据它的某个合理用法，p"。[①] 所以，他认为"讨论系统"与普通的语句系统是有差别的。

而如果要构建一个适用于该系统的逻辑，他认为这个逻辑一定是亚相容的，并且一定会拒斥合取引入规则，即 $p, q \vDash p \land q$，因为有的人认为 p 正确，有的人认为 q 正确，但不能由此得出他们都认为 $p \land q$ 是正确的。相反，事实上每个参与者都会认为 p 和 q 是不相容的，并坚持自己的论断的正确性而排斥其他人的论断。

雅斯科夫斯基发现，"讨论系统"与普通语句系统的区别，类似于刘易斯（C. I. Lewis）的二值模态系统 S5 与经典二值逻辑系统的区别。一方面，"根据某参与者的看法，p"与"可能 p"（$\Diamond p$）的结构类似。并且，他认为，在讨论过程中，一个公正的评判者应当对不同参与者的观点都持"可能为真"的立场。另一方面，分离规则（modus ponens，简记为 MP）在它们的系统中有相似的变化。在经典逻辑中，从 $p \rightarrow q$ 和 p 可以推出 q。但是在系统 S5 中，从"可能（$p \rightarrow q$）"和"可能 p"不能得到"可能 q"。类似地，在讨论逻辑中，有"根据某参与者的看法，$p \rightarrow q$"和"根据某参与者的看法，p"，却不一定有"根据某（或所有）参与者的看法，q"。对于上述合取引入规则的分析与此类似。

基于以上想法，雅斯科夫斯基以系统 S5 为基础，构造了一个二值的

[①] S. Jaśkowski, "Propositional Calculus for Contradictory Deductive Systems," *Logic and Logical Philosophy* 35 (1999): 35-56.

语句演算系统 D_2。①

(一) 基本定义

雅斯科夫斯基把经典语句演算系统命名为 L_2，其下标"2"意即"二值"，相应地，模态语句演算 S5 系统被称作 M_2，他自己的二值讨论逻辑则称作 D_2。D_2 是在 M_2 的基础上建立起来的。首先，他定义了"讨论地蕴涵" $\rightarrow_d$ 和"讨论地等值" $\leftrightarrow_d$：

M_2 定义 1.　$p \rightarrow_d q =_{def} \Diamond p \rightarrow q$

M_2 定义 2.　$p \leftrightarrow_d q =_{def} (\Diamond p \rightarrow q) \wedge (\Diamond q \rightarrow \Diamond p)$

其中，$p \rightarrow_d q$ 读作"p 讨论地蕴涵 q"，含义是"若可能 p，则 q"，或者"若有人断定 p，则 q"。相应地，$p \leftrightarrow_d q$ 读作"p 讨论地等值于 q"，含义是"若可能 p，则可能 q，并且，若可能 q，则可能 p"。

在"讨论系统"中，可以从 $p \rightarrow_d q$ 和 p 推出 q。其基础是如下 M_2 中的定理：

M_2 定理 1.　$\Diamond (\Diamond p \rightarrow q) \rightarrow (\Diamond p \rightarrow \Diamond q)$

在"讨论系统"中，论题 $p \rightarrow_d q$ 的含义是"可能 $(p \rightarrow_d q)$"，即 $\Diamond (p \rightarrow_d q)$；$p$ 的含义是"可能 p"，即 $\Diamond p$。由 M_2 定义 1，$\Diamond (p \rightarrow_d q)$ 又可以表达为 $\Diamond (\Diamond p \rightarrow q)$。于是有以下推导：

(1) $p \rightarrow_d q$ 　　　　　　　　　　　　　　　　前提
(2) p 　　　　　　　　　　　　　　　　　　　　前提
(3) $\Diamond (\Diamond p \rightarrow q)$ 　　　　　　　　　　　(1)，M_2 定义 1
(4) $\Diamond p$ 　　　　　　　　　　　　　　　　　(2)，M_2 定义 1
(5) $\Diamond (\Diamond p \rightarrow q) \rightarrow (\Diamond p \rightarrow \Diamond q)$ 　　　M_2 定理 1
(6) $\Diamond p \rightarrow \Diamond q$ 　　　　　　　　　　　　(3)(5)，分离规则

---

① 参见 S. Jaśkowski, "Propositional Calculus for Contradictory Deductive Systems," *Logic and Logical Philosophy* 35 (1999): 35-56。

(7) ◇q   (4)(6),分离规则

结论◇q恰好就对应于"讨论系统"D_2中的q。由此,雅斯科夫斯基认为,只需把普通语句系统中的→替换为$→_d$,分离规则就可以在"讨论系统"中直接使用了。按照类似的分析,可以揭示出分离规则在"讨论地等值"$↔_d$中的运用。不仅如此,结合M_2定理1和M_2定义2,还可以得到以下定理:

M_2定理2. ◇($p ↔_d q$)→(◇p→◇q)
M_2定理3. ◇($p ↔_d q$)→(◇q→◇p)
M_2定理4. ◇($p ↔_d p$)

对M_2定理2的得出,可考虑如下推导(M_2定理3与此相似):

(1) ◇($p ↔_d q$)   前提
(2) ◇((◇p→q)∧(◇q→◇p))   (1),M_2定义2
(3) ◇((◇p→q)∧(◇q→◇p))→◇(◇p→q)∧◇(◇q→◇p) M_2的定理
(4) ◇(◇p→q)∧◇(◇q→◇p)   (1)(2),分离规则
(5) ◇(◇p→q)   (4),合取分解
(6) ◇(◇p→q)→(◇p→◇q) M_2定理1
(7) ◇p→◇q   (5)(6),分离规则
(8) ◇($p ↔_d q$)→(◇p→◇q)   (1)(7),蕴涵引入

根据以上定义,雅斯科夫斯基对D_2系统进行了描述:二值讨论语句演算系统D_2是公式T的集合,T表达D_2中的论题(thesis)①并具有以下特征:

(1) T包含语句变元,并且,所包含的算子至多有:$→_d$,$←_d$,

---

① 在雅斯科夫斯基的文中就是指为真的公式,即逻辑真理。

↔$_d$，∧，∨，¬ ；

（2）给 T 前置算子 ◇ 就得到了模态语句的二值语句演算系统 M$_2$。

雅斯科夫斯基认为，按照上述方式定义的系统具有"讨论性"，它的论题都来自讨论性的论断，而后者暗含了算子 ◇。由于 M$_2$ 是可判定的，D$_2$ 又是由 M$_2$ 定义的，所以 D$_2$ 也是可判定的。

（二）方法论定理

为了讨论 D$_2$ 中成立的论题和被拒斥的经典法则，雅斯科夫斯基首先证明了三个基本的方法论定理（methodological theorem）。

方法论定理 1. 若用 →$_d$ 和 ↔$_d$ 分别替换二值语句演算 L$_2$ 中的 → 和 ↔，则 L$_2$ 中那些常元符号只涉及 →、↔ 或 ∨ 的论题 T 就变成了 D$_2$ 中的论题 T$_d$。

证明。考虑一个公式 T$_d$，其结构正如该定理所描述的那样，根据定义，◇T$_d$ 是 M$_2$ 的论题。在 M$_2$ 中一定有某些公式与 ◇T$_d$ 等值，这是可以证明的。而在 M$_2$ 中有如下定理：

M$_2$ 定理 5. ◇（$p →_d q$）↔（◇$p →$ ◇q）
M$_2$ 定理 6. ◇（$p ↔_d q$）↔（◇$p ↔$ ◇q）
M$_2$ 定理 7. ◇（$p ∨ q$）↔（◇$p ∨$ ◇q）

它们可以被看作分别用 → 和 ↔ 来代替 →$_d$ 和 ↔$_d$ 时 ◇ 对于蕴涵、等值和析取的分配律。用右边的公式来替换左边的公式，就消去了一个 →$_d$ 和 ↔$_d$，同时，◇ 被右侧那两个相同的 ◇ 所代替。不断重复上述替换，就得到了公式 W，它与 ◇T$_d$ 等值，并且只包含 →、↔、∨、语句变元和 ◇，使得每个变元都被前置了一个 ◇，并且每个 ◇ 都前置于某个变元。鉴于 T$_d$ 是由 L$_2$ 中的论题 T 变换来的，W 就可以看作能够通过对 T 中的每个变元前置 ◇ 而得到，即用 ◇p 来替换 p，用 ◇q 来替换 q……于是可以在 M$_2$ 中得到以下定理：

(1) W 是在 T 中进行替换的结果；

(2) T_d 等值于 W。

因此，T_d 是 D_2 中的论题。∎

方法论定理 2. 如果 T 是二值语句演算 L_2 的论题，并且 T 所包含的语句算子只有 ∧、∨ 或¬，那么以下公式是 D_2 的论题：

(1) T；

(2) ¬$T \to_d q$

证明。由于在 M_2 和 D_2 中，∧、∨ 和¬ 各自的含义没有发生改变，并且 □T（必然 T）是 M_2 中的论题（根据：题设"T 是 L_2 的论题"和 M_2 的必然化规则），因此，由

M_2 定理 8   □$p \to \Diamond p$

可得：T 是 D_2 的论题；由

M_2 定理 9   □$p \to \Diamond(\Diamond\neg p \to q)$

可得：¬$T \to_d q$ 是 D_2 的论题。∎

方法论定理 3. 对于讨论语句演算 D_2 中的某个论题，若将其中的 $\to_d$ 和 $\leftrightarrow_d$ 分别替换为 $\to$ 和 $\leftrightarrow$，就得到了一个经典二值语句演算 L_2 的论题。

方法论定理 3 的依据是很直观的，因为在证明方法论定理 1 的时候已经知道，M_2 中的公式 W 是 T 中进行替换所得的结果，因此 M_2 中的任何定理，只要省去其中的 $\Diamond$ 和 □，就得到了 L_2 的定理。同时，由于 D_2 的公式 T_d 等值于 W，所以方法论定理 3 是成立的。

（三）D_2 中的论题

根据前述方法论定理，雅斯科夫斯基为 D_2 确立了以下论题：

D_2 论题 1. $p \leftrightarrow_d p$

D_2 论题 2. $(p \leftrightarrow_d q) \leftrightarrow_d (q \leftrightarrow_d p)$

第二章 弃合方案和多值化方案

D_2 论题 3. $(p\rightarrow_d q) \rightarrow_d ((q\rightarrow_d p) \rightarrow_d (p\leftrightarrow_d q))$

D_2 论题 4. $\neg(p\wedge\neg q)$ （矛盾律）

D_2 论题 5. $(p\wedge\neg p)\rightarrow q$ （合取型过充盈律①）

D_2 论题 6. $(p\wedge q)\rightarrow_d p$

D_2 论题 7. $p\rightarrow_d (p\wedge p)$

D_2 论题 8. $(p\wedge q)\leftrightarrow_d (q\wedge p)$

D_2 论题 9. $(p\wedge(q\wedge r))\leftrightarrow_d ((p\wedge q)\wedge r)$

D_2 论题 10. $(p\rightarrow_d (q\rightarrow_d r))\rightarrow_d ((p\wedge q)\rightarrow_d r)$

D_2 论题 11. $((p\rightarrow_d q)\wedge(p\rightarrow_d r))\rightarrow_d (p\rightarrow_d (q\wedge r))$

D_2 论题 12. $((p\rightarrow_d r)\wedge(q\rightarrow_d r))\leftrightarrow_d ((p\vee q)\rightarrow_d r)$

D_2 论题 13. $p\leftrightarrow_d \neg\neg p$

D_2 论题 14. $(\neg p\rightarrow_d p)\rightarrow_d p$

D_2 论题 15. $(p\rightarrow_d \neg p)\rightarrow_d \neg p$

D_2 论题 16. $(p\leftrightarrow_d \neg p)\rightarrow_d p$

D_2 论题 17. $(p\leftrightarrow_d \neg p)\rightarrow_d \neg p$

D_2 论题 18. $((p\rightarrow_d q)\wedge\neg q))\rightarrow_d \neg p$

D_2 论题 19. $((p\rightarrow_d q)\wedge(p\rightarrow_d \neg q))\rightarrow_d \neg p$

D_2 论题 20. $((\neg p\rightarrow_d q)\wedge(\neg p\rightarrow_d \neg q))\rightarrow_d p$

D_2 论题 21. $(p\rightarrow_d (q\wedge\neg q))\rightarrow_d \neg p$

D_2 论题 22. $(\neg p\rightarrow_d (q\wedge\neg q))\rightarrow_d p$

D_2 论题 23. $\neg(p\leftrightarrow_d \neg p)$

D_2 论题 24. $\neg(p\rightarrow_d q)\rightarrow_d p$

D_2 论题 25. $\neg(p\rightarrow_d q)\rightarrow_d \neg q$

D_2 论题 26. $p\rightarrow_d (\neg q\rightarrow_d \neg(p\rightarrow_d q))$

    $\neg(p\wedge\neg q)$（论题4）和$(p\wedge\neg p)\rightarrow q$（论题5）在经典二值语句演算$L_2$中分别表达的是矛盾律和司各脱法则。$\neg(p\wedge\neg q)$的根据比较直接：由于它只包含$\neg$、$\wedge$这两个联结词，由方法论定理2知，既然它是$L_2$的论题，就一定也是$D_2$的论题。

---

① 即司各脱法则，雅斯科夫斯基所用的英文词组是 law of over-filling。

需要注意的是，$(p \wedge \neg p) \to q$ 中使用的蕴涵符号是 $\to$ 而非 $\to_d$，其合理性来自"讨论系统"的直观特性。根据雅斯科夫斯基对"讨论系统"的分析，矛盾体现在两个不同的层面：其一，不同的参与者之间在观点上冲突；其二，同一个参与者的观点集内部的矛盾（自相矛盾）。"讨论系统"允许存在的矛盾仅仅指前者，后一类矛盾性的语句在系统中是不能为真的。如果某人断定"可能 $(p \wedge \neg p)$"，那么他的观点集本身就是不相容的，因而不得不包含所有语句，变成"过充盈的"（over-filling）。由于该参与者的所有论断都存在于整个讨论的语句集中，因此，整个讨论就成为"过充盈的"了。因此，论题 4 和论题 5 所说的矛盾并不是雅斯科夫斯基的"讨论逻辑"真正要处理的矛盾，这两个论题更像是"排除性的""保障性的"论题，突出并明确了"讨论逻辑"的对象。

（四）D_2 中无效的公式

方法论定理 3 表明，所有 D_2 的论题都可以转换为 L_2 的论题。但反过来却行不通，因为有些 L_2 的公式转化为 D_2 的公式后就不再成立了，以下用（non D_2）1 等序号逐一列出。

（non D_2）1. $p \to_d (q \to_d (p \wedge q))$

（non D_2）2. $((p \wedge q) \to_d r) \to_d (p \to_d (q \to_d r))$

（non D_2）3. $p \to_d (\neg p \to_d q)$ （过充盈律）

（non D_2）3a. $p \to_d (\neg p \to_d \neg q)$

（non D_2）3b. $(p \to_d q) \to_d (\neg (p \to_d q) \to_d r)$

（non D_2）3c. $(p \leftrightarrow_d q) \to_d (\neg (p \leftrightarrow_d q) \to_d r)$

（non D_2）3d. $p \to_d (\neg p \to_d (\neg \neg p \to_d q))$

（non D_2）4. $(p \leftrightarrow_d q) \to_d ((p \to_d q) \wedge (q \to_d p))$

（non D_2）5. $(p \leftrightarrow_d \neg p) \to_d q$ （等值型过充盈律）

（non D_2）5a. $(p \leftrightarrow_d \neg p) \to_d (p \wedge \neg p)$

（non D_2）6. $(p \to_d \neg p) \to_d ((\neg p \to_d p) \to_d q)$

（non D_2）6a. $(p \to_d \neg p) \to_d ((\neg p \to_d p) \to_d (p \wedge \neg p))$

（non D_2）7. $\neg (p \leftrightarrow_d p) \to_d q$

第二章 弃合方案和多值化方案

(non D$_2$) 8.　　　$(p \rightarrow_d q) \rightarrow_d (\neg q \rightarrow_d \neg p)$

(non D$_2$) 9.　　　$(\neg p \rightarrow_d \neg q) \rightarrow_d (q \rightarrow_d p)$

(non D$_2$) 10.　　$(p \rightarrow_d q) \rightarrow_d ((p \rightarrow_d \neg q) \rightarrow_d \neg p)$

(non D$_2$) 11.　　$(\neg p \rightarrow_d q) \rightarrow_d ((\neg p \rightarrow_d \neg q) \rightarrow_d p)$

拒斥（non D$_2$）1 的理由在直观上是很明显的：论题 p 和 q 分别被不同的参与者提出，这并不意味着 $p \wedge q$ 一定也被提出来了。从形式的角度来看，p 是可能的，q 也是可能的，但这并不意味着 p 和 q 就同时具有了可能性（从可能世界语义学来看，并不意味着 p 和 q 在同一个可及的世界中都为真）。所以，公式 $\Diamond p \rightarrow (\Diamond q \rightarrow \Diamond (p \wedge q))$ 在 M$_2$ 中不成立，可进一步得出 $p \rightarrow_d (q \rightarrow_d (p \wedge q))$ 在 D$_2$ 中也不成立。

（non D$_2$）3 之所以会失效，是因为在 M$_2$ 中 $\Diamond p \rightarrow (\Diamond \neg p \rightarrow q)$ 是不成立的。只需令语句 p 是可能的，但不是真的，语句 q 是不可能的，容易检验，则整个命题为假。雅斯科夫斯基认为（non D$_2$）3 的失效体现了 D$_2$ 最根本的意义，因为它使得包含不相容论题但非"过充盈的"讨论系统成为可能。(non D$_2$) 3a、(non D$_2$) 3b、(non D$_2$) 3c、(non D$_2$) 3d 都是它的变体，也都是无效的。

对（non D$_2$）4 使用 $\leftrightarrow_d$ 和 $\rightarrow_d$ 的定义可以得到与它等值的 M$_2$ 的公式：

(non D$_2$) 4′　$\Diamond ((\Diamond p \rightarrow q) \wedge (\Diamond q \rightarrow \Diamond p)) \rightarrow ((p \rightarrow_d q) \wedge (q \rightarrow_d p))$

若运用可能世界语义学，不难找到它的反模型。令世界 w 同时与世界 w_1 和 w_2 有可及关系，即 wRw_1 且 wRw_2，由于 R 在 M$_2$ 中具有欧性（Euclidearc）[①]，所以有 $w_1 R w_2$。可以找到这样一个赋值：在世界 w 中 p 为假，q 为真；在 w_1 中 p 为假，q 为真；在 w_2 中 p 和 q 都为真。容易检验，在这个赋值下，(non D$_2$) 4′的前件 $\Diamond ((\Diamond p \rightarrow q) \wedge (\Diamond q \rightarrow \Diamond p))$ 在世界 w 中为真，后件 $((p \rightarrow_d q) \wedge (q \rightarrow_d p))$ 则在世界 w 中为假，因

---

① 即：如果 $w_1 R w_2$ 且 $w_1 R w_3$，那么 $w_2 R w_3$。

此，(non D$_2$) 4′在世界 w 中为假。所以该公式在 M$_2$ 中不成立，因而不是 D$_2$ 的论题。

因此，雅斯科夫斯基强调，(non D$_2$) 4 的失效表明："讨论地等值"的公式 $p\leftrightarrow_d q$ 不能推出 $p\to_d q$ 与 $q\to_d p$ 的合取。但容易发现，要分别推出二者则是可能的：

(1) $p\leftrightarrow_d q$	前提
(2) $(\Diamond p\to q)\land(\Diamond q\to\Diamond p)$	(1)，根据 $\leftrightarrow_d$ 定义
(3) $\Diamond p\to q$	(2)，合取分解
(4) $p\to_d q$	(3)，根据 $\to_d$ 定义
(5) $\Diamond q\to\Diamond p$	(2)，合取分解
(6) $p\leftrightarrow_d p$	(2)，D$_2$ 论题 1
(7) $(\Diamond p\to p)\land(\Diamond p\to\Diamond p)$	(6)，根据 $\leftrightarrow_d$ 定义
(8) $\Diamond p\to p$	(7)，合取分解
(9) $\Diamond q\to p$	(5)(8)，传递律
(10) $q\to_d p$	(3)，根据 $\to_d$ 定义

其中步骤（4）和（10）就是所要得到的结果。

二 雷歇尔和布兰登的"不相容世界"

雷歇尔和布兰登的"不相容世界"也是亚相容弃合方案的重要代表，他们在《不相容逻辑》[①] 一书中详细阐发了自己的思想，并提出了一个不同于"讨论逻辑"的更加直接的亚相容方案。

他们认为，自亚里士多德以来，逻辑学家和哲学家在关于本体论和认识论中的相容性问题上，存在两个传统观念。一个来自赫拉克利特（Heraclitus）：世界是不相容的，因此，人们不可能得到关于它的融贯的知识。另一个始于巴门尼德（Parmenides）：世界是一个相容的系统，相应地，关于它的知识必须是融贯的。在雷歇尔和布兰登看来，这两个传统观念都不具有绝对的合理性。首先，在本体论意义上，世界可以是不

[①] 参见 N. Rescher and R. Brandom, *The Logic of Inconsistency* (Oxford: Blackwell Press, 1980)。

相容的，"……完全拒斥本体论上的不相容性肯定是不必要的，或许即使是在对事物的系统化描述中也不值得这样做"。① 他们所说的具有"本体论"地位的世界不仅指现实世界，还包括所有的可能世界。其次，对这些不相容的世界的认识可以是相容的。关于对象的思想不必也具有对象的属性，正如对醉酒者可以进行清醒的研究，因此，对不相容的相容研究是完全可能的。他们认为以往逻辑学家对矛盾的恐惧完全没有必要，承认和接受世界的不相容性并不会导致所谓的逻辑上的混乱和系统的崩溃，相反，可以发展一种新的逻辑，对这种不相容的世界图景进行刻画。

（一）非标准世界

雷歇尔和布兰登认为，传统本体论是由排中律和矛盾律这两个经典规则决定的，这充分体现在它们对可能世界的规定上：

（Ⅰ）排中律。给定一个世界 w，对于任何命题 P 而言，在 w 中要么能得到 P，要么能得到它的否定 $\sim P$。换言之，P 和 $\sim P$ 中至少能得到一个，不存在这之外的其他可能。

（Ⅱ）矛盾律。给定一个世界 w，对于任何命题 P 而言，在 w 中要么不能得到 P，要么不能得到它的否定 $\sim P$。换言之，P 和 $\sim P$ 中至多能得到一个。

（Ⅰ）和（Ⅱ）结合起来便有：给定一个世界 w，对于任何命题 P 而言，在 w 中恰好能得到 P 和 $\sim P$ 中的一个。②

雷歇尔和布兰登把同时遵守这两个规则的世界称作"标准世界"。在这样的世界中，任一命题的状态都是可决定的（status-decisive）：给定任一命题 P，P 和 $\sim P$ 中一定会有一个将被得到，而另一个则不能，即 P 在"是否会被得到"这一点上是被明确决定了的。他们认为，自亚里士多德以来，这种标准世界所提供的图景就被本体论研究一成不变地接受了下来。

---

① N. Rescher and R. Brandom, *The Logic of Inconsistency* (Oxford: Blackwell Press, 1980), p. 2.
② N. Rescher and R. Brandom, *The Logic of Inconsistency* (Oxford: Blackwell Press, 1980), p. 3.

在他们看来，除了标准世界，还有另外两种可能的"非标准世界"（non-standard world）：规则（Ⅰ）和（Ⅱ）在其中并非都成立。一种是"概图世界"（schematic world），不遵循规则（Ⅰ）。在这样的世界中，某些论题及它们的否定都不能被得到，因而，对于这些论题来说，世界是非决定的（indeterminate）。另一种是"不相容世界"，规则（Ⅱ）被排除在外。在其中，某些论题和它们的否定都能得到。他们还强调，认为不相容世界本身不可能存在的观点只是一种强烈的偏见；相反，理性地考虑和考察不相容对象和不相容世界是完全可行的。因此，不能把"不相容世界"理解为"不可能的世界"（impossible world）。

基于以上看法，雷歇尔和布兰登构建了一个针对不相容世界的亚相容逻辑。其基本想法是："……在一个非标准世界中，两个互不相容的事态可以同时实现，而一个单一的自我不相容的事态却不可以实现。矛盾只能分立地（distributively）而非合并地（collectively）实现：自相矛盾（self-contradiction）必须排除。"①

对于任一论题 P 的真值，雷歇尔和布兰登没有直接用"真""假"这样的概念来描述，而是首先采用了一种纯形式的手法，对 P 所宣称的事态在可能世界 w 中的两种本体论情况（ontological situation）进行了刻画：

（1）P 被得出：$[P]_w = +$，即 P 宣称的事态的本体论状态为 "on"；

（2）P 未被得出：$[P]_w = -$，即 P 宣称的事态的本体论状态为 "off"。

其中，$[P]_w$ 所表达的正是 P 宣称的事态的本体论情况：存在（on，+）或不存在（off，-）。需要注意的是，雷歇尔和布兰登认为，"P 是否被得出"和"~P 是否被得出"是相互独立的，因此，P 和 ~P 所宣称的事态在世界 w 中是否存在也是相互独立的。把 $[P]_w$ 和 $[$~

---

① N. Rescher and R. Brandom, *The Logic of Inconsistency* (Oxford: Blackwell Press, 1980), p. 7.

$P]_w$ 的组合记为 $\{P\}_w$，它就有四种可能的情况：

$[P]_w$	$[\sim P]_w$	$\{P\}_w$
+	+	+ +
+	−	+ −
−	+	− +
−	−	− −

对于标准世界来说，只有第 2 行和第 3 行成立，而不相容世界还包括第 1 行的情况。如前所述，在非标准世界中，不能根据第 1 行 $[P]_w = [\sim P]_w = +$ 而得到 $[P \ \& \sim P]_w = +$。相反，在任何情况下都有 $[P \& \sim P]_w = -$。同时，由于 $[P]_w$ 和 $[\sim P]_w$ 是相互独立的，根据上表，以下说法都不正确：

如果 $[P]_w = +$ 并且 $[Q]_w = +$，那么 $[P \& Q]_w = +$；
如果 $[P]_w = +$ 并且 $P \vdash \sim Q$，那么 $[Q]_w = -$。

但下面这个规则是成立的：

如果 $[P]_w = +$ 并且 $P \vdash Q$，那么 $[Q]_w = +$。

（二）基本语义定义

在前述讨论的基础上，雷歇尔和布兰登在语义和语形上对不相容世界的逻辑系统进行了描述。以下符号的用法、含义与经典逻辑基本相同：

¬　　　否定词（并非）
∧　　　合取联结词（并且）
∨　　　析取联结词（或者）
⇒　　　蕴涵联结词（如果……那么……）
⊢　　　形式可推演（推出）

此外，增加了一些新的符号或表达式：

　　　　~　　　　　（亚相容）否定词（并非）①
　　　　&　　　　　合取联结词（并且）
　　　　$w_1 \cap w_2$　　世界的合取（world-conjunction）
　　　　$w_1 \cup w_2$　　世界的析取（world-disjunction）

于是，可以进一步刻画以下两种情况。

　　　　（1）$[P]_{w_1 \cap w_2} = +$，当且仅当，$[P]_{w_1} = +$，并且 $[P]_{w_2} = +$。

亦即，$w_1 \cap w_2$ 是这样一个世界：命题 P 所宣称的事态在 $w_1 \cap w_2$ 中存在，当且仅当，该事态在 w_1 中存在，并且在 w_2 中存在。

　　　　（2）$[P]_{w_1 \cup w_2} = +$，当且仅当，或者 $[P]_{w_1} = +$，或者 $[P]_{w_2} = +$。

亦即，$w_1 \cup w_2$ 是这样一个世界：命题 P 所宣称的事态在 $w_1 \cup w_2$ 中存在，当且仅当，该事态或者在 w_1 中存在，或者在 w_2 中存在。

命题 P 在世界 w 中的真值条件与它所宣称的事态在 w 中的本体论情况是相联系的：对于任一命题 P，它在世界 w 中为真，当且仅当它所宣称的事态在 w 中存在。即

　　　　$t_w(P)$，当且仅当，$[P]_w = +$。

其中，$t_w(P)$ 的含义是：P 在世界 w 中为真。

雷歇尔和布兰登认为，这个等值式恰当地表达了人们关于真理的传

---

① 在不相容世界中，P 和它的否定是可能同真的。因此，"并非 P" 与它在经典逻辑中的含义会有所区别。所以，雷歇尔和布兰引入了新的否定符号，用 ~ 来表达 P 的否定命题。原有的否定符号 ¬ 则用于"元语言"层面，置于"真值算子"（truth-operator）前，构成对"P 为真"这样的断定（命题）的否定。类似地，∧ 也不再用于"对象语言"层面，命题间的合取改用符号 &。

统观念，即真理应当与事实符合。在任何可能世界中，真理一定与世界的实在性相一致（agree with its reality），与事实相符的论断就是为真的论断。对于刻画非标准世界的语义规则，这一真值算子将提供很大的便利。若推广到多个可能世界的情况，则有如下规则：

$t_{w_1 \cap w_2}(P)$，当且仅当，$t_{w_1}(P) \wedge t_{w_2}(P)$；
$t_{w_1 \cup w_2}(P)$，当且仅当，$t_{w_1}(P) \vee t_{w_2}(P)$。

并且，一些传统的语义规则在新的解释下仍然有效：

(1) 对于所有的 w，$\vdash P \Rightarrow t_w(P)$；
(2) 对于所有的 w，$t_w(P)$，$P \vdash Q \Rightarrow t_w(Q)$；
(3) 对于所有的 w，$t_w(P \& Q) \Rightarrow t_w(P)$；$t_w(P \& Q) \Rightarrow t_w(Q)$。

但是，当涉及非标准世界的时候，下列经典的语义规则就无效了：

(4^*) $t_w(\sim P) \Rightarrow \neg t_w(P)$；
(5^*) $\neg t_w(P) \Rightarrow t_w(\sim P)$；
(6^*) $t_w(P)$ 和 $t_w(Q) \Rightarrow t_w(P \& Q)$；

（仅在不相容世界中失效）

(7^*) $t_w(P)$；$t_w(Q)$；$P, Q \vdash R \Rightarrow t_w(R)$；
(8^*) $t_w(P \& Q) \Rightarrow t_w(P)$ 或 $t_w(Q)$。

（仅在"概图世界"中失效）

（三）不相容世界的构造

根据雷歇尔和布兰登所设定的基本语义，经典语义规则在亚相容逻辑中是否有效取决于是否将它们运用于非标准的可能世界。而根据他们的辩护，亚相容逻辑的合理动机也主要在于非标准可能世界在本体论意义上的存在性。因此，他们对亚相容方案的研究，最核心的工作就在于找到或建构起这样的非标准世界，尤其是不相容世界。

雷歇尔和布兰登认为世界是可以合成的：把世界 w_1 和世界 w_2 合并到一起，便可以得到一个新的可能世界 $w_1 \cup w_2$。需要注意的是，即使 w_1、w_2 本身都是标准世界，也不能得出 $w_1 \cup w_2$ 就是标准的。相反，它很可能是一个不相容世界。例如，令

$w = w_1 \cup w_2$
在 w_1 中 $p \& \sim q$ 为真
在 w_2 中 $\sim p \& q$ 为真

根据规则

$t_{w_1 \cup w_2}(P)$，当且仅当，$t_{w_1}(P) \vee t_{w_2}(P)$

可知：在 $w_1 \cup w_2$ 中，$p \& \sim q$ 为真，$\sim p \& q$ 也为真。而 $p \& \sim q$ 和 $\sim p \& q$ 在标准世界中显然不能同时成立。于是，"不相容世界" $w_1 \cup w_2$ 被构造了出来。当然，w_1 和 w_2 本身也可以是非标准的。

之所以不相容世界能够被构造出来，是因为命题 P 在可能世界 w_1 和 w_2 中的真值可以是不同的。设 w_1 和 w_2 都是标准世界，$|P|_{w_1}$ 表示命题 P 在 w_1 中的真值（其余依此类推），T 表示"真"，F 表示"假"，若 $|P|_{w_1}$ = T，则 $|\sim P|_{w_1}$ = F，因为矛盾律在 w_1 中成立。于是，根据语义规则，我们不难得到以下真值表：

$|P|_{w_1}$	$|P|_{w_2}$	$|\sim P|_{w_1}$	$|\sim P|_{w_2}$	$|P|_{w_1 \cup w_2}$	$|\sim P|_{w_1 \cup w_2}$
T	T	F	F	**T**	F
T	F	F	T	**T**	**T**
F	T	T	F	**T**	**T**
F	F	T	T	F	**T**

真值表第 2 行和第 3 行表明，对于任一命题 P，如果它在标准世界 w_1 和 w_2 中的值刚好相反，那么它在合成世界 $w_1 \cup w_2$ 中的值就为 T，并

且它的否定命题~P在$w_1 \cup w_2$中的值也恰好为T。这就是说，在标准世界中相互矛盾的两个命题，在合成世界$w_1 \cup w_2$中可以同时为真，矛盾被接受了下来，此时的$w_1 \cup w_2$就是雷歇尔和布兰登所称的不相容世界。

此外，在第1行$|P|_{w_1 \cup w_2}=T$而$|\sim P|_{w_1 \cup w_2}=F$，在第4行则反过来了，$|P|_{w_1 \cup w_2}=F$而$|\sim P|_{w_1 \cup w_2}=T$。这四行合起来表明，在合成的世界中，负命题~$P$的真值并不是由$P$的真值决定的，否定符号 ~ 在$w_1 \cup w_2$中不具有"真值函项"的功能，命题的真值取决于它们在原来的世界w_1或w_2中的真假。

大多数亚相容解悖方案承认矛盾是可以为真的，但并非所有矛盾都如此，例如，在雷歇尔和布兰登所说的不相容世界中就有$|P\&\sim P|_{w_1 \cup w_2}=$F（在$w_1$和$w_2$都是标准世界的情况下）。正如以下真值表所示：

$\|P\&\sim P\|_{w_1}$			$\|P\&\sim P\|_{w_2}$		$\|P\|_{w_1 \cup w_2} \wedge \|\sim P\|_{w_1 \cup w_2}$		$\|P\&\sim P\|_{w_1 \cup w_2}$
$\|P\|_{w_1}$		$\|\sim P\|_{w_1}$	$\|P\|_{w_2}$	$\|\sim P\|_{w_2}$	$\|P\|_{w_1 \cup w_2}$	$\|\sim P\|_{w_1 \cup w_2}$	
T	F	F	T	F	T	F	F
T	F	F	F	F	T	T	F
F	F	T	T	F	T	T	F
F	F	T	F	F	T	F	F

根据真值表，我们可以得到以下结果。

（1）在第2行和第3行$|P|_{w_1 \cup w_2} \wedge |\sim P|_{w_1 \cup w_2}=T$，这是由于在这两行$P$和~$P$在世界$w_1 \cup w_2$中各自为真；而在所有行都有$|P\&\sim P|_{w_1 \cup w_2}=F$，这是因为$P\&\sim P$在标准世界$w_1$和$w_2$中都为假。可见，雷歇尔和布兰登所要拒斥的就是形如$P\&\sim P$的矛盾。这正如他们所坚持的：在不相容世界中，$P$和~$P$可以"分立地"为真，但不能"合并地"为真。

之所以能够如此，是因为在不相容世界中，合取联结词 & 不具有"真值函项"的性质。由它得到的复合命题$P\&Q$在$w_1 \cup w_2$中的真值与其支命题P和Q在$w_1 \cup w_2$中的真假无关。

（2）P和~P在标准世界中是两个相互矛盾的命题，但在不相容世界中，无法由它们推出任一命题Q：在第2行和第3行，$|P|_{w_1 \cup w_2}=|\sim P|_{w_1 \cup w_2}=T$，而此时结论$Q$可能是假的，即$|Q|_{w_1 \cup w_2}=F$。

（3）在不相容世界中，对于 P&~P，"从 P&~P 可推出任一命题"也是不成立的。如前所述，雷歇尔和布兰登设定了一个语义规则：

$$对于所有 w, t_w(P), P \vdash Q \Rightarrow t_w(Q)。$$

要在世界 w 中推出命题 Q，作为前提的命题 P 必须在 w 中为真。但 P&~P 显然不满足这个要求，因为无论是在标准世界还是在不相容世界中，它都是永假的。

此外，容易检验，在真值表每一行都有 $|\sim(P\&\sim P)|_{w_1 \cup w_2} = T$，但由于~是"非真值函项"的，所以~(P&~P) 的值并非由 P&~P 的值决定，而是因为它在 w_1 和 w_2 中都是永真式。这表明，雷歇尔和布兰登拒绝接受 P&~P 这一类型的自相矛盾，其理由并不是因为它们将使不相容系统变得平庸（上面的分析表明这种状况是不会产生的），而是因为在与之相对应的标准世界中，矛盾律是有效的，而矛盾本来就不成立。

第二节 亚相容多值化方案

要使得 A 和 ¬A 都为真，除了像弃合方案那样允许它们"分立地"为真，还有一种思路是设定通常所理解的"真""假"之外的某个（或某些）语义值，并允许它们同时获得。更进一步，要使得从它们（或它们的合取）无法推出任一命题 B，还需要将这个（或这些）值规定为系统的特征值并对经典逻辑的有效性定义作适当修改。例如，假设新增的值为 x，修改后的有效性定义可直观地表达为：公式 A 是公式集 Σ 的语义后承，当且仅当，对于 Σ 中的所有公式 B，不存在赋值使得 B 为真或 x 但 A 为假。

这一种思路在亚相容解悖方案中具体又有两种做法。其一，这个新设定的特征值既不同于"真"，又不同于"假"，即不由"真"和"假"来定义。其二，把这个特征值定义为"真且假"，既以"真"和"假"为基础，又不同于"单纯的真"和"单纯的假"。换言之，一个命题可以同时既是"真的"又是"假的"，因而拥有了"真且假"这个特殊的值。达·科斯塔在构造系统 C_n（$1 \leq n \leq \omega$）和系统 DL 时曾使用过第一种做法，安德森和贝尔纳普对相干原理的证明采用的也是这种做法。在采用第二种做法的逻辑学家中，最主要的代表是普利斯特，在他构建的"悖论逻辑"（LP）系统中，这个特殊的语义值被称作"悖论性"。事实上，LP系统不仅是第二种做法的最典型系统，在各种多值化亚相容方案中也是最具有代表性的。本节仅介绍普利斯特的LP系统的主要工作和它的衍推重塑。

一 普利斯特的"悖论逻辑"

普利斯特的LP系统是他在《悖论逻辑》[①]一文中提出的，其动机主要来自两个方面。首先，普利斯特认为现有经典方案都算不上真正的解悖方案，与其做这些毫无结果的努力，不如把悖论（即悖论性语句）接受下来，保持系统的不相容性。其次，他认为素朴证明程序本身就是不相容（包含悖论）的，因而我们对它的形式刻画也应该接受其不相容性。因此，他主张建立一种不相容但非平庸的逻辑，作为素朴证明的逻辑基础：将悖论性语句当作"真"语句接受下来，并阻止由它们导致平庸。

（一）LP命题逻辑

在LP中，普利斯特通过赋予悖论性语句一个特殊的真值，并给出相应的语义规则，以限制司各脱法则、析取三段论等规则的有效性，从而建立起允许矛盾为"真"而又非平庸的逻辑。

1. 语义值的定义

悖论性：如果一个语句既真又假，则它是悖论性的（记为p）；
单真：如果一个语句真而不假，则它是单真的（记为t）；
单假：如果一个语句假而不真，则它是单假的（记为f）。

其中，"悖论性"和"单真"都是特征值，即悖论性的语句和单真的语句都是"真"语句。

[①] 参见G. Priest, "The Logic of Paradox," *Journal of Philosophical Logic* 1 (1979): 219-241。

2. 联结词的定义

LP 的初始联结词是¬（否定）、∧（合取）和∨（析取）。其中，对于否定作如下规定：一个语句为真，当且仅当，其否定为假。因此，既真又假的（悖论性）语句的否定既假又真；单真语句的否定为单假；单假语句的否定为单真。从而可以得到关于这些初始联结词的真值表定义：

¬ 的定义：

¬	
t	f
p	p
f	t

∧ 的定义：

∧	t	p	f
t	t	p	f
p	p	p	f
f	f	f	f

举例来说，如果 A 为 t，B 为 p，则 A 和 B 都为真，从而 A∧B 为真；但是，由于 B 为 p，因而 B 又为假，所以 A∧B 为假。所以，A∧B 是悖论性的。如果 A 为 f，B 为 p，则 A 和 B 都为假，从而 A∧B 为假。

实际上，根据定义，只要 A 和 B 中有一个为 f，A∧B 就为 f；其余情况下 A∧B 要么为 t，要么为 p，因而都为真。

∨ 的定义：

∨	t	p	f
t	t	t	t
p	t	p	p
f	t	p	f

第二章　弃合方案和多值化方案

此外，"$A \to B$"定义为"$\neg A \vee B$"；"$A \leftrightarrow B$"定义为"$(A \to B) \wedge (B \to A)$"。从而有如下真值表：

$\to$	t	p	f
t	t	p	f
p	t	p	p
f	t	t	t

$\leftrightarrow$	t	p	f
t	t	p	f
p	p	p	p
f	f	p	t

可以看出，$A \to B$ 只在 A "单真"而 B "单假"时为假（f），其余情况下都为真（t 或 p）。$A \leftrightarrow B$ 只在 A（或 B）"单真"而 B（或 A）"单假"时为假，其余情况下都为真（t 或 p）。

以上这些真值表表明，如果所涉之原子公式都是悖论性的（p），那么使用上述联结词所构成的复合公式也都是悖论性的（p）。

3. 语义后承的定义

令 L 为一个命题语言，P 为其命题集。令 v：P $\to$ ｛t, p, f｝（即，v 是命题变元的一个赋值）。令 v^+ 是使用上述真值表 v 向 L 的所有语句的扩展。如果 Σ 是 L 的一个语句集，则有以下关于语义后承的定义：

　　Σ ⊨ A，当且仅当，没有赋值 v 使得对于所有 $B \in \Sigma$，$v^+(B)$ = p 或 $v^+(B)$ = t，但 $v^+(A)$ = f

　　⊨ A，当且仅当，∅ ⊨ A，即对于所有赋值 v，$v^+(A)$ = t 或 $v^+(A)$ = p

需要注意的是，由于"$A \to B$"被定义为"$\neg A \vee B$"，如果把"$\to$"理解为"蕴涵"，那么它所表达的仍然是实质蕴涵。所以公式"$A \wedge \neg A \to B$"仍然是其中的逻辑真理（logical truth）：

A	B	$\neg A$	$A \wedge \neg A$	$A \wedge \neg A \rightarrow B$
t	t	f	f	t
t	p	f	f	t
t	f	f	f	t
p	t	p	p	t
p	p	p	p	p
p	f	p	p	p
f	t	t	f	t
f	p	t	f	t
f	f	t	f	t

从中可以看出，在 A 和 B 的所有赋值下，$A \wedge \neg A \rightarrow B$ 的值或者为 t 或者为 p，而 t 和 p 都是特征值，因而 $A \wedge \neg A \rightarrow B$ 是逻辑真理，即有 $\vdash A \wedge \neg A \rightarrow B$。不仅如此，所有经典命题逻辑中的逻辑真理在 LP 中都得到了保留。

定理 1. A 是一个二值的逻辑真理，当且仅当，$\vdash A$。

对这一定理的证明可作如下分析：

(1) 如果 A 是一个二值的逻辑真理，则对于所有 v，都有 $v^+(A) = t$，因而 $\vdash A$。（从直观上来看：如果 v 是一个三值赋值，令 v_1 是一个二值赋值，它通过把所有的 p 替换为 t 得到。通过考察真值表可以发现：如果 $v^+(A) = f$，则 $v_1^+(A) = f$）

(2) 如果 $\vdash A$，则没有赋值 v 使得 $v^+(A) = f$，因而 A 是一个二值逻辑真理。（虽然形如 $A \wedge \neg A$ 的公式被允许赋予值 p，但存在赋值 v，使得 $v^+(A \wedge \neg A) = f$，因而它仍只是可满足式而非永真式，也并非二值逻辑真理） ∎

这个定理表明，LP 拥有和经典二值逻辑相同的逻辑真理集，LP 保持了经典二值逻辑在逻辑真理上的特征。此外，它还保持了以下规则的有效性：

(1) $A \vDash A \vee B$

(2) $A, B \vDash A \wedge B$

(3) $A \to B \vDash \neg B \to \neg A$

(4) $A \to (B \to C) \vDash B \to (A \to C)$

(5) $A \vDash B \to A$

(6) $\neg A, \neg B \vDash \neg (A \vee B)$

(7) $\neg A \to \neg B \vDash B \to A$

(8) $\neg (A \vee B) \vDash \neg A$

(9) $A \vDash \neg \neg A$

(10) $\neg \neg A \vDash A$

(11) $\neg A \vDash \neg (A \wedge B)$

(12) $\neg (A \to B) \vDash A$

(13) $A \wedge B \vDash A$

(14) $A, \neg B \vDash \neg (A \to B)$

(15) $A \to B \vDash A \wedge C \to B \wedge C$

(16) $\neg A \vDash A \to B$

(17) $A \to (A \to B) \vDash A \to B$

(18) $A \to \neg A \vDash \neg A$

但是，另一些规则却不再有效了，如：

（ⅰ） $A \wedge \neg A \vDash B$ （ECQ）

（ⅱ） $A \to B, B \to C \vDash A \to C$ （传递律）

（ⅲ） $A, \neg A \vee B \vDash B$ （析取三段论）

（ⅳ） $A, A \to B \vDash B$ （分离规则）

（ⅴ） $A \to B, \neg B \vDash \neg A$ （否定后件式）

（ⅵ） $A \to B \wedge \neg B \vDash \neg A$ （归谬律）

这些规则之所以失效，是因为它们在 LP 的三值赋值下并不保真，而它们的反模型都涉及第三值 p：

对于（ⅰ）、（ⅲ）和（ⅳ），令 $v(A) = p$, $v(B) = f$;

对于（ⅱ），令 $v(A) = t$, $v(B) = p$, $v(C) = f$;

对于（ⅴ）和（ⅵ），令 $v(A) = t$, $v(B) = p$。

所以，即使 $A \wedge \neg A \rightarrow B$ 在 LP 中是逻辑真理，我们仍然无法从它和 $A \wedge \neg A$ 通过分离规则得到 B，因为分离规则本身并不有效。

定理 2. 如果 A 和 B 没有共同的命题变元并且 B 能取值 f，那么 $A \vdash B$ 是无效的。

证明。设 v 是一个赋值，使得 $v^+(B) = f$。令 v_1 与 v 相似，除了对于 A 中出现的所有命题变元 q，$v_1(q) = p$。容易检验，$v_1^+(A) = p$ 而 $v_1^+(B) = f$。因此，定理得证。 ■

定理 3（演绎定理）. 如果 $A_1 ... A_n \vdash B$，那么 $A_1 ... A_{n-1} \vdash A_n \rightarrow B$。

证明。（略） ■

需要注意的是，逆演绎定理（如果 $A_1 ... A_{n-1} \vdash A_n \rightarrow B$，那么 $A_1 ... A_n \vdash B$）在 LP 中不成立。假设逆演绎定理成立，那么便可由永真式 $\vdash A \wedge \neg A \rightarrow B$ 得到 $A \wedge \neg A \vdash B$，而这正是规则 ECQ，是无效的。

（二）LP 量词逻辑

除了命题逻辑层面的研究，普利斯特还将 LP 扩展至包含量词的悖论逻辑 LPQ。

1. 语义定义

令 L 为一个一阶语言，为了简便，假设其中不包含常元或函数符号。

令模型 M = ⟨D, I⟩。其中，D 是对象域。如果 P_n 是 L 的一个 n 元谓词，$\bar{x}$ 是 D 中的元素的一个 n 元组，I 是从 ⟨$P_n \bar{x}$⟩ 到 {t, p, f} 的映射。

令 S 是对 L 的变元的一个赋值（从变元到 D 的一个映射）。语句在 S 下的真值定义如下：

（1）如果 A 是形如 $P_n(v_i... v_j)$ 的公式，则 A 的真值由 $I\langle P_n \langle Sv_i... Sv_j \rangle\rangle$ 为 t，p 或 f 而相应地为 t，p 或 f。

（2）如果 A 是形如 $\neg B$ 或 $B \wedge C$ 的公式，则 A 的真值条件已在 LP 命题逻辑中给出。

（3）如果 A 是形如 $(\forall x)B$ 的公式，那么：

A 为 t，当且仅当，对于所有 $d \in D$，B 在 $S(v/d)$ 下为 t；

A 为 f，当且仅当，对于某个 $d \in D$，B 在 $S(v/d)$ 下为 f；

A 为 p，否则（即，对于所有 $d \in D$，B 在 $S(v/d)$ 为 t 或 p，并且，有某个 $d \in D$，B 在 $S(v/d)$ 下为 p）。

在（3）中对 A 为 p 的定义也可以由前面 LP 命题逻辑对真值表的讨论得到说明。例如，如果 B 在所有 $S(v/d)$ 下为 t 或 p，那么 B 在所有 $S(v/d)$ 下为真。因而 $(\forall x)B$ 为真。如果 B 在某个 $S(v/d)$ 下为 p，那么 B 在某个 $S(v/d)$ 下为假。因而 $(\forall x)B$ 为假。所以，A 是悖论性的。

（4）如果 A 是形如 $(\exists x)B$ 的公式，那么：

A 为 t，当且仅当，对于某个 $d \in D$，B 在 $S(v/d)$ 下为 t；

A 为 f，当且仅当，对于所有 $d \in D$，B 在 $S(v/d)$ 下为 f；

A 为 p，否则（即，对于所有 $d \in D$，B 在 $S(v/d)$ 下为 f 或 p，并且，有某个 $d \in D$，B 在 $S(v/d)$ 下为 p）。

此外，$(\exists x)B$ 也可定义为 $\neg(\forall x)\neg B$。

2. 语义后承的定义

令 Σ 为 L 中的一个语句集，有如下定义：

$\Sigma \vDash A$，当且仅当，不存在 M 和 S，使得对于所有 $B \in \Sigma$，B 在 S 下为 t 或 p，但 A 为 f；

$\vDash A$，当且仅当，$\varnothing \vDash A$。即，对于所有 M 和 S，A 在 S 下为 t 或 p。

定理 1. A 是一个二值的逻辑真理，当且仅当，$\vdash A$。

证明。（略） ∎

与 LP 的命题逻辑部分一样，LPQ 也保持了部分经典量词逻辑规则的有效性：

(1) $(\forall x) A, (\forall x) B \vDash (\forall x) (A \wedge B)$
(2) $(\forall x) A \vDash \neg (\exists x) \neg A$
(3) $(\forall x) A \vDash (\forall x) (A \vee B)$
(4) $(\forall x) (A \rightarrow B) \vDash (\forall x) A \rightarrow (\forall x) B$
(5) $(\forall x) A \vDash A (x/y)$
(6) $(\forall x) A \vDash (\forall x) (B \rightarrow A)$
(7) $(\forall x) (A \rightarrow B) \vDash (\forall x) (\neg B \rightarrow \neg A)$
(8) $(\forall x) A \vDash (\forall x) (\neg A \rightarrow B)$
(9) $(\forall x) (A \rightarrow B) \vDash (\exists x) A \rightarrow (\exists x) B$

同时，下列规则不再有效：

(a) $(\forall x) A, (\forall x) (A \rightarrow B) \vDash (\forall x) B$
(b) $(\forall x) (A \rightarrow B), (\forall x) \neg B \vDash (\forall x) \neg A$
(c) $(\forall x) (A \rightarrow B), (\forall x) (B \rightarrow C) \vDash (\forall x) (A \rightarrow C)$

定理 2（等值替换，substitutivity equivalents）。如果 A 和 A^1 含有 $y_1 \ldots y_n$ 中的变元，且 B^1 与 B 的区别仅在于：在 B 含有 A 处，B^1 含有 A^1，那么 $(\forall y_1 \ldots y_n)(A \leftrightarrow A^1) \vDash B \leftrightarrow B^1$。

证明。

施归纳于公式 B。

（1）如果 A 是 B，那么，由于 $(\forall y) C \vDash C$，结果是显然的。

（2）如果结构中使用了真值函数，则用如下规则可得到结果：

$A \leftrightarrow B \models \neg A \leftrightarrow \neg B$；

$A \leftrightarrow B \models A \wedge C \leftrightarrow B \wedge C$。

（3）如果结构中使用了量词，则用如下规则可得到结果：

若 $A \models B$，并且 x 不在 A 中自由出现，则 $A \models (\forall x) B$；

$(\forall x)(A \leftrightarrow B) \models (\forall x) A \leftrightarrow (\forall x) B$。∎

二 普利斯特的亚相容衍推

分离规则的失效是 LP 系统不得不面对的一个重要问题，因为这严重违反我们关于日常合理推理的直觉。普利斯特本人也认为分离规则是任何系统都应保持的基本推理工具。他说："任何有价值的条件句→，都应当满足分离规则：$\{\alpha, \alpha \rightarrow \beta\} \models \beta$。实际上，这正是蕴涵的分析职能。"[①] 因此，在他看来，分离规则的普遍有效是任何蕴涵联结词之恰当性的必要条件。

关于分离规则在 LP 系统中失效的原因，普利斯特认为其根源在于 LP 的联结词都是外延联结词。LP 本身并未处理真正的条件句算子，其中的"→"只是由"∨"和"¬"所定义的实质蕴涵联结词，而实质蕴涵式并不是真正的条件句。他认为，"亚相容方案"应当"坚决地去除'实质蕴涵'"，[②] 因此，他主张用新的蕴涵联结词来定义条件句，使得分离规则普遍有效。基于这一诉求，他构造了一个新的亚相容系统。其方法是在 LP 系统的基础上增加一些新的条件句算子。在这些新算子中，最基本的是"衍推"。[③]

（一）衍推的必要和充分条件

普利斯特认为，一个联结词被称为"衍推"，必须满足一定的条件。

[①] G. Priest, *In Contradiction: A Study of the Transconsistent* (2nd) (New York: Oxford University Press, 2006), p. 83.

[②] 参见 G. Priest, *In Contradiction: A Study of the Transconsistent* (2nd) (New York: Oxford University Press, 2006), p. 83。

[③] 注意：此处普利斯特建立的"衍推"理论没有体现相干性，也不包含严格蕴涵的要求，因而不能按照通常理解的把他定义的"衍推"等同于"相干蕴涵+严格蕴涵"意义上的衍推。普利斯特对这一问题的详细说明参见 G. Priest, *In Contradiction: A Study of the Transconsistent* (2nd) (New York: Oxford University Press, 2006), pp. 89–92。

首先，对于衍推，普利斯特是这样定义的：

> 衍推是这样的联结词，它使得：对于语句 α 和 β，"α 衍推 β"为真，仅当 β 由 α 得出。①

如果不使用"衍推"这个词，可将其读为"如果……，那么逻辑地……"或"如果……，那么逻辑地得到……"。

普利斯特指出，衍推的必要条件之一是：从前件到后件保真。这一点是非常符合直观的。但他认为仅仅具有保真的条件还不够，衍推还应当"保假"。他说："因为我们不仅用某语句被真语句衍推这一事实来证明该语句，我们还用某语句衍推了假语句这一事实来拒斥该语句。因此，我们也要求衍推从后件到前件保假。"②

普利斯特对这两个条件的解释不同于经典逻辑。在经典逻辑中，实质蕴涵从前件到后件的"保真"与从后件到前件的"保假"是相互配合的。因此，一个实质蕴涵式 $A \supset B$ 的成真条件是 B 真或 A 假。但普利斯特认为，一个衍推式 $A \rightarrow B$ 的成真条件却是若 A 真则 B 真，并且，若 B 假则 A 假。单纯的 B 真或 A 假都不能确定该衍推式为真。

之所以如此，是因为在普利斯特的观念中，"真"和"假"并不相互依赖，而是各自具有一定的独立性。他认为，有证据表明，对一个真语句的否定，所得到的并不一定就是假语句，悖论性语句就是其中之一。还例如，人们常常用"左翼""右翼"来区分政党，但某个政党的纲领可能混合了不同派别的政治主张，因此，该政党既是左翼的，又是右翼的（因而不是左翼的）。不仅如此，一些政党的纲领本身就包含了不相容的政治目标。因此，普利斯特认为："……这意味着一个语句的真和假是部分地独立的。从而，一个语句成假的条件不能简单地从它成真的条件变换而得，并且，一个形式语义必须对成真的条件和成假的条件作分

---

① G. Priest, *In Contradiction: A Study of the Transconsistent* (2nd) (New York: Oxford University Press, 2006), p. 82.

② G. Priest, *In Contradiction: A Study of the Transconsistent* (2nd) (New York: Oxford University Press, 2006), p. 84.

开的说明。"① 所以，普利斯特强调，我们需要说明，衍推使得"真"和"假"在一定方向上都得到了保持，"保真"和"保假"都是衍推的必要条件。

普利斯特进而认为，"保真"和"保假"合起来构成了衍推的充分条件。其原因是，演绎论证最核心的用途包括两个方面：其一，从已有的真理确定新的真理（例如，数学中的演绎论证）；其二，从新的虚假将已有的命题确定为虚假（在实证反驳中的演绎论证）。按照这个理解，对于一个衍推的成真条件而言，"保真"与"保假"就是它所涉及的全部内容，因而是它的充分条件。

那么，一个衍推为假的条件又是什么呢？对于一个实质蕴涵式，我们通常认为，如果其前件为真而后件为假，那么它就是假的。普利斯特认为，上述关于衍推的条件是"先验的"（a priori）事实，因而我们在谈论其假的时候需要考虑其为假的可能性：如果一个衍推可能前件为真而结论为假，那么该衍推就是假的。

基于以上认识，普利斯特为他所主张的亚相容衍推给出了可能世界模态语义。

（二）亚相容衍推

考虑一个命题语言，它与 LP 的语言相同，只是增加衍推联结词"→"（LP 中原来的"→"用"⊃"代替）。对该语言的一个语义解释是一个四元组 $M = \langle W, R, G, v \rangle$。其中，"$W$"是可能世界集合；"$R$"是 W 上的二元关系；"G"是 w 的特例，即现实世界。令"P"表示命题参数集，$\pi = \{\{1\}, \{0\}, \{1, 0\}\}$（与 LP 中的语义值一样，令 $t = \{1\}$ 表示"单真"；$f = \{0\}$ 表示"单假"，$p = \{1, 0\}$ 表示"既真又假"，即"悖论性的"）。"v"是命题参数的一个赋值，即从 $W \times P$ 到 π 的映射，$v_w(\alpha) = x$ 表示命题 α 在世界 w 中赋值 v 下为 x。

定义 1. 外延联结词 ¬、∨、∧ 的定义与 LP 中一样，只是增加了 w（上一节对它们的定义是通过真值表来表达的）。它们的定义可重述为：

---

① G. Priest, *In Contradiction: A Study of the Transconsistent* (2nd) (New York: Oxford University Press, 2006), p. 69.

$1 \in v_w(\neg \alpha)$，当且仅当，$0 \in v_w(\alpha)$；
$0 \in v_w(\neg \alpha)$，当且仅当，$1 \in v_w(\alpha)$；
$1 \in v_w(\alpha \wedge \beta)$，当且仅当，$1 \in v_w(\alpha)$ 且 $1 \in v_w(\beta)$；
$0 \in v_w(\alpha \wedge \beta)$，当且仅当，$0 \in v_w(\alpha)$ 或 $0 \in v_w(\beta)$；
$1 \in v_w(\alpha \vee \beta)$，当且仅当，$1 \in v_w(\alpha)$ 或 $1 \in v_w(\beta)$；
$0 \in v_w(\alpha \vee \beta)$，当且仅当，$0 \in v_w(\alpha)$ 且 $0 \in v_w(\beta)$。

定义 2. 对于蕴涵联结词"→"，有如下定义：

$1 \in v_w(\alpha \rightarrow \beta)$，当且仅当，对于所有 w' 且 $w'Rw$，若 $1 \in v_{w'}(\alpha)$ 则 $1 \in v_{w'}(\beta)$，并且，若 $0 \in v_{w'}(\beta)$ 则 $0 \in v_{w'}(\alpha)$；
$0 \in v_w(\alpha \rightarrow \beta)$，当且仅当，存在 w' 且 $w'Rw$，使得 $1 \in v_{w'}(\alpha)$ 且 $0 \in v_{w'}(\beta)$。

定义 3. 对于语义后承关系，有如下定义：

$\Sigma \vDash \alpha$，当且仅当，对于所有解释 M 的赋值 v 都有：对于所有 $\beta \in \Sigma$，若 $1 \in v_G(\beta)$ 则 $1 \in v_G(\alpha)$；
$\vDash \alpha$，当且仅当，对于所有解释 M 的赋值 v 都有：$1 \in v_G(\alpha)$。

需要注意的是，"1"和"0"本身并非语义值，真正的语义值是 $\{1\}$、$\{0\}$ 和 $\{1, 0\}$。这正如原来的 LP 系统，"真"和"假"都不是语义值，真正的语义值是"单真"、"单假"和"悖论性"（真且假）。以下说明将有助于我们理解普利斯特的想法。对于任意命题 α，

$v_w(\alpha) = \{1\}$，当且仅当，$1 \in v_w(\alpha)$ 但 $0 \notin v_w(\alpha)$；
$v_w(\alpha) = \{0\}$，当且仅当，$0 \in v_w(\alpha)$ 但 $1 \notin v_w(\alpha)$；
$v_w(\alpha) = \{1, 0\}$，当且仅当，$1 \in v_w(\alpha)$ 且 $0 \in v_w(\alpha)$。

根据上述语义定义，普利斯特得出了以下这些结论。
结论 1. 如果 $\Sigma \vDash \alpha$，那么 α 是 Σ 的经典二值语义后承。

第二章 弃合方案和多值化方案

需要注意的是,结论1的逆不成立,不能由 α 是 Σ 的经典二值语义后承得出 $\Sigma \vdash \alpha$。尤其,$\{\alpha \wedge \neg \alpha\} \vdash \beta$ 和 $\{\alpha, \neg \alpha \vee \beta\} \vdash \beta$ 都不成立。其原因与 LP 一样:令 α 的值为 $\{1, 0\}$,而 β 的值为 $\{0\}$。

结论2. 以下公式都是逻辑真理:

$\vDash \alpha \rightarrow \alpha$

$\vDash \alpha \leftrightarrow \neg \neg \alpha$

$\vDash \alpha \wedge \beta \rightarrow \alpha$

$\vDash \alpha \rightarrow \alpha \vee \beta$

$\vDash \alpha \wedge (\beta \vee \gamma) \leftrightarrow (\alpha \wedge \beta) \vee (\alpha \wedge \gamma)$

$\vDash (\alpha \rightarrow \beta) \wedge (\beta \rightarrow \gamma) \rightarrow (\alpha \rightarrow \gamma)$ (传递律)

$\vDash (\alpha \rightarrow \beta) \wedge (\alpha \rightarrow \gamma) \rightarrow (\alpha \rightarrow \beta \wedge \gamma)$

$\vDash (\alpha \rightarrow \gamma) \wedge (\beta \rightarrow \gamma) \rightarrow (\alpha \vee \beta \rightarrow \gamma)$

$\vDash (\alpha \rightarrow \beta) \rightarrow (\neg \beta \rightarrow \neg \alpha)$ (假言易位律)

结论3. "断定定理"(assertion theorem)不是逻辑真理,即 $\alpha \wedge (\alpha \rightarrow \beta) \rightarrow \beta$ 不是永真式。

证明。分析:根据上述关于"$\vDash$"的语义规定,要证明 $\alpha \wedge (\alpha \rightarrow \beta) \rightarrow \beta$ 不是永真式,就是要找到一个解释 M,使得 $1 \notin v_w (\alpha \wedge (\alpha \rightarrow \beta) \rightarrow \beta)$,亦即,$v_w (\alpha \wedge (\alpha \rightarrow \beta) \rightarrow \beta) = \{0\}$(因为在普利斯特的系统中,只有值为 $\{0\}$ 的命题"为假",而有值 $\{1\}$ 和 $\{1, 0\}$ 的命题"为真")。

普利斯特为此构造了一个反模型:令 $M = \langle W, R, G, v \rangle$,其中,$W = \{G, w\}$,并且有 GRG, wRG, GRw;$v_G (p) = v_G (q) = v_w (p) = \{1\}$,并且 $v_w (q) = \{0\}$。但是,根据语义规定,可以得到 $v_G (p \wedge (p \rightarrow q) \rightarrow q) = \{0\}$。

普利斯特并未给出具体的证明过程,我们可以进行如下分析。根据关于"$\rightarrow$"的语义规定,要证 $1 \notin v_G (p \wedge (p \rightarrow q) \rightarrow q)$ 等于要证:存在一个世界 w' 且 $w'RG$,使得

(1) 并非（若 $1 \in v_{w'}$（$p \wedge (p \rightarrow q)$）则 $1 \in v_{w'}$（q））

或者

(2) 并非（若 $0 \in v_{w'}$（q）则 $0 \in v_{w'}$（$p \wedge (p \rightarrow q)$））

取 w' 为 w，我们选证（2），即要证

(3) 并非（若 $0 \in v_w$（q）则 $0 \in v_w$（$p \wedge (p \rightarrow q)$））

这等于需证：

(4) $0 \in v_w$（q）但 $0 \notin v_w$（$p \wedge (p \rightarrow q)$）

根据上述 M，v_w（q）= $\{0\}$，这恰好有：

(5) $0 \in v_w$（q）

因此，现在只需证

(6) $0 \notin v_w$（$p \wedge (p \rightarrow q)$）

这等于需证

(7) $0 \notin v_w$（p）且 $0 \notin v_w$（$p \rightarrow q$）

而根据上述 M，v_w（p）= $\{1\}$，这恰好有：

(8) $0 \notin v_w$（p）

因此，只需证

(9) $0 \notin v_w(p \to q)$

根据语义定义，这等于要证：对于所有 w' 且 $w'Rw$（由于只有 G 与 w 具有 R 关系，所以直接取 w' 为 G），

(10) 并非 ($1 \in v_G(p)$ 且 $0 \in v_G(q)$)

亦即要证

(11) $1 \notin v_G(p)$ 或 $0 \notin v_G(q)$

而根据上述 M，$v_G(q) = \{1\}$，这恰好有：

(12) $0 \notin v_G(q)$。

根据上述分析，便可逆向地建立 $\alpha \wedge (\alpha \to \beta) \to \beta$ 不成立的证明。 ∎

结论 4. "收缩定理"（contraction theorem）不是逻辑真理，即 $(\alpha \to (\alpha \to \beta)) \to (\alpha \to \beta)$ 不是永真式。

证明。按照上面的方法，我们同样可以构造一个反模型。

令 M = $\langle W, R, G, v \rangle$，其中，$W = \{G, w\}$，并且有 GRG，wRG，GRw；$v_G(p) = v_w(p) = v_w(q) = \{1\}$，并且，$v_G(q) = \{0\}$。但是，根据语义规定，可以得到：$v_G(p \to (p \to q)) \to (p \to q)) = \{0\}$。

所以，$(\alpha \to (\alpha \to \beta)) \to (\alpha \to \beta)$ 不是永真式。 ∎

上述模型也可以说明"收缩规则" $\alpha \to (\alpha \to \beta) \vdash \alpha \to \beta$ 无效。

需要注意的是，在结论 3 和结论 4 的证明中所构造的反模型中的关

系 R 不是自返的，因为 w 与自身不具有 R 关系，由此才使证明得以建立。但如果任何 w（包括 G）都不自返，则分离规则无法得到证明。为了解决这个问题，普利斯特增加了一个要求，即要求 G 自返。所以，在上述证明中列出了 GRG 这个条件（虽然在实际的证明过程中并未使用这一条件），以强调 G 的自返性质。不仅如此，他还要求所有世界都与 G 有 R 关系：对于所有 $w \in W$，wRG [普利斯特称之为 "G 的全知性"（the omniscience of G）[①]]。

至此我们看到，普利斯特对可能世界的全部要求是：G 自返（GRG）且 G "全知"（对于所有 $w \in W$，wRG）。以此为基础，普利斯特得出了结论 5。

结论 5. 以下规则都成立：

$\{\alpha, \alpha \to \beta\} \vDash \beta$ （分离规则）

$\{\alpha, \beta\} \vDash \alpha \wedge \beta$

$\{\alpha \wedge \neg \beta\} \vDash \neg(\alpha \to \beta)$

$\{\alpha \to \beta\} \vDash (\gamma \to \alpha) \to (\gamma \to \beta)$

$\{\alpha \to \beta\} \vDash (\beta \to \gamma) \to (\alpha \to \gamma)$ （传递律）

$\{\alpha \to \neg \alpha\} \vDash \neg \alpha$

$\{\alpha \leftrightarrow \beta\} \vDash \delta \leftrightarrow \delta(\alpha/\beta)$ （等值替换律。其中，$\delta(\alpha/\beta)$ 指用 β 替换 δ 的子公式 α 所得到的公式）

但普利斯特没有给出对它们的证明。鉴于讨论的需要，此处选证分离规则 $\{\alpha, \alpha \to \beta\} \vDash \beta$。

证明。根据 "$\vDash$" 的定义，要证明 $\{\alpha, \alpha \to \beta\} \vDash \beta$，就是要证明，对于所有解释 M 的赋值 v 都有：若 $1 \in v_G(\{\alpha, \alpha \to \beta\})$ 则 $1 \in v_G(\beta)$。假设

[①] 参见 G. Priest, *In Contradiction: A Study of the Transconsistent* (2nd) (New York: Oxford University Press, 2006), pp. 86–87。

(1) $1 \in v_G(\{\alpha, \alpha \rightarrow \beta\})$

于是有

(2) $1 \in v_G(\alpha)$
(3) $1 \in v_G(\alpha \rightarrow \beta)$

根据"→"的语义定义，(3) 等于：对于所有 w 且 wRG，

(4) 若 $1 \in v_w(\alpha)$ 则 $1 \in v_w(\beta)$，并且，若 $0 \in v_w(\beta)$ 则 $0 \in v_w(\alpha)$

由于有 GRG，所以，

(5) 若 $1 \in v_G(\alpha)$ 则 $1 \in v_G(\beta)$，并且，若 $0 \in v_G(\beta)$ 则 $0 \in v_G(\alpha)$

从而有

(6) 若 $1 \in v_G(\alpha)$ 则 $1 \in v_G(\beta)$

由 (2) 和 (6) 得

(7) $1 \in v_G(\beta)$

即在 $1 \in v_G(\{\alpha, \alpha \rightarrow \beta\})$ 的情况下 $1 \in v_G(\beta)$，于是，$\{\alpha, \alpha \rightarrow \beta\} \vDash \beta$ 得证。∎

但是，(7) 的得出所使用的规则显然是"某种形式的分离规则"。如果 (6) 中的"若……则……"表达的仍然是普利斯特所要定义的衍推蕴涵，那么这里便出现了循环：用基于衍推联结词的分离规则来证明

该规则自身。这显然是不合适的。那么,普利斯特唯一的选择便是引入新的非衍推的蕴涵联结词。

此外,该系统中还有如下结论:

结论 6. 合取幂等律成立:$\{\alpha \wedge \alpha \rightarrow \beta\} \vdash \alpha \rightarrow \beta$;

结论 7. 反证律不成立:$\{\neg \alpha \rightarrow \beta, \neg \alpha \rightarrow \neg \beta\} \vdash \alpha$ 不成立。

(三) 其他亚相容蕴涵

在上述"→"的定义下,假言易位律($\vdash (\alpha \rightarrow \beta) \rightarrow (\neg \beta \rightarrow \neg \alpha)$)是成立的。但普利斯特认为,这并不是"衍推"的全部可能性,也存在该定律不成立的衍推。一个主要的例子是 T-模式中的联结词。

普利斯特认为 T-模式中的"↔"是一个内涵联结词,并且是可分离的,但不是可换质位(non-contraposable)的,即从 T($<\alpha>$)$\leftrightarrow\alpha$[①]可以得到 T($<\neg\alpha>$)$\leftrightarrow\neg\alpha$,但不能得到$\neg$T($<\alpha>$)$\leftrightarrow\neg\alpha$。因为普利斯特认为,"真"和"假"并不相互排斥,命题 α 为"假"并不意味着命题 α 就不能为"真",而是可以"既真又假"。因此,"不真"与"假"并不同义,由"α 不真"一定能推出"α 为假",即$\neg$T($<\alpha>$)$\rightarrow\neg\alpha$ 成立;但不能由"α 为假"推出"α 不真",即$\alpha\rightarrow\neg$T($<\alpha>$)不成立。因此,在涉及否定的情况下,$\neg$T($<\alpha>$)和$\neg\alpha$ 无法进行完全的等值替换。

基于这种理解,普利斯特考察了另外两种非衍推的亚相容蕴涵联结词,假言易位律对它们都失效。其一是"⇒":$\alpha\Rightarrow\beta$ 为假的条件与 $\alpha\rightarrow\beta$ 一样,但在为真的条件上去掉了"保假"的要求。因此,它的定义如下:

$1 \in v_w(\alpha \Rightarrow \beta)$,当且仅当,对于所有 w' 且 $w'Rw$,若 $1 \in v_{w'}(\alpha)$ 则 $1 \in v_{w'}(\beta)$;

$0 \in v_w(\alpha \Rightarrow \beta)$,当且仅当,存在 w' 且 $w'Rw$,使得 $1 \in v_{w'}(\alpha)$ 且 $0 \in v_{w'}(\beta)$。

根据上述定义,"→"与"⇒"之间有如下关系:

---

① 其中,"$<\alpha>$"是 α 的名称,"T"表示谓词"真","T($<\alpha>$)"表示"α 是真的"。

第二章 弃合方案和多值化方案

（α→β）即（α⇒β）∧（¬β⇒¬α）。

在未"本质地"涉及否定的情况下，⇒具有与→相同的逻辑性质，尤其，如果用"⇒"来替换"→"，在第（二）小节的那些结论中，除了假言易位律和等值替换律 [{α↔β} ⊢ δ↔δ（α/β），在δ含有"¬"的情况下可能失效] 而外，其余全都成立。

普利斯特认为，还有一种非衍推的亚相容蕴涵，这就是我们自然语言所说的"如果（若）"（if）。他举例说，在我们日常对"如果"的使用中，像"如果你的跟腱被撕裂了，你下周就不能踢足球"这样的简单条件句并非实质条件句，也不是可换质位的。普利斯特认为，我们可以通过可能世界语义学进行说明，并为"亚相容方案"提供相应的理论。由于普利斯特主张放弃实质蕴涵，可以推见，在证明分离规则时所使用的"分离规则"就是以这种非实质的亚相容蕴涵为基础的。

此外，普利斯特还定义了带量词和等词的亚相容衍推，这里不作考察[①]。

[①] 其主要内容参见 G. Priest, *In Contradiction: A Study of the Transconsistent* (2nd) (New York: Oxford University Press, 2006), pp. 92-93。

第三章 正加方案和相干方案

第一节 亚相容正加方案

在弃合方案和多值化方案中，为了阻止从 $A \wedge \neg A$ 推出任一命题 B 从而消除第一章指出的"元层次"悖论之悖，主要的做法是直接从语义定义入手，允许以某种方式给 A 和 $\neg A$ 同时赋予"真"值。在这样的语义规定下，许多经典逻辑的法则不再有效了。关于新系统在何种程度上修改了经典逻辑、如何看待失效的经典法则以及它们与经典逻辑之间具有什么样的关系，雷歇尔、布兰登和普利斯特都进行了说明。但是，这些工作主要是在系统之外进行的，是额外的、直观的说明。

正加方案与此不同，它首先把经典命题逻辑中不涉及否定词的部分全部接受下来，然后增加一个亚相容否定联结词 $\neg$，并以此对经典逻辑中那些涉及否定词的公理做出精确的、形式化的限定。这样，就能够以更加严格的方式显示出新系统与经典逻辑系统之间的关系。对于"元层次"悖论之悖的消解，正加方案的思路则与弃合方案和多值化方案大体相同：在语义上规定 A 和 $\neg A$ 可以同时为"真"，从而取消司各脱法则的有效性。

正加方向第一个亚相容逻辑系统由达·科斯塔提出。1963 年他发表博士论文《不相容形式系统》，在其中建立了一系列亚相容命题逻辑系统 C_n（$1 \leq n \leq \omega$）。在这些系统中，亚相容否定联结词 $\neg$ 不具有真值函项功能，并且"真""假"二值不能被一个命题同时具有。在这一点上，C_n（$1 \leq n \leq \omega$）与雅斯科夫斯基、雷歇尔和布兰登的理论有些相似，而与普利斯特的系统 LP 区别明显。以此为基础，达·科斯塔与沃尔夫（R. G. Wolf）合作，又构建了亚相容辩证逻辑系统 DL。

一 达·科斯塔的 C_n 系统

现代逻辑产生之后，在罗素、怀特海、哥德尔等大批学者的努力下，已建立起较完善的经典逻辑系统。后来，在数学基础理论研究的促动下，一些非经典逻辑，如直觉主义逻辑、多值逻辑、自由逻辑、相干逻辑、亚相容逻辑等相继建立起来，同时，对于非经典逻辑与经典逻辑的关系的争论也从未停息过。达·科斯塔认为，虽然非经典逻辑在多个方面展现了其合理性和优势，但这并不表明经典逻辑就是一种"错误的"逻辑，接受和发展非经典逻辑并不意味着要排斥经典逻辑。相反，他认为："……经典逻辑是一个重点学科，它具有并将继续具有强大的影响和应用功能。"[1] 之所以要发展非经典逻辑，是因为在某些特定的领域，它们更有利于清晰地刻画其中的基本结构，亚相容逻辑就是要为不相容但非平庸的理论提供这样一种逻辑基础。

达·科斯塔理论的出发点是命题演算 C_n（$1 \leq n \leq \omega$），并以此作为整个亚相容逻辑的基础。C_n 实际上代表具有严格等级序列的多个系统：C_1 是第一级，C_2 是第二级……一直扩展至（可数）无穷级 C_ω。经典命题演算系统记为 C_0。同时，达·科斯塔还为系统 C_n（$1 \leq n \leq \omega$）设定了以下条件：[2]

（1）矛盾律 $\neg(A \wedge \neg A)$ 无效；

（2）对于相互矛盾的命题 A 和 $\neg A$，无法"从 A 和 $\neg A$ 推出任一命题 B"；

（3）易于扩充至相对应的一阶（带等词的或不带等词的）谓词演算；

（4）要尽可能多地包含 C_0 中不与条件（1）冲突的部分。

条件（1）和条件（2）使得 C_n（$1 \leq n \leq \omega$）保持了亚相容性；条件（4）则表达了对经典逻辑的继承性。

---

[1] 参见 N. C. A. da Costa, D. Krause, and O. Bueno, "Paraconsistent Logics and Paraconsistency," in D. Jacquette, ed., *Philosophy of Logic* (Amsterdam: North - Holland Publishing Company, 2007), p. 794。

[2] 参见 N. C. A. da Costa, "On the Theory of Inconsistent Formal Systems," *Notre Dame Journal of Formal Logic* 4（1974）: 497-510。达·科斯塔在原文中用"⊃"表示蕴涵，用"&"表示合取，用"~"表示等值。为了统一，本节把它们分别改为"→"、"∧"和"↔"。

根据这些条件,达·科斯塔首先创建了最基本的亚相容命题演算 C_n ($1 \leq n \leq \omega$),然后再将它扩充至不带等词的谓词演算 C_n^* ($1 \leq n \leq \omega$) 和带等词的谓词演算 $C_n^=$ ($1 \leq n \leq \omega$),并运用它来构造不相容而非平庸的集合论形式系统。本节仅介绍命题演算系统。

(一) 命题演算系统 C_1

1. 对矛盾律的限制

达·科斯塔首先为 C_1 设立了以下假定(公理和推理规则):

(A1)　　$A \to (B \to A)$

(A2)　　$(A \to B) \to ((A \to (B \to C)) \to (A \to C))$

(A3)　　$A \wedge B \to A$

(A4)　　$A \wedge B \to B$

(A5)　　$A \to (B \to A \wedge B)$

(A6)　　$A \to A \vee B$

(A7)　　$B \to A \vee B$

(A8)　　$(A \to C) \to ((B \to C) \to (A \vee B \to C))$

(A9)　　从 A 和 $A \to B$ 推出 B　　　　(分离规则)

不难发现,这些假定都不含否定词,联结词 $\wedge$、$\vee$ 和 $\to$ 的逻辑特性、功能与经典命题逻辑相同。从它们出发又可以得到一系列不包含否定词的定理和推理规则,如 $A \to A$,从 $A \to B$ 和 $B \to C$ 推出 $A \to C$,等等,它们在经典逻辑中也都是有效的。

亚相容逻辑与经典逻辑的差别首先体现在对矛盾的不同态度,即是否允许 A 和 $\neg A$ 同时成立,进而体现为对包含否定词的公式的态度。达·科斯塔首先给出了不含否定词的假定,而它们所代表的正是经典逻辑关于"正命题"的部分,因此,这部分公理、定理和推理规则都被 C_1 保留了下来。

涉及"否定"的部分,又可以有两种情况。其一,一些经典逻辑中的定理在 C_1 中仍然成立。例如,在 C_1 中还可以假定:

第三章　正加方案和相干方案

(A10)　　　$A \vee \neg A$

(A11)　　　$\neg \neg A \to A$

其二，另一些在 C_1 中则不再成立，如：

(non1)　　$(A \to B) \to ((A \to \neg B) \to \neg A)$

(non2)　　$A \to \neg \neg A$

从语形上讲，在亚相容系统 C_1 中 A 和 $\neg A$ 都可以成为定理；在语义上，C_1 允许 A 和 $\neg A$ 同时为真，因而若 A 为假，则一定有 $\neg A$ 为真，但当 A 为真的时候，并不能得出 $\neg A$ 为假（即不能从 A 得出 $\neg \neg A$）。这就是说，当公式 A 违背了矛盾律的时候，(non1) 和 (non2) 就不再成立了。另外，由于 C_1 不允许 A 和 $\neg A$ 同时为假，容易检验，无论 A 是否违背矛盾律，(A10) 和 (A11) 都是成立的。

要判定涉及否定词的公式及推理规则是否成立，就需要在 C_1 中准确地区分遵守矛盾律和违背矛盾律这两种情况。对于 A，如果 $\neg (A \wedge \neg A)$ 成立，则 A 被称作"中矩的"(well-behaved)；若不成立，A 就是"逾矩的"(ill-behaved)。对于"中矩的"情况，达·科斯塔把它缩写为：

定义 1.　$A^0 =_{def} \neg (A \wedge \neg A)$

于是，如果 A 是"中矩的"，那么 (non1) 和 (non2) 都成立；如果 A 是"逾矩的"则它们都不成立。这实际上为经典逻辑中相应的定理设置了一个限定条件。由此，在 C_1 中还可以增加另一些假定：

(A12)　　$B^0 \to ((A \to B) \to ((A \to \neg B) \to \neg A))$

(A13)　　$A^0 \wedge B^0 \to (A \wedge B)^0$

(A14)　　$A^0 \wedge B^0 \to (A \vee B)^0$

(A15)　　$A^0 \wedge B^0 \to (A \to B)^0$

其中，(A12) 的含义是：如果 B 不违背矛盾律（即并非 B 和 $\neg B$ 都为真，或并非 B 和 $\neg B$ 都是 C_1 的定理），那么 $(A \to B) \to ((A \to \neg B) \to \neg A)$ 就成立。(A13)、(A14) 和 (A15) 的含义是：如果 A 和 B 都

没有违背矛盾律，那么 $A \wedge B$、$A \vee B$ 和 $A \rightarrow B$ 也都不会违背矛盾律。

如果没有定义 1 的条件作为保证，以下这些公式在 C_1 中都不成立：

(non3)　　$\neg A \rightarrow (A \rightarrow B)$

(non4)　　$\neg A \rightarrow (A \rightarrow \neg B)$

(non5)　　$A \rightarrow (\neg A \rightarrow B)$

(non6)　　$A \rightarrow (\neg A \rightarrow \neg B)$

(non7)　　$A \wedge \neg A \rightarrow B$

(non8)　　$A \wedge \neg A \rightarrow \neg B$

(non9)　　$(A \vee B) \wedge \neg A \rightarrow B$

(non10)　$(A \vee B) \rightarrow (\neg A \rightarrow B)$

(non11)　$(A \leftrightarrow \neg A) \rightarrow B$

(non12)　$(A \leftrightarrow \neg A) \rightarrow \neg B$

(non13)　$(A \leftrightarrow B) \rightarrow (\neg A \leftrightarrow \neg B)$

(non14)　$\neg (A \wedge \neg A)$

(non15)　$A \wedge \neg A \rightarrow \neg (A \wedge \neg A)$

对于（non13），在 A "中矩" 而 B "逾矩" 的情况下，前件真而后件假，所以不成立，反之亦然；但当 A 和 B 都 "中矩" 或都 "逾矩" 的时候是成立的。

达·科斯塔强调，（non3）、（non4）、（non7）和（non8）的失效意义重大，因为一个理论在出现悖论的情况下，如果仍然把包含它们的逻辑作为推理的基础，将会导致理论的平庸。这也说明命题演算系统 C_1 具有亚相容的性质。

根据以上讨论，可以得到以下定理。

定理 1. 经典 "正命题演算" 的所有公理和定理模式以及演绎规则在 C_1 中都有效。

定理 2. 如果给 C_1 增加矛盾律作为假定，就得到了经典命题演算系统 C_0。并且，在 C_1 中包含了以下规则：

$B^0, A \rightarrow B \vdash \neg B \rightarrow \neg A$

$B^0, A \to \neg B \vdash B \to \neg A$

$B^0, \neg A \to B \vdash \neg B \to A$

$B^0, \neg A \to \neg B \vdash B \to A$

$\vdash (A \to \neg A) \to \neg A$

$\vdash (\neg A \to A) \to A$

$\vdash A^0 \to (\neg A)^0$

定理 3. 如果 $\alpha_1, \ldots, \alpha_n$ 是公式集 Γ 和公式 A 中的原子公式，那么在 C_0 中有 $\Gamma \vdash A$，当且仅当，在 C_1 中有 $\Gamma, \alpha_1^0, \ldots, \alpha_n^0 \vdash A$。

以上定理表明，在不存在悖论的情况下，C_1 与经典命题演算是相等的，而如果出现了悖论，C_1 就成了经典命题演算的子系统。

2. 强否定 $\neg^\star$

从直观上看，否定词"并非"在一个理论中兼有断定一个命题为假的含义，即"并非 A"的意思是"A 为假（不成立）"。而命题 A 为假的原因可能来自两种情况：其一，A 与该理论所描述的"事实"不符；其二，A 是自相矛盾的或 A 会导致悖论，即违背了矛盾律。但在系统 C_1 中 A 是可以不遵守矛盾律的，A 自相矛盾并不能成为断定它为假的根据。这意味着，C_1 的否定词 $\neg$ 在这一层含义上要弱于我们对"并非"的直观理解。

为了弥补这个不足，达·科斯塔引入了一个新的否定词 $\neg^\star$，他称作"强否定"（strong negation）：

定义 2. $\neg^\star A =_{def} \neg A \wedge A^0$

其直观含义是：A 为假，当且仅当，A 遵守矛盾律并且它是假的。更清晰的解释可以通过以下变形展现出来：

$\neg^\star A = \neg A \wedge A^0$

$\quad = \neg A \wedge \neg (A \wedge \neg A)$

$\quad = \neg A \wedge (\neg A \vee A)$

$\quad = (\neg A \wedge \neg A) \vee (\neg A \wedge A)$

$\quad = \neg A \vee (\neg A \wedge A)$

所以，上述含义可以等价地表述为：A 为假，当且仅当，A 是假的或者它自相矛盾。这与前面关于"并非"的直观理解相符。因此，根据这个定义便有以下定理：

定理 4. $\neg^*$ 具有经典否定词的所有属性。

定理 5. C_1 中的联结词 $\wedge$、$\vee$、$\rightarrow$ 和 $\neg^*$ 满足经典命题演算的公理和定理模式，以及演绎规则。

例如，下面这些公式在 C_1 中成立：

$(A \rightarrow B) \rightarrow ((A \rightarrow \neg^* B) \rightarrow \neg^* A)$

$A \leftrightarrow \neg^* \neg^* A$

$\neg^* A \rightarrow (A \rightarrow B)$

$A \vee \neg^* A$

$\neg^* (A \wedge \neg^* A)$

$(A \leftrightarrow \neg^* A) \rightarrow B$

$(A \wedge \neg^* A) \rightarrow B$

这表明，尽管 C_1 是经典命题演算的子系统，但是，在某种意义上，它却能包含经典命题演算的全部内容。

此外，由于 $(A \wedge \neg^* A) \rightarrow B$ 成立，而 $\neg^*$ 是 C_1 中的联结词，所以 C_1 是平庸的，但只是"有限地平庸"（finitely trivializable），因为在矛盾律不成立的情况下，$(A \wedge \neg A) \rightarrow B$ 是无效的。

（二）命题演算系统 C_n（$0 \leq n \leq \omega$）

1. 各级系统间的关系

能够满足条件（Ⅰ）至（Ⅳ）的命题演算系统不止 C_1，在 C_0，C_1, ..., C_n, ..., C_ω 这个等级序列中，除了 C_0，都能满足这些条件。为了考察各等级系统的特性和相互之间的关系，达·科斯塔为 C_n 引入了以下定义：

定义 3. $A^m =_{\text{def}} A^{0\,0\ldots 0}$（此处共有 m 个 0，m 为正整数）

定义 4. $A^{(n)} =_{\text{def}} A^1 \wedge A^2 \wedge A^3 \ldots \wedge A^{n-1} \wedge A^n$

从定义 1、3 和 4 可以得到以下信息：

第三章 正加方案和相干方案

当 $m=1$ 时，$A^1 = A^0 = \neg (A \wedge \neg A)$

当 $m=2$ 时，有 $A^2 = A^{00}$（即：$(A^0)^0 = (A^1)^0 = (\neg (A \wedge \neg A))^0$

$A^m = A^{00\ldots0} = (A^{00\ldots0})^0 = (A^{m-1})^0$

$A^{(n)} = (A^1 \wedge A^2 \wedge A^3 \ldots \wedge A^{n-1}) \wedge A^n$

$\quad\quad = A^{(n-1)} \wedge (A^{n-1})^0$

为了进一步理解各个系统之间的关系，对这些信息做以下解释是必要的。

(1) A 在 C_m 中满足矛盾律（即 A^m），当且仅当，A 在 C_m 及 C_m 之前的系统中都满足矛盾律。例如，A 在 C_1 中满足矛盾律的条件是 A 在 C_1 及 C_1 之前的系统（即 C_0）中都满足矛盾律。

(2) 称 A 在 C_n（$0 \leq n \leq \omega$）中满足矛盾律（即 $A^{(n)}$），当且仅当，在从 C_0 到 C_ω 的任一系统中 A 都满足矛盾律。

(3) 如果 A 在 C_m 中满足矛盾律，那么 A 在系统 C_{m-1} 中也一定满足矛盾律，并且……，并且在系统 C_0 中也满足矛盾律。

(4) 但是，已知 A 在 C_m 中满足矛盾律，并不能得出它在 C_{m+1} 中也一定满足矛盾律。很可能在 C_{m+1} 中，A 和 $\neg A$ 恰好都成立。

由此，可以得到：

定理 6. 在 C_0，C_1，…，C_n，…，C_ω 中的每一个系统都严格强于它后面的所有的系统。

从直观上来看，这是因为根据上述解释，在任一系统 C_{m+1} 中因"满足矛盾律"这一限制性条件而成立的公式，在 C_m 中一定也是成立的，因为在 C_{m+1} 中满足矛盾律，那么在 C_m 中一定也满足矛盾律，因而在 C_m 中也是成立的。因此，所有 C_{m+1} 的公理、定理及有效的演绎规则一定也是 C_m 的公理、定理或规则。但反过来却行不通。其中 C_ω 是最弱的系统，它是任一 C_n（$1 \leq n < \omega$）系统的子系统。

另外，在 C_m 中无效的公式在 C_{m+1} 及之后的所有系统中也都不成立。例如，前面介绍的 C_1 中的（non1）到（non15）在 C_2 至 C_ω 的系统中也被排除掉了。

C_1 中的假定（A1）到（A11）在所有的 C_n（$1 \leq n \leq \omega$）系统中也都成立，而（A12）到（A15）则可替换为如下更具一般性的假定：

(A12′)　　$B^{(n)} \to ((A \to B) \to ((A \to \neg B) \to \neg A))$

(A13′)　　$A^{(n)} \land B^{(n)} \to (A \land B)^{(n)}$

(A14′)　　$A^{(n)} \land B^{(n)} \to (A \lor B)^{(n)}$

(A15′)　　$A^{(n)} \land B^{(n)} \to (A \to B)^{(n)}$

其中，(A13′) 至 (A15′) 也可以等价地写为：$A^{(n)} \land B^{(n)} \to (A \land B)^{(n)} \land (A \lor B)^{(n)} \land (A \to B)^{(n)}$。而系统 C_ω 的假定只包括 (A1) 到 (A11)。

根据以上讨论，对这些系统之间的关系可做如下刻画：

$$\text{Th}(C_1) \supseteq \text{Th}(C_2) \supseteq \ldots \supseteq \text{Th}(C_{n-1}) \supseteq \text{Th}(C_n) \supseteq \ldots \supseteq \text{Th}(C_\omega)$$

正因如此，对于含有悖论的理论，"……如果我们试图避免平庸性，更安全的办法是采用 C_{n+1} 来建立系统，而不是采用 C_n；如果我们仅限于在目前所考虑的演算等级序列中进行选择，使用 C_ω 是最保险的"。[①]

2. 赋值规则

亚相容逻辑的宗旨是要刻画不相容但非平庸的推理机制，在语义的赋值规则上就需要完成两个基本任务：使得两个相互矛盾的命题 A 和 $\neg A$ 能够同时为真；使得那些足以导致系统平庸的规则或定理（如司各脱法则）无效。出于这样的考虑，达·科斯塔为 C_n（$0 \leq n \leq \omega$）制定了有别于经典语义学的赋值规则，其工作主要是在系统 C_1 中展开的。[②]

定义 5. 系统 C_1 的一个赋值是以 C_1 所有公式的集合 F 为定义域，以 $\{0, 1\}$ 为值域的一个函数，使得：

(1) 如果 $v(A) = 0$，那么 $v(\neg A) = 1$；

(2) 如果 $v(\neg\neg A) = 1$，那么 $v(A) = 1$；

[①] N. C. A. da Costa, "On the Theory of Inconsistent Formal Systems," *Notre Dame Journal of Formal Logic* 4 (1974): 497-510.

[②] 参见 N. C. A. da Costa, D. Krause, and O. Bueno, "Paraconsistent Logics and Paraconsistency," in D. Jacquette, ed., *Philosophy of Logic* (Amsterdam: North-Holland Publishing Company, 2007), pp. 821-826. 此处仅介绍其中最基本的赋值定义。

(3) 如果 $v(B^0) = v(A \rightarrow B) = v(A \rightarrow \neg B) = 1$，那么 $v(A) = 0$；

(4) $v(A \rightarrow B) = 1$，当且仅当，$v(A) = 0$ 或者 $v(B) = 1$；

(5) $v(A \wedge B) = 1$，当且仅当，$v(A) = v(B) = 1$；

(6) $v(A \vee B) = 1$，当且仅当，$v(A) = 1$ 或者 $v(B) = 1$；

(7) 如果 $v(A^0) = v(B^0) = 1$，那么 $v((A \vee B)^0) = v((A \wedge B)^0) = v((A \rightarrow B)^0) = 1$。

其中，1 和 0 都是语义值，1 代表"真"，0 代表"假"，"$v(A) = 1$"的含义是"公式 A 在 v 赋值下的语义值是 1"，可读作"A 为真"；其余类推。

相应于规则（1），在经典逻辑中关于 A 和 $\neg A$ 的真值关系的规则是：

(1′) $v(A) = 0$，当且仅当，$v(\neg A) = 1$。

因此，规则（1）比（1′）弱，已知 $v(\neg A) = 1$，不能得出 $v(A) = 0$，在 C_1 中 A 和 $\neg A$ 是可以同真的。

规则（3）的含义是：在 v 赋值下，如果 B 在 C_1 中遵守矛盾律（B 和 $\neg B$ 不会同时为真），并且 $A \rightarrow B$ 和 $A \rightarrow \neg B$ 都为真，那么 A 为假。其中，$v(B^0) = 1$ 意即"B 在 C_1 中遵守矛盾律"为真。规则（5）的含义与此类似。

当涉及强否定 $\neg^*$，基于以上定义可得到如下定理。

定理 7. 如果 v 是 C_1 的一个赋值，则它具有以下性质：

(1) $v(A) = 1$，当且仅当，$v(\neg^* A) = 0$；

(2) $v(A) = 0$，当且仅当，$v(\neg^* A) = 1$；

(3) $v(A) = 0$，当且仅当，$v(A) = 0$ 并且 $v(\neg A) = 1$；

(4) $v(A) = 1$，当且仅当，$v(A) = 1$ 或者 $v(\neg A) = 0$。

如果把赋值规则推广到 C_n ($0 \leq n \leq \omega$)，则可以得到：

定理 8. 对于任一公式 A，如果 $v(A) = 0$，那么对于任一正整数 m，$v(A^m) = 0$；

定理9. 对于任一公式 A，$v(A^{(n)}) = 0$，当且仅当，$v(A) = v(\neg A) = 1$。

二　亚相容辩证逻辑系统 DL

亚相容逻辑致力于为不相容但非平庸的理论提供逻辑基础。达·科斯塔认为，这样的理论不仅包括自然科学中的理论，如量子理论、含有悖论的集合论等，也包括黑格尔、马克思等哲学家所坚持的辩证法理论。虽然一些逻辑学家已经开始为辩证法建立逻辑基础，但他们的理论既不是形式化的，也没有为形式化提供合理原则，而一个合适的辩证逻辑应当能为"辩证运动"的规律性提供精确的形式化的描述，其最基本的任务就是对"对立统一"进行合理刻画。达·科斯塔认为，亚相容逻辑恰好可以应用于发展辩证逻辑，"我们把辩证逻辑和亚相容逻辑之间的互动看作一条双行道，每个领域都为另一个领域提供了可能性。我们认为，在这些领域中间存在一种隐秘的联系，为它们的共同成长提供了空间"。①

在1980年，达·科斯塔和沃尔夫合作发表论文《亚相容逻辑研究 I：辩证法的对立统一原则》，以 C_n（$0 \leq n \leq \omega$）为基础建立了一个完整的亚相容辩证逻辑系统 DL。在文章中，他们首先讨论了"对立统一"规律的含义。对这一规律的理解在哲学界有着广泛的争论。麦克吉尔（V. J. McGill）和帕里（W. T. Parry）在论文《论对立统一：一个辩证法原理》（1948）中归纳了6种有代表性的解释。②

（ⅰ）（a）对任何事物的概念（或知觉）包含对其对立物的概念（或知觉）。

（b）一物的存在包含了一个其对立物的存在。

（ⅱ）两极对立物是同一的（identical）。

（ⅲ）一个具体物或过程是对立的决定性的统一。

---

① N. C. A. da Costa and R. G. Wolf, "Studies in Paraconsistent Logic I: The Dialectical Principle of the Unity of Opposites," *Philosophia* 2 (1980): 189-217.

② 参见 V. J. McGill and W. T. Parry, "The Unity of Opposites: A Dialectical Principle," *Science & Society* 4 (1948): 421-422。

（iv）一个具体系统或过程同时决定于两个反向的力量、运动、趋势，即朝向 A 和 $\neg A$。

（v）在任何时间性的或非时间性的具体的连续体中，在两个邻近的相反属性 A 和 $\neg A$ 之间都有一个中间地带，即连续体被拉伸开的地带，此处并非每一事物要么为 A 要么为 $\neg A$。

（vi）在任何一个连续体中都有一个拉伸开的地带，某物既是 A 又是 $\neg A$。

达·科斯塔和沃尔夫认为，解释（iv）为解释（v）和（vi）奠定了基础，而后两者对于理解"对立统一"规律来说是最贴切的。二者结合，恰好为辩证逻辑的基本观念提供了基础：存在既不是 A 又不是 $\neg A$ 的状态，也存在既是 A 又是 $\neg A$ 的状态。因此，他们评价说："麦克吉尔和帕里关于对立统一这个辩证法的核心立场的阐释是清晰、协调解释之典范。他们使用了当代分析哲学的技巧和术语，在使对立统一原理对于那些受分析传统训练的哲学家成为可理解的东西方面做了很多工作。因此，相较于使用黑格尔主义者或马克思主义者的传统语言，他们对对立统一原理的公式化表述，更直接地适合我们所钟爱的形式化方式。"[1]

（一）系统 DL 的公理

根据对"对立统一"规律的解释，达·科斯塔和沃尔夫首先对亚相容辩证逻辑系统 DL 应当具备的基本特征做了阐述。

（i）DL 应当能够被解释为一种模糊逻辑，但其首要的属性不是模糊逻辑。其理由主要来自两个方面。其一，已有的模糊逻辑是作为对经典逻辑的补充存在的。但黑格尔-马克思主义者似乎更倾向于认为辩证逻辑应当是对经典逻辑的择代，因此，经典逻辑应当成为亚相容辩证逻辑的一个子系统。其二，按照黑格尔-马克思主义者的看法，连续体为"对立统一"规律提供了很好的实例，但更多其他的实例不应被排除在外。所以，达·科斯塔他们认为，对模糊性的关注和解释只是辩证法的部分工作，亚相容辩证逻辑应当比模糊逻辑更加具有一般性。

---

[1] N. C. A. da Costa and R. G. Wolf, "Studies in Paraconsistent Logic I: The Dialectical Principle of the Unity of Opposites," *Philosophia* 2 (1980): 189-217.

（ⅱ）不仅在连续体中，在它之外的其他情形中也存在排中律失效的可能。因此，对于任一公式 A，仅当它处于"稳固的"（stable）状态（即遵守矛盾律）时，经典逻辑的公理才成立。这主要靠以下步骤来实现：

（1）经典逻辑 C 的反例涉及否定，亚相容辩证逻辑 DL 是对经典逻辑中只涉及正命题的部分的扩充，即 C_+：所有 C_+ 的定理都是 DL 的定理。

（2）在 DL 中加入否定和"稳固的"公理是为了确保经典逻辑 C 能被构造为 DL 的一个合适的子系统。

（ⅲ）排中律 $A \vee \neg A$ 和矛盾律 $\neg(A \wedge \neg A)$ 在 DL 中失效。

以下介绍系统 DL 的基本内容。
在 DL 中有下列初始符号：

（1）初始联结词：$\wedge$，$\vee$，$\rightarrow$[①]，$\neg$ 和 °；
（2）命题变元：P_0，P_1，…，P_m，其中 1, 2,…, m 为自然数；
（3）标点符号："（"和"）"；
（4）公式集：大写的希腊字母。

此外，关于证明、演绎、符号"⊢"和"↔"的含义与通常的定义相同。

首先，在不涉及否定词的情况下，DL 中有以下假定，它们与经典逻辑中相应的公理或规则相同：

（A1）　　　$A \rightarrow (B \rightarrow A)$
（A2）　　　$(A \rightarrow B) \rightarrow ((A \rightarrow (B \rightarrow C)) \rightarrow (A \rightarrow C))$
（A3）　　　$A \wedge B \rightarrow A$
（A4）　　　$A \wedge B \rightarrow B$

---

① 达·科斯塔和沃尔夫在原文中使用的符号是"⊃"。

（A5）　　　$A \to (B \to A \wedge B)$
（A6）　　　$A \to A \vee B$
（A7）　　　$B \to A \vee B$
（A8）　　　$(A \to C) \to ((B \to C) \to (A \vee B \to C))$
（A9）　　　$A \vee (A \to B)$
（A10）　　从 A 和 $A \to B$ 推出 B　　　　　　　（分离规则）

达·科斯塔他们指出，麦克吉尔和帕里认为排中律和矛盾律是等值的，但这并不正确。因此，不能把公式 $(A \vee \neg A) \leftrightarrow \neg (A \wedge \neg A)$[①] 当作 DL 的定理。但是，根据德摩根律，它似乎又是成立的。如果把德摩根律一概排斥掉，可能会遭到质疑，认为这里的 $\neg$ 不再表达真正的否定。因此，他们主张保留德摩根律，即：

（A11）　　$\neg (A \wedge B) \leftrightarrow (\neg A \vee \neg B)$
（A12）　　$\neg (A \vee B) \leftrightarrow (\neg A \wedge \neg B)$

达·科斯塔和沃尔夫认为，在系统 DL 中，对于那些遵守排中律和矛盾律的命题，经典逻辑是适用的。他们把这样的命题称作"稳固的"。为了刻画这种状态，便在 DL 中引入了一个一元联结词"°"，用来标示"稳固性"：如果 $A°$ 为真，则 A 是"中矩的"（合经典的）。他们认为，"这样一个联结词看起来很符合我们的马克思主义事业的精神，因为马克思和黑格尔并未否认经典逻辑对于一大类命题（以及过程、情境）的有效性"。[②] 考虑到这种情况，他们给 DL 增加了以下这些假定：

（A13）　　$A° \wedge B° \to (A \to B)° \wedge (A \wedge B)° \wedge (A \vee B)° \wedge (\neg A)°$
（A14）　　$A° \wedge B° \to ((A \to B) \to ((A \to \neg B) \to \neg A))$
（A15）　　$A° \to (\neg \neg A \to A)$
（A16）　　$A°° \leftrightarrow A°$

---

① 达·科斯塔和沃尔夫在原文中用"≡"来表示"等值"。本节改为"↔"。
② N. C. A. da Costa and R. G. Wolf, "Studies in Paraconsistent Logic Ⅰ: The Dialectical Principle of the Unity of Opposites," *Philosophia* 2 (1980): 198.

(A17)　　$A° \rightarrow (A \vee \neg A) \wedge ((A \rightarrow B) \vee (\neg A \rightarrow B))$

(A18)　　$\neg A° \rightarrow (A \vee \neg A \rightarrow B) \vee (A \wedge \neg A)$

其中，(A13) 表明，如果 A 和 B 都是"稳固的"，那么 $A \rightarrow B$、$A \wedge B$、$A \vee B$ 和 $\neg A$ 也都是稳固的，联结词 $\rightarrow$、$\wedge$、$\vee$ 和 $\neg$ 的属性和逻辑行为与经典逻辑一致；(A14) 表明，若 A 和 B 都是"稳固的"，并且 A 既蕴涵 B 又蕴涵 $\neg B$，那么 A 就为假；(A15) 表明，双重否定律适用于"稳固的"命题；(A16) 的含义是，$A°$ 是"稳固的"，当且仅当 A 是"稳固的"；(A17) 的含义是：如果 A 是"稳固的"，那么 A 和 $\neg A$ 不能同真，也不能同假；(A18) 表明，如果 A 不是"稳固的"，那么 A 和 $\neg A$ 就同时为真或同时为假。可见，如果从麦克吉尔和帕里的讨论来看，联结词 "°" 表达的是中间地带之外的情况，如果 $A°$ 为真，那么 "°" 恰好使得 A 远离了这一地带。

（二）系统 DL 的定理

根据以上系统 DL 的公理，达·科斯塔和沃尔夫进一步考察了其中有效的公式，并讨论了在经典逻辑中有效但在系统 DL 中不成立的公式。

定理 1. 在系统 DL 中有：

(1)　　$\vdash ((A \rightarrow B) \rightarrow A) \rightarrow A$

(2)　　$\vdash (A \rightarrow B \vee C) \leftrightarrow (A \rightarrow B) \vee (A \rightarrow C)$

(3)　　$\vdash (A \rightarrow B) \vee (B \rightarrow A)$

(4)　　$\vdash (A° \wedge A \wedge \neg A) \rightarrow B$

(5)　　$\vdash (A° \wedge A \wedge \neg A) \rightarrow \neg B$

(6)　　$A° \vdash A° \vee \neg A°$

(7)　　$B° \vdash (A° \rightarrow B°) \rightarrow ((A° \rightarrow \neg B°) \rightarrow \neg A°)$

(8)　　$A° \vdash A° \rightarrow (\neg A° \rightarrow B°)$

其中，(1) 至 (3) 表明，在系统 DL 中，$\rightarrow$ 和 $\vee$ 具有与在经典逻辑中同样的性质；(4) 和 (5) 说明，在"稳固性"的要求下，如果一个"稳固的"命题 A 既是真的又是假的，那么一切命题都是真的。这也表明：在形式化的辩证理论中，司各脱法则对于"稳固的"命题仍然有效。同时，达·科斯塔和沃尔夫认为，(4) 和 (5) 还提供了很好的技术证据，表明¬ 确实是一种否定，因为它对"稳固的"命题保持了经典的否定属性。

为了更明确地把经典逻辑纳入 DL 系统，与系统 C_n（$0 \leq n \leq \omega$）相似，达·科斯塔和沃尔夫定义了一个一元联结符"~"，表示"强否定"或经典否定。

定义 1. $\widehat{} =_{def} p° \wedge p \wedge \neg p$

定义 2. $\sim A =_{def} A \to \widehat{}$

定义 3. $\widecheck{} =_{def} \sim \widehat{}$

其中，p 是一个确定的原子公式。$\widehat{}$ 可以看作指谓一种"强"矛盾，即命题 p 既遵守矛盾律和排中律，又违背矛盾律。定义 2 表明，如果由 A 导致了强矛盾，那么 A 就是假的，$\sim A$ 就称作对 A 的强否定。定义 3 的含义是：$\widecheck{}$ 是对 $\widehat{}$（强矛盾）的强否定。达·科斯塔和沃尔夫认为，这三个定理能够充分说明，系统 DL 虽然在为非平庸的不相容理论提供基础，但本身是"否定-相容的"(negation-consistent)。由此可见，在亚相容辩证逻辑系统 DL 中有两个不同层次的否定：(1) 在对象逻辑层次上，"稳固的"命题遵守矛盾律，另一些则不遵守；(2) 在元逻辑层次上，不能既遵守又不遵守矛盾律。

定理 2. 在系统 DL 中有：

(9) $\vdash (A \to B) \to ((A \to \sim B) \to \sim A)$

(10) $\vdash \sim A \to (A \to B)$

(11) $\vdash A \vee \sim A$

(12) $\vdash A° \to ((A \vee \neg A) \wedge (\sim A \vee \sim \neg A))$

(13) $\vdash \neg A° \to (\sim (A \vee \neg A) \vee (A \wedge \neg A))$

(14) $A° \vee \neg A° \vdash ((A \vee \neg A) \wedge (\sim A \vee \sim \neg A)) \vee (\sim (A \vee \neg A) \vee (A \wedge \neg A))$

(15) $\vdash A° \to (\neg A \leftrightarrow \sim A)$

(16) $\vdash \widehat{} \to A$

(17) $\vdash A \to \widecheck{}$

(18) $\vdash (\widecheck{} \to A) \leftrightarrow A$

(19)　⊢ (A→â) ↔ ~A

其中，(9)、(10) 和 (11) 表明，强否定满足归谬律、司各脱法则和排中律；(12) 表明，如果 A 是"稳固的"命题，则 A 与 ¬A 都遵守排中律，并且对它的强否定也遵守排中律；(13) 表明，如果 A 不是"稳固的"命题，则 A 或者不遵守排中律，或者不遵守矛盾律；(14) 表明，任一命题 A 或者是"稳固的"或者不是"稳固的"；(15) 表明，对于"稳固的"命题而言，¬ 与 ~ 等价；(16) 和 (18) 表明，元逻辑层次的自相矛盾仍会导致平庸；(17) 表明，元逻辑层次上遵守不矛盾律的命题被任一命题所蕴涵；(19) 是对强否定定义的另一表述。

定理 3. 在系统 DL 中，以下公式模式都不成立：

(non1)　　A∨¬A
(non2)　　(A→B) →¬A∨B
(non3)　　A∧¬A→B
(non4)　　¬(A∧¬A)
(non5)　　(A→B) →¬(A∧¬B)
(non6)　　A→(¬A→B)
(non7)　　(A→¬A) →¬A
(non8)　　B→A∨¬A
(non9)　　(¬A→A) →A
(non10)　¬A→(A→B)
(non11)　¬¬A ↔ A
(non12)　A∨(¬A∧A°)
(non13)　(A∨¬A) ∧ ((A→B) ∨ (¬A→B))→A°
(non14)　(A→B) → (¬B→¬A)
(non15)　(¬B→¬A) → (A→B)
(non16)　(A∨¬A→B) ∨ (A∧¬A) →¬A°

达·科斯塔和沃尔夫为了证明上述公式无效，采用了以下真值表，其中 2 和 3 被设定为特征值。

第三章 正加方案和相干方案

关于 ¬ 和 °：

A	$\neg A$	$A°$
0	0	0
1	2	2
2	1	2
3	3	0

关于 →、∧ 和 ∨：

A	B	$A \to B$	$A \wedge B$	$A \vee B$
0	0	2	0	0
1	0	2	1	0
2	0	0	0	2
3	0	0	1	2
0	1	2	1	0
1	1	2	1	1
2	1	1	1	2
3	1	1	1	3
0	2	2	0	2
1	2	2	1	2
2	2	2	2	2
3	2	2	3	2
0	3	2	1	3
1	3	2	1	3
2	3	3	3	2
3	3	3	3	3

前述（non1）至（non16）（除（non11）外）都不难通过以上真值表验证为无效。对于（non11）的失效，可考虑如下真值表：

A	$\neg A$	$A°$
0	0	0
1	0	0

其中 1 为特征值。

（三）系统 DL 的语义

由于在系统 DL 中矛盾律和排中律都失效，所以，语义的赋值规则需要：两个相互矛盾的命题 A 和 $\neg A$ 能够同时为真，并且 A 和 $\neg A$ 可以同时为假。同时，由于 DL 是亚相容的系统，就必须拒斥司各脱法则等足以导致系统平庸的规则或定理。出于这样的考虑，达·科斯塔和沃尔夫为系统 DL 制定了既有别于经典逻辑，又与 C_n（$0 \leqslant n \leqslant \omega$）不同的赋值规则。

定义 4. 系统 DL 的一个赋值是以 DL 所有公式的集合 F 为定义域，以 $\{0, 1\}$ 为值域的一个函数，使得：

(1) $v(A \rightarrow B) = 1$，当且仅当，$v(A) = 0$ 或者 $v(B) = 1$；
(2) $v(A \wedge B) = 1$，当且仅当，$v(A) = v(B) = 1$；
(3) $v(A \vee B) = 1$，当且仅当，$v(A) = 1$ 或者 $v(B) = 1$；
(4) $v(\neg(A \wedge B)) = 1$，当且仅当，$v(\neg A) = 1$ 或者 $v(\neg B) = 1$；
(5) $v(\neg(A \vee B)) = 1$，当且仅当，$v(\neg A) = v(\neg B) = 1$；
(6) 如果 $v(A^\circ) = v(B^\circ) = 1$，那么 $v((A \rightarrow B)^\circ) = v((A \wedge B)^\circ) = v((\neg A)^\circ) = v((A \vee B)^\circ) = 1$；
(7) $v(A^\circ) = 1$，当且仅当，$v(A^{\circ\circ}) = 1$；
(8) 如果 $v(A^\circ) = 1$，那么 $v(\neg\neg A \rightarrow A) = 1$；
(9) 如果 $v(A) = v(\neg A)$，那么 $v(A^\circ) = 0$；
(10) 如果 $v(A) \neq v(\neg A)$，那么 $v(\neg A^\circ) = 0$。

其中，规则（1）、（2）和（3）陈述了蕴涵式、合取式和析取式的语义性质；规则（4）和（5）是德摩根律的语义性质；规则（6）至（8）是"稳固的"公式的语义性质；规则（9）表明，如果 A 与 $\neg A$ 的赋值相同，则矛盾律失效；规则（10）表明，如果 A 与 $\neg A$ 的赋值不同，则矛盾律有效。

定义 5. 如果至少存在一个公式 A 使得 $v(A) = v(\neg A)$，则称赋值 v 为异常的（singular）；否则，v 是正常的（normal）。

当涉及强否定~时，基于以上定义可得到以下定理。

定理 4. 如果 v 是 DL 的一个赋值，它具有以下性质：

(1) $v(A) = 1$，当且仅当，$v(\sim A) = 0$；

(2) $v(\frown) = 0$；

(3) $v(\smile) = 1$；

(4) 如果 $v(A°) = 1$，那么 $v(A) = 1$ 或者 $v(\neg A) = 1$；

(5) 如果 $v(A°) = 1$，那么 $v(A) = 0$ 或者 $v(\neg A) = 0$；

(6) 如果 $v(A°) = v(B°) = v(A \rightarrow B) = v(A \rightarrow \neg B) = 1$，那么 $v(\neg A) = 1$；

(7) 如果 $v(A°) = 1$，那么 $v(\neg \neg A \leftrightarrow A) = 1$；

(8) 如果 $v(A°) = 1$，那么 $v(A \vee \neg A) = v(\sim A \vee \sim \neg A) = 1$；

(9) 如果 $v(\neg A°) = 1$，那么 $v(A \vee \neg A) = 0$ 或者 $v(A \wedge \neg A) = 1$。

以上性质大多数是针对"稳固的"命题和经典否定词的。第（2）和（3）表明，元逻辑层次的强矛盾公式赋值为 0，强矛盾公式的强否定赋值为 1；第（9）式表明，如果"A 不是'稳固的'命题"成立，那么或者排中律不成立，或者矛盾律不成立。

第二节 亚相容相干方案

亚相容弃合方案、多值化方案和正加方案容纳悖论的主要途径是通过某种方式的语义设定，使相互矛盾的命题可以同时为真。这样，司各脱法则便不再有效了。还有一种途径是给推理的有效性增加限制性的条件，其最主要代表是相干逻辑。相干逻辑基本思想是：要求推理的前提与结论（或蕴涵式的前件与后件）具有内容上的联系；要求在结论的推导过程中，前提必须真正被使用。这样，由于 $A \wedge \neg A \vdash B$ 的结论 B 与其前提 $A \wedge \neg A$ 并不一定具有内容上的相干性，因而成了无效的推理形式。也正是在这个意义上，相干逻辑被纳入了亚相容逻辑的范畴，成为亚相容解悖方案中的一员。在近百年的发展中，相干逻辑逐渐形成了一个由许多强、弱各异的相干逻辑系统组成的庞大族群。代表人物包括安德森、贝尔纳普、迈尔、R. 卢特雷、V. 卢特雷、阿克曼、马雷什、邓恩、雷斯塔尔，等等。在国内学界，莫绍揆、冯棉、刘壮虎、周北海、张家龙、张清宇、霍书全、贾青等学者也对相干逻辑进行过研究或介绍。

尽管相干逻辑被视为一种亚相容逻辑，但它的产生以及任务并不主要是为了解决悖论状态下系统的非平庸问题。同时，通过追加相干性来实现对亚相容性的刻画，这并不是亚相容解悖方案的主流。因此，本节只概要地介绍相干方案的基本思想以及部分代表性系统的主要工作，不拟涉及更多的技术细节。

一 相干方案的动因

众所周知，相干逻辑的产生是为了解决实质蕴涵怪论和严格蕴涵怪论问题，司各脱法则只是众多怪论之一。在经典逻辑中，蕴涵式 $p \rightarrow q$ 只在一种情况下为假：当 p 真且 q 假时。换言之，只要 p 为假或者 q 为真，那么 $p \rightarrow q$ 就是真的。若用 $\neg p$ 来刻画"p 为假"，$p \rightarrow q$ 的成真条件可表达为 $\neg p \vee q$。实际上，在经典语义中，我们通常也是按照这种方式来定义蕴涵的。之所以能够如此，是因为经典语义只考虑蕴涵式前、后件在真值方面的联系。判定一个推理形式是否有效，也只考虑前提和结论之间是否存在必然的真值关联，即是否存在前提真而结论假的情况。

在日常思维中，与"p 蕴涵 q"对应的条件陈述是"如果 p 那么 q"。要判断这类陈述是否恰当，除了要考察它们是否前件真而后件假，还需要看它是否满足其他某些条件，比如，p 和 q 在内容上是否相关。例如，"如果 1 是自然数，那么中国是亚洲国家"和"如果地球是个立方体，那么地球是太阳系的行星"。在第一个语句中，"1 是自然数"和"中国是亚洲国家"并无内容上的任何联系，但在我们当前的知识体系中，它们都是真的，依据"蕴涵"的定义，这就是一个真句子。在第二个语句中，"地球是立方体"和"地球是太阳系的行星"显然是内容相关的，但由于"地球是立方体"为假，不论地球是不是太阳系的行星，根据"蕴涵"的定义，整个语句也是真的。尽管这两个语句都为真，但与我们日常对"如果……那么……"的理解和使用存在差距。

这两个语句的真不仅依赖于经典逻辑对蕴涵的定义,也要依据特定的知识体系,因而并不是逻辑真理。在经典逻辑中,有一些蕴涵式是逻辑永真的(它们的真并不取决于具体的知识),但是,如果与日常思维相对照,它们也在一定程度上与直觉不符。这些蕴涵式被称作"蕴涵怪论",主要有以下这些。

(1) $p \rightarrow (q \rightarrow p)$
(2) $\neg p \rightarrow (p \rightarrow q)$
(3) $q \rightarrow p \vee \neg p$
(4) $p \wedge \neg p \rightarrow q$
(5) $(p \rightarrow q) \vee (q \rightarrow p)$
(6) $(p \wedge q \rightarrow r) \rightarrow (q \rightarrow r) \vee (q \rightarrow r)$
(7) $(p \rightarrow q \vee r) \rightarrow (p \rightarrow q) \vee (p \rightarrow r)$

冯棉把上述蕴涵怪论分为两类。

第一,由于相干性的缺失造成的"怪论";
第二,具有相干性,但不是直观上有效的形式。[1]

第一类"怪论"包括(1)-(5)式。式(1)的含义是:如果 p 为真,那么它被任意一个命题所蕴涵(q 代表的是任意一个命题)。例如:"如果地球是太阳系的行星,那么,若1是自然数则地球是太阳系的行星"。式(2)的含义是:如果 p 为假,那么任何一个命题都被它蕴涵。例如:"如果并非1+1=3,那么,若1+1=3则鲁迅是文学家"。式(3)的含义是:如果 q 为真,那么排中律为真。例如:如果"1是自然数,那么太阳是恒星或者太阳不是恒星"。式(4)的含义是:矛盾蕴涵任一命题。例如:"如果火星上有生命并且火星上没有生命,那么4能被2整除"。式(5)的含义是:任意两个命题 p 和 q,至少其中一个蕴涵另

---

[1] 参见冯棉《相干逻辑研究》,华东师范大学出版社,2010,第2~5页。

一个。例如："若 4 能被 2 整除则地球是太阳系的行星，或者，若地球是太阳系的行星则 4 能被 2 整除"。这五个命题形式的共同特点是，并不预设 p 和 q 在内容上具有相关性，即便它们的某些具体代入例缺乏内容上的关联，对它们的真也不构成威胁。

第二类"怪论"包括式（6）和式（7）。为了说明它们与直观不符，冯棉从推理的角度举例进行了分析。① 对于式（6），令 p 表示"王先生爱张小姐"，q 表示"张小姐爱王先生"，r 表示"王先生和张小姐彼此相爱"。根据（6）便有如下推理：

　　［1］如果王先生爱张小姐并且张小姐爱王先生，那么他们彼此相爱。

　　所以，

　　［2］如果王先生爱张小姐，那么他们彼此相爱，或者，如果张小姐爱王先生，那么他们彼此相爱。

根据我们通常对"彼此相爱"的理解，［1］是一个真命题。但是，不论单从"王先生爱张小姐"还是单从"张小姐爱王先生"都得不出"他们彼此相爱"。这样，［2］的两个析取支都为假，整个命题便是假的。

对于式（7），令 p 表示"并非王先生和张小姐彼此相爱"，q 表示"王先生不爱张小姐"，r 表示"张小姐不爱王先生"，有如下推理：

　　［3］如果并非王先生和张小姐彼此相爱，那么王先生不爱张小姐或者张小姐不爱王先生。

　　所以，

　　［4］如果并非王先生和张小姐彼此相爱，那么王先生不爱张小姐，或者，如果并非王先生和张小姐彼此相爱，那么张小姐不爱王先生。

同样，从直观上来看，［3］明显为真，但［4］的两个支命题明显都为

---

① 参见冯棉《相干与衍推谓词逻辑》，华东师范大学出版社，2018，第 12~13 页。

假，因而该析取式为假，所以，这个推理也是直观上无效的。

在相干逻辑学家看来，"蕴涵怪论"的产生和以经典逻辑为基础的推理方式密切相关。因为它并不强制性地要求在结论的推导中每一个前提都必须真正被使用。例如，经典自然演绎推理系统中，$p\rightarrow(q\rightarrow p)$的证明中就存在未被使用的前提。运用相干逻辑的方法，其推导过程可构造如下：

（1）$p_{\{1\}}$ 假设（前提）
（2）$q_{\{2\}}$ 假设（前提）
（3）$p\wedge q_{\{1,2\}}$ （1）（2），∧引入
（4）$p_{\{1,2\}}$ （3），∧消去
（5）$q\rightarrow p_{\{1\}}$ （2）（4），→引入
（6）$p\rightarrow(q\rightarrow p)$ （1）（5），→引入

其中，命题右下角 $\{k\}$（k是正整数）中的k被称作前提的"标记"（indice），$\{k\}$是标记类（集），$p_{\{k\}}$表示：p的得出使用了标记为k的前提。按照这种做法便可以使"相干性"要求在推理中得到体现：

第一，每一假设前提都带有相干标记集；
第二，每一步推理都借助于相干标记集显示出前提与结论之间的相干性。[1]

相干逻辑学家认为，在上述$p\rightarrow(q\rightarrow p)$的证明过程中，第（5）行$q\rightarrow p_{\{1\}}$是不能被得出的。因为第（4）行$p_{\{1,2\}}$的得出并未真正使用第（2）行的$q_{\{2\}}$，从（2）到（4）不过是要了一个"花招"。错误的根源在于从$p_{\{1\}}$和$q_{\{2\}}$得不出$p\wedge q_{\{1,2\}}$。他们认为，"∧引入"的使用必须以"有相同的标记"为条件。也就是说，正确的"∧引入"应当使用具有以下形式的规则：

---

[1] 参见冯棉《相干与衍推谓词逻辑》，华东师范大学出版社，2018，第15页。

$p_{\{k\}}$

$q_{\{k\}}$

所以,$p \wedge q_{\{k\}}$

其中,前提 p、q 和结论 p∧q 拥有相同的标记类 {k}。① 上述推理从(1)和(2)到(3)的推导并不满足这个条件,因而是无效的。邓恩和雷斯塔尔把这个"花招"比作"通过明显合法的途径洗赃钱"。

"蕴涵怪论"的发现显示,经典逻辑中的实质蕴涵和我们日常思维对"如果……那么……"的使用存在差异。相干逻辑学家认为,要准确地刻画日常推理,我们对基础逻辑的构建就应当充分考虑前提(前件)与结论(后件)之间在内容上的联系,使得其推理规则能够符合"前提在结论的推导过程中真正被使用"这一要求。这正是相干逻辑产生的动因。

二 相干方案的形式系统

在标准的相干逻辑系统 R 提出之前,一些逻辑学家已经从不同角度对相干逻辑展开了局部研究。奥洛夫(I. E. Orlov)于 1928 年构建了"蕴涵-否定片段"(implication-negation fragment),是第一个公理化的相干逻辑系统;我国学者莫绍揆于 1950 年构建了"纯蕴涵片段"(prue implication fragment)。1956 年,阿克曼构造了具有模态涵义的完整的相干命题逻辑系统 Π′。② 20 世纪 50 年代末至 60 年代,安德森和贝尔纳普通过改造阿克曼的系统,建立了衍推逻辑系统 E,③ 进而又构建了标准的相干命题逻辑系统 R。随后,明兹(G. Mints)和邓恩建立了系统 R 的无

---

① "∧消去"规则也以"有相同的标记"为条件,其形式可表达为:$p \wedge q_{\{k\}}$,所以 $p_{\{k\}}$;$p \wedge q_{\{k\}}$,所以 $q_{\{k\}}$。关于这个条件,可参见 J. M. Dunn and G. Restall, "Relevance Logic," in Dov M. Gabbay and F. Guenthner, eds., *Handbook of Philosophical Logic*, Vol. 6 (2nd) (Dordrecht: Kluwer Academic Publishers, 2002), pp. 22-23。

② 参见 W. Ackermann, "Begründung Einer Strengen Implikation," *The Journal of Symbolic Logic* 2 (1956): 113-128。

③ 参见 A. R. Anderson and N. D. Belnap, "A Modificaition of Arkermann's 'Regorous Implication'" [abstract], in "Twenty-Third Annual Meeting of the Association for Symbolic Logic," *The Journal of Symbolic Logic* 4 (1958): 457-458。

否定框架的后承演算。① 考虑到篇幅和本书的主旨,此处仅概要地介绍安德森和贝尔纳普建立的相干命题逻辑公理系统 R 和 E 的公理模式及变形规则,以及自然演绎系统 FE 的推理规则,考察它们如何通过消除司各脱法则体现亚相容性。

(一) 相干系统 R

在系统 R 的语言中,初始联结符号包括 $\neg$、$\wedge$ 和 $\rightarrow$,分别表示"否定"、"合取"和"相干蕴涵"②。联结词 $\vee$ (析取) 和 $\leftrightarrow$ (等值) 定义如下:

$$A \vee B =_{def} \neg (\neg A \wedge \neg B)$$
$$A \leftrightarrow B =_{def} (A \rightarrow B) \wedge (B \rightarrow A)$$

安德森和贝尔纳普为系统 R 设立了 13 个公理模式和 2 条变形规则③。

系统 R 的公理模式:

R1. $A \rightarrow A$ (同一律)
R2. $(A \rightarrow B) \rightarrow ((B \rightarrow C) \rightarrow (A \rightarrow C))$ (后置律)
R3. $A \rightarrow ((A \rightarrow B) \rightarrow B)$ (断定律)
R4. $(A \rightarrow (A \rightarrow B)) \rightarrow (A \rightarrow B)$ (收缩律)
R5. $(A \wedge B) \rightarrow A$ ($\wedge$ 消去律)
R6. $(A \wedge B) \rightarrow B$ ($\wedge$ 消去律)
R7. $(A \rightarrow B) \wedge (A \rightarrow C) \rightarrow (A \rightarrow B \wedge C)$ ($\wedge$ 引入律)
R8. $A \rightarrow (A \vee B)$ ($\vee$ 引入律)
R9. $B \rightarrow (A \vee B)$ ($\vee$ 引入律)
R10. $(A \rightarrow C) \wedge (B \rightarrow C) \rightarrow (A \vee B \rightarrow C)$

---

① 关于相干逻辑的发展历史、主要形态和研究方向,参见冯棉《相干逻辑研究》,华东师范大学出版社,2010,第 8~10 页;霍书全《相干逻辑研究的当代成果和发展趋势》,《哲学动态》2007 年第 4 期,第 55~60 页。
② 安德森和贝尔纳普原本是用"-"(置于命题符号正上方)作为否定符号表达"并非",用"&"表达"合取",为了方便和统一,本节使用目前通行的符号"$\neg$"和"$\wedge$"分别代替它们。
③ 参见 A. R. Anderson and N. D. Belnap, *Entailment: The Logic of Relevance and Necessity*, Vol. 1 (Princeton: Princeton University Press, 1975), pp. 339–341。

R11. $A \wedge (B \vee C) \to (A \wedge B) \vee C$ （分配律）

R12. $(A \to \neg B) \to (B \to \neg A)$ （换质位）

R13. $\neg \neg A \to A$ （双重否定律）

系统 R 的变形规则：

从 $A \to B$ 和 A 推出 B （分离规则）

从 A 和 B 推出 $A \wedge B$ （附加规则）

在他们看来，所谓命题 A 和 B 相干，它们一定存在某种"意义"（meaning）上的联系。若用命题逻辑的语言来表达，A 和 B 相干的"一个必要条件是 A 和 B 有某个公共的命题变元"。[1] 以此来考察蕴涵式 $A \to B$，便得到了我们熟悉的"相干原理"：如果 $A \to B$ 是系统的内定理，那么 A 和 B 至少有一个共同的命题变元。[2] 在系统 R 中，"$\to$"表达的正是"相干蕴涵"。如果 A 和 B 没有共同的命题变元，那么 A 就一定不会相干蕴涵 B，$A \to B$ 就不能成为系统 R 的内定理。

在前述实质蕴涵怪论（1）-（5）中，前件与后件并不存在共同的命题变元，因而不是 R 中有效的公式。以司各脱法则 $A \wedge \neg A \to B$ 为例，在它的一个代入例 $p \wedge \neg p \to q$（即前述式（4））中，p 和 q 是两个不同的原子命题变元（表达不同的原子命题），因而前提和结论（在命题层面）并未显现出相干性。

（二）相干系统 E

在相干逻辑兴起之前，已有逻辑学家尝试从模态的角度来避免实质蕴涵怪论，提出了"严格蕴涵"。麦柯尔（H. McColl）最先提出严格蕴涵的思想，刘易斯（C. I. Lewis）则建立了完整的有关严格蕴涵的理论，

---

[1] A. R. Anderson and N. D. Belnap, "Entailment and Relevance," *The Journal of Symbolic Logic* 2 (1960): 144.

[2] 参见 A. R. Anderson and N. D. Belnap, "Entailment and Relevance," *The Journal of Symbolic Logic* 2 (1960): 145。关于相干原理的证明，参见 A. R. Anderson and N. D. Belnap, *Entailment: The Logic of Relevance and Necessity*, Vol. 1 (Princeton: Princeton University Press, 1975), pp. 33-35; 冯棉《相干逻辑研究》，华东师范大学出版社，2010，第 29~39 页。

并于1932年提出了5个著名的模态逻辑系统：S1、S2、S3、S4和S5。在这些系统中，他引入了初始符号 $\Diamond$，表达模态算子"可能"，并把"必然"算子 $\Box$ 定义为：$\Box A =_{def} \neg \Diamond \neg A$。用"$\prec$"表达"严格蕴涵"，则"$A$ 严格蕴涵 B"可定义为：

$$A \prec B =_{def} \neg \Diamond (A \wedge \neg B) \qquad (不可能 A 且非 B)$$

即"A 蕴涵 B 是必然的"（$\Box (A \to B)$）。这样，对于前述蕴涵怪论，若把其中的实质蕴涵符号"$\to$"替换为严格蕴涵符号"$\prec$"，所得到的命题形式就不再是系统中的内定理。

然而，由于刘易斯的严格蕴涵系统包含了经典命题演算，因此，实质蕴涵怪论仍然在系统中存在。不仅如此，系统中还出现了一些新的"怪论"，包括以下这些内定理：

$$\Box A \prec (B \to A) \qquad (必然命题被任一命题蕴涵)$$
$$\neg \Diamond A \prec (A \prec B) \qquad (不可能命题蕴涵任一命题)$$
$$A \wedge \neg A \prec B \qquad (矛盾严格蕴涵任一命题)$$
$$A \prec B \vee \neg B \qquad (逻辑永真命题被任一命题蕴涵)$$

这些定理被称作"严格蕴涵怪论"。[①] 尤其，定理 $A \wedge \neg A \prec B$ 表明，矛盾的出现仍然会导致系统的平庸，严格蕴涵的逻辑并不是亚相容逻辑。

严格蕴涵不仅要刻画前件和后件在真值上的联系，而且要求反映出它们在真值上的必然联系。但是，与实质蕴涵一样，严格蕴涵也不考虑前、后件在内容方面的关联。从相干逻辑的角度来看，这正是各种严格蕴涵怪论产生的根源。

正是基于这样的认识，安德森和贝尔纳普吸收了模态逻辑关于严格蕴涵的观念，并结合相干性的要求，认为"有效的推理既要具有必然性

[①] 关于严格蕴涵及严格蕴涵怪论的更多介绍，参见张清宇主编《逻辑哲学九章》，江苏人民出版社，2004，第 148~150 页。

又要具有相干性"。① 具体而言,在命题层面,$A→B$ 要成为系统的内定理,不仅"不可能 A 且非 B",还应当 A 与 B 拥有共同的命题变元。

按照这一观念,安德森和贝尔纳普构建了衍推系统 E。其中,联结符的规定与系统 R 一样,只是"→"不再表达"相干蕴涵",而是表达"衍推"(严格且相干蕴涵)。此外,系统 E 引入了必然算子□并定义如下:

$$□A =_{def} (A→A) →A ②$$

系统 E 有以下 14 个公理模式和 2 条变形规则③。
系统 E 的公理模式:

E1. $((A→A) →B) →B$
E2. $(A→B) → ((B→C) → (A→C))$ (后置律)
E3. $(A→ (A→B))→ (A→B)$ (收缩律)
E4. $A∧B→A$ (∧消去律)
E5. $A∧B→B$ (∧消去律)
E6. $(A→B) ∧ (A→C) → (A→ (B∧C))$ (∧引入律)
E7. $□A∧□B→□ (A∧B)$
E8. $A→ (A∨B)$ (∨引入律)
E9. $B→ (A∨B)$ (∨引入律)
E10. $(A→C) ∧ (B→C) → (A∨B→C)$
E11. $A∧ (B∨C) → (A∧B) ∨C$ (分配律)
E12. $(A→¬A) →¬A$ (归谬律)
R13. $(A→¬B) → (B→¬A)$ (换质位)

---

① A. R. Anderson and N. D. Belnap, *Entailment*:*The Logic of Relevance and Necessity*, Vol. 1 (Princeton:Princeton University Press, 1975), p. 23.
② 安德森和贝尔纳普关于此定义之动机及合理性的讨论,参见 A. R. Anderson and N. D. Belnap, *Entailment*:*The Logic of Relevance and Necessity*, Vol. 1 (Princeton:Princeton University Press, 1975), pp. 27-30。
③ 参见 A. R. Anderson and N. D. Belnap, *Entailment*:*The Logic of Relevance and Necessity*, Vol. 1 (Princeton:Princeton University Press, 1975), pp. 231-232。

E14. ¬¬A→A （双重否定律）

系统 E 的变形规则：

从 A→B 和 A 推出 B （分离规则）

从 A 和 B 推出 $A \wedge B$ （附加规则）

在系统 R 中，蕴涵的相干性要求使得实质蕴涵层面上的司各脱法则不再有效。在系统 E 中，衍推同样具有相干性的要求，因而实质蕴涵层面的司各脱法则显然也能够被排除掉。同时，衍推还使得相干性要求能够对具有严格蕴涵关系的前件和后件产生约束，从而避免了严格蕴涵层面的司各脱法则。

（三）相干自然演绎系统 FE

命题间的相干性要求体现在推理中，即要求所有前提在结论的推导中都被真正使用。具体而言，就是给推理的每个假设设立一个下标 $\{k\}$（k 为正整数）作为相干标记类；并且，不同标记对应不同的初始假设，以使得这些假设之间不相干。对于一个推理，如果其结论的标记类把每一个前提的标记类都包含于其中，那么这些前提就是被真正使用了；否则，就存在未被使用的前提，而这样的推理是无效的。

以分离规则的使用为例。结论 B 必须拥有前提 A 和 A→B 所有的相干标记，这样 B 才是真正依据分离规则被推出。[1]

(1) A→(A→B)$_{\{1\}}$ 假设

(2) $A_{\{2\}}$ 假设

(3) A→(A→B)$_{\{1\}}$ (1)，重复

(4) A→$B_{\{1,2\}}$ (2)(3)，分离规则

(5) $B_{\{1,2\}}$ (2)(4)，分离规则

---

[1] 参见 A. R. Anderson and N. D. Belnap, *Entailment*: *The Logic of Relevance and Necessity*, Vol. 1 (Princeton: Princeton University Press, 1975), p. 22。

其中，$B_{\{1,2\}}$ 亦可记为 $B_{\{1\}\cup\{2\}}$。这个推理只有两个假设前提，而它们的相干标记 $\{1\}$ 和 $\{2\}$ 都出现在结论的标记中，因而它们真正被使用了。

安德森和贝尔纳普建立了与公理系统 R、E 等相对应的一系列相干自然演绎系统。此处简单介绍与系统 E 相对应的自然演绎系统 FE。在 FE 中，初始联结符包括→（衍推）、¬、∧和∨。安德森和贝尔纳普给出了以下 13 条初始规则，并依据相干性要求，指出了它们被"合法"使用的条件。[①]

（1）假设规则：可以为一个新的子证明（subproof）引入假设，并且给每个新假设一个由数字下标构成的单元类 $\{k\}$。

（2）重述规则：A_a 可以被重述（be repeated），保留相干标记 a。

（3）重复规则：$A\to B_a$ 可以被重复（be reiterated），保留相干标记 a。

（4）→引入规则：若 k 在 a 中，从假设 $A_{\{k\}}$ 下对 B_a 的证明，推出 $A\to B_{a-\{k\}}$。

（5）分离规则：从 A_a 和 $A\to B_b$ 推出 $B_{a\cup b}$。

（6）∧引入规则：从 A_a 和 B_a 推出 $A\wedge B_a$。

（7）∧消去规则：从 $A\wedge B_a$ 推出 A_a；从 $A\wedge B_a$ 推出 B_a。

（8）∨引入规则：从 A_a 推出 $A\vee B_a$；从 B_a 推出 $A\vee B_a$。

（9）∨消去规则：从 $A\vee B_a$、$A\to C_b$ 和 $B\to C_b$ 推出 $C_{a\cup b}$。

（10）分配规则：从 $A\wedge(B\vee C)_a$ 推出 $(A\wedge B)\vee C_a$。

（11）¬引入规则：若 k 在 a 中，从假设 $A_{\{k\}}$ 下对 ¬A_a 的证明，推出 ¬$A_{a-\{k\}}$。

（12）换质位规则：若 k 在 a 中，从 B_a 以及假设 $A_{\{k\}}$ 下对 ¬B_a 的证明，推出 ¬$A_{(a\cup b)-\{k\}}$。

（13）¬¬消去规则：从 ¬¬A_a 推出 A_a。

[①] 参见 A. R. Anderson and N. D. Belnap, *Entailment: The Logic of Relevance and Necessity*, Vol. 1 (Princeton: Princeton University Press, 1975), p.276。

第三章　正加方案和相干方案

在系统 FE 中，根据以上规则，是否能够阻止从 $A \wedge \neg A$ 推出任一命题 B 呢？我们可以通过构建以下推导来分析。

(1) $A \wedge \neg A_{\{1\}}$ 假设
(2) $A_{\{1\}}$ (1)，$\wedge$ 消去规则
(3) $\neg A_{\{1\}}$ (1)，$\wedge$ 消去规则
(4) $A \vee B_{\{1\}}$ (2)，$\vee$ 引入规则
(5) $B_{\{1\}}$ (3)(4)，析取三段论

从表面上看，上述推理只使用了一个假设 $A \wedge \neg A$，它的相干标记类恰好被结论 B 的标记类所包含，因而没有违背相干性的要求，推导是成立的。然而，在安德森和贝尔纳普看来，这个推理是无效的。

步骤（5）使用了规则"析取三段论"：从 $\neg A$ 和 $A \vee B$ 推出 B。可是，这并不是 FE 的初始规则，不能被直接使用。因此，它实际上是上述推理中一个隐藏的假设，用命题的形式表达出来即 $\neg A \wedge (A \vee B) \to B$。于是，上述推理可重塑如下：

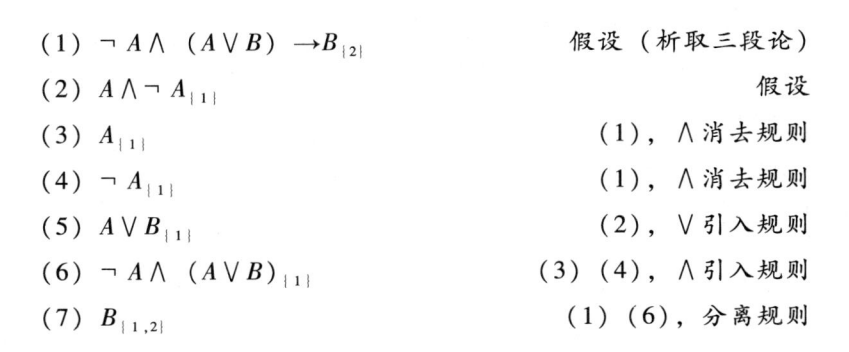

(1) $\neg A \wedge (A \vee B) \to B_{\{2\}}$ 假设（析取三段论）
(2) $A \wedge \neg A_{\{1\}}$ 假设
(3) $A_{\{1\}}$ (1)，$\wedge$ 消去规则
(4) $\neg A_{\{1\}}$ (1)，$\wedge$ 消去规则
(5) $A \vee B_{\{1\}}$ (2)，$\vee$ 引入规则
(6) $\neg A \wedge (A \vee B)_{\{1\}}$ (3)(4)，$\wedge$ 引入规则
(7) $B_{\{1,2\}}$ (1)(6)，分离规则

可见，结论 B 的得出实际上需要 $A \wedge \neg A$ 和 $\neg A \wedge (A \vee B) \to B$ 这两个假设。换言之，假如析取三段论成立，那么从矛盾 $A \wedge \neg A$ 必然推出任一命题 B。

因此，问题的关键在于析取三段论是不是 FE 有效的（尽管在上述推理中相干性看起来仍然得到了保持）。安德森和贝尔纳普给出了否定的回答："我们的确认为从 $\neg A$ 和 $A \vee B$ 到 B 的推论是错的……这样的推论

简直就是承诺了相干谬误。"① 关于析取三段论无效的根源,他们认为应当通过对联结词"∨"("或")的理解来说明:从 A 到 A∨B 的推论,仅当对"∨"作"真值函项"理解时有效;从¬A 和 A∨B 到 B 的推论,仅当对"∨"作"内涵化"(intensionally)理解时有效。② 笔者认为,前者恰好说明了在 FE 中为何有∨引入规则,即不必考虑 B 和 A 的相干性,便将 A 的标记直接传递到 A∨B;后者结合前者,便说明了为何析取三段论在 FE 中是无效的。为了论证析取三段论并不满足相干性要求,安德森和贝尔纳普给出了一个复杂的"独立的证明"(independent proof),③ 此处不再详细介绍。

---

① A. R. Anderson and N. D. Belnap, *Entailment: The Logic of Relevance and Necessity*, Vol. 1 (Princeton: Princeton University Press, 1975), p. 165.
② 参见 A. R. Anderson and N. D. Belnap, *Entailment: The Logic of Relevance and Necessity*, Vol. 1 (Princeton: Princeton University Press, 1975), pp. 165-166。
③ 参见 A. R. Anderson and N. D. Belnap, *Entailment: The Logic of Relevance and Necessity*, Vol. 1 (Princeton: Princeton University Press, 1975), pp. 171-174。

第四章 "狭窄性"和"宽广性"考察

第一节 亚相容方案的"狭窄性"考察

构成悖论的第三个要素是可以得出矛盾性的结论。解悖的"足够狭窄"要求，就是要采用某种可接受的方式使矛盾性的结论无法被得出。亚相容解悖方案既主张对悖论予以"接纳"，又要避免平庸（因而必然会拒斥某些矛盾），在"狭窄性"的表现上便明显不同于经典方案。同时，各种亚相容方案之间也存在差异。

阿莫尔加博（B. Armour-Garb）在论文《诊断"真矛盾"论》[①] 中对普利斯特等人所坚持的"真矛盾"论进行了批评。[②] 他从解悖的"标准"观念出发，认为解悖就是对悖论的"诊断"（diagnosis），由两部分构成：说明悖论是如何形成的；如何拒斥它，从而解决悖论。具体而言，他认为解悖有两种情况。

其一，"令人愉快的方案"（happy-face solution）：说明其某些前提的确是相互排斥的，或说明推理中隐藏的错误，并确认"放弃"措施；

其二，"令人不愉快的方案"（unhappy-face solution）：说明悖论的产生是由于对某些概念的错误理解和使用。

阿莫尔加博认为，假定对悖论的诊断只能是上述两种情况之一，"真矛盾"论在这两方面都不符合，因而没能成功实现诊断。如果"真矛

[①] 参见 B. Armour-Garb, "Diagnosing Dialethism," in G. Priest, Jc Beall and B. Armour-Garb, eds., *The Law of Non-Contradiction* (Oxford: Clarendon Press, 2004), pp. 113–125。

[②] 尽管阿莫尔加博的批评是直接针对"真矛盾"论，但他所指出的困难同样适用于所有在语义上允许 A 和非 A 同时为真的亚相容解悖方案。

盾"论者（dialetheist）允许说谎者语句为悖论性的，那么就应当说明在什么条件下它获得了悖论性，否则就将面对这样的指责：为了向说谎者语句提供语义值"悖论性"（像普利斯特那样）而改变了论题。因而，在他看来，将"悖论性"作为"悖论逻辑"的语义值（如普利斯特的LP 系统）是没有根据的。

阿莫尔加博的论断的确指出了一个严肃的问题：要解决悖论，首先应当有能力识别悖论。这就意味着要承认作为结论的 A 和非 A 具有矛盾关系，要承认经典逻辑的矛盾律。显然，这就与亚相容逻辑的基本观点不一致了。

一 对悖论的消解与接受

从亚相容解悖方案的角度来看，对上述难题可以有两种解释，关键在于对"矛盾"做何理解。

其一，从纯语形的角度来解释"矛盾"。达·科斯塔在论述其 C_n（$1 \leqslant n \leqslant w$）系统的合理性时强调："我们是在语形上使用'相容性'、'不相容性'、'矛盾'等类似的术语的，依照的是希尔伯特（D. Hillbert）及其学派最初的元数学用语。"[①] 按照他的想法，只需把矛盾理解为形如 A 和非 A（或 $A \wedge$ 非 A）的公式对就可以了。一旦理论推出了它，就意味着产生了一个悖论，消除（或接受）它也就解决了悖论，而无须考虑 A 和非 A 在语义上的冲突。这样看来，也就不存在"无法诊断"悖论的问题了。

其二，如果考虑语义层面，则可以在悖论状态的"元层次"理解上识别矛盾。笔者在第一章指出，"元层次"的悖态体现为下述（1）与（2）、（1'）与（2'）的冲突。

（1）根据经典语义赋值，矛盾无法获得"真"值；
（2）根据背景知识的"公认性"和推理规则的有效性（保真性），悖论中矛盾性的结论"应该"为"真"。

---

① N. C. A. da Costa, D. Krause and O. Bueno, "Paraconsistent Logics and Paraconsistency," in D. Jacquette, ed., *Philosophy of Logic* (Amsterdam: North-Holland Publishing Company, 2007), p. 791.

（1'）亚相容逻辑拒斥"任一矛盾都为真";

（2'）悖论中矛盾性的结论"应该"为"真"。根据 ECQ，矛盾推出任意命题 B，由 ECQ 的有效性知 B 为真。由于 B 是任一命题，包括任一矛盾命题，因此，任一矛盾都能被推出并且为真。

因此，只要能够消除这种冲突，就在一定程度上消除了悖论，尤其，（1'）与（2'）的冲突恰好是亚相容方案明确指认的。依此来看，也不存在"无法诊断"的问题。

之所以亚相容解悖方案能够诊断悖论，是因为它并非要完全排除相容性要求，而是主张在悖论的问题上保持一种弱于经典逻辑的相容性。从亚相容逻辑学家提供的方案来看，这些系统的确实现了预期的目标，使得上述冲突不再出现，并且又在一定范围内为矛盾律留下了发挥作用的空间。

以说谎者悖论为例，雅斯科夫斯基在"讨论逻辑"中、雷歇尔和布兰登在"不相容世界"理论中都分析了他们的系统如何能够"无害地"（按当前的说法，即不会导致"元层次"的悖态）容纳说谎者悖论。

矛盾等价式的建立，用"讨论逻辑"系统 D_2 的语言来表达，即 $p \leftrightarrow_d \neg p$ 作为结论被推导了出来。若是在经典语句演算中，可以进一步从 $p \leftrightarrow \neg p$ 推导出任意的语句，这将导致理论的平庸。雅斯科夫斯基认为，以 D_2 为基础的"讨论系统"则不会出现这种状况。根据 D_2 论题 16 $(p \leftrightarrow_d \neg p) \rightarrow_d p$ 和 D_2 论题 17 $(p \leftrightarrow_d \neg p) \rightarrow_d \neg p$ 可以分别得到 p 和 $\neg p$，这不会导致"过充盈"（平庸）的后果，因为作为结论的 p 和 $\neg p$ 在"讨论系统"中的含义不是"必然 p"和"必然 $\neg p$"，而是"可能 p""可能 $\neg p$"，即 $\Diamond p$、$\Diamond \neg p$。而在 M_2 中，$\Diamond p$ 和 $\Diamond \neg p$ 是可以同时为真的，这使得公式 $\Diamond p \land \Diamond \neg p \rightarrow q$ 不成立了。

雅斯科夫斯基认为，以 D_2 为基础，说谎者悖论就不会导致平庸的结果，也就不那么难以接受了。考虑一个说谎者语句 Z：Z 是假的。经过简单推导就可以依次得到以下结果：

（ⅰ）如果 Z 为真，那么 Z 为假；　　　　　　　　$(p \rightarrow \neg p)$

（ⅱ）如果 Z 为假，那么 Z 为真；　　　　　　　　$(\neg p \rightarrow p)$

（ⅲ）Z 为真，当且仅当，Z 为假。　　　　　　　$(p \leftrightarrow \neg p)$

由于在经典语句演算 L_2 中有 $(\neg p \to p) \to p$ 和 $(p \to \neg p) \to \neg p$，可以进一步得到

  （iv）Z 为真； (p)
  （v）Z 为假。 $(\neg p)$

使用 $(p \leftrightarrow \neg p) \to p$ 和 $(p \leftrightarrow \neg p) \to \neg p$ 可以得到同样的结果。并且，这四个经典定理分别与 D_2 中的论题 14 至论题 17[①] 对应，使用这些论题也可以得到（iv）和（v），只不过它们的含义将变为"可能 Z 为真"和"可能 Z 为假"。

  针对导致"过充盈"的几种不同方式，可以通过下表的比较分别进行说明。

在 L_2 中		在 D_2 中	
(1) $p \to (\neg p \to q)$	L_2 定理	$p \to_d (\neg p \to_d q)$	(non D_2) 3 无效
(2) p	(iv)		
(3) $\neg p \to q$	(1)(3)，分离规则		
(4) $\neg p$	(v)		
(5) q	(3)(4)，分离规则		
(1) $(p \leftrightarrow \neg p) \to q$	L_2 定理	$(p \leftrightarrow_d \neg p) \to_d q$	(non D_2) 5 无效
(2) $(p \leftrightarrow \neg p)$	(iii)		
(3) q	(1)(2)，分离规则		
(1) $(p \to \neg p) \to ((\neg p \to p) \to q)$	L_2 定理	$(p \to_d \neg p) \to_d ((\neg p \to_d p) \to_d q)$	
(2) $p \to \neg p$	(i)		(non D_2) 6 无效
(3) $(\neg p \to p) \to q$	(1)(2)，分离规则		
(4) $\neg p \to p$	(ii)		
(5) q	(3)(4)，分离规则		

这表明，如果以经典命题演算为基础，必定会导致"过充盈"，但在"讨论逻辑"的视域下，这样的结果完全是可以避免的，因为与之有关的公式在 D_2 中都被排除掉了。

---

 ① 见第二章第一节。

第四章 "狭窄性"和"宽广性"考察

雷歇尔和布兰登在建立关于"不相容世界"的语义之后，便着手讨论他们的亚相容方案在处理悖论问题上所具有的优势。他们认为，从历史上来看，以往的解悖方案都致力于发现、放弃或修改导致悖论出现的某些前提，但这些方案似乎并不那么成功。因此他们说：

> 然而，非标准世界的机制为另一种大不相同的解决路线提供了资源。我们可以简单地接受悖论，把它看作一种情境式的异常——一种孤立的困难、局部的反常，不会带来更广泛的全局性后果。也就是说，我们可能被牵引着去有限度地容忍不相容性，牵引之力是我们通常坚持的关于形式化的代价-收益标准：足够的解释力、系统化的功效、应用上的便利性、简洁性等。如果这样做能够使我们在别的方面实现实质性的系统性优势，我们就可以轻松应对（可隔离的）不相容性。[①]

为了进一步说明，他们用关于非标准世界的理论对说谎者悖论和罗素悖论的语义结构进行了分析，论证它们是可以被不相容世界所容纳的。说谎者语句 L "本语句为假"所导致的结论可用形式表达为：

$|L|=T$，当且仅当，$|L|=F$，或者
$|L|=T$，当且仅当，$|\sim L|=T$。

而根据语义规则

$|P|_w=T$，当且仅当，$[P]_w=+$
$|P|_w=F$，当且仅当，$[\sim P]_w=+$

该语句等同于

$[L]_w=+$，当且仅当，$[\sim L]_w=+$。

[①]　N. Rescher and R. Brandom, *The Logic of Inconsistency* (Oxford: Blackwell Press, 1980), p.36.

这说明，如果 L 所宣称的事态在世界 w 中能够存在，那么 $\sim L$ 所宣称的事态也一定会在 w 中存在。不相容世界恰好能够为它们提供条件，并且是唯一能做到这一点的世界，说谎者语句 L 被真正"实现"了。而根据前面对不相容世界的讨论，无须把 L 当作无意义的论题加以排斥。

对于说谎者悖论，克里普克提供了一个"真值间隙"方案，允许某些命题没有真值。他认为说谎者语句本身就处于间隙之中，既不真又不假[①]。菲尔德在此基础上提出了一种三值化方案，认为说谎者语句并非没有真值，而是拥有"真""假"之外的某个第三值[②]。这些非二值化的方案在一定程度上能消解由"本语句为假"所导致的矛盾，但又不可避免地产生了"报复问题"：无法融贯地消除由"本语句或者为假，或者没有真值""本语句或者为假，或者有第三值"等语句带来的新的矛盾。这些语句被称作"强化的说谎者语句"，可以更简洁地统一表达为"本语句不真"。那么，这个新的悖论在雷歇尔和布兰登所刻画的不相容世界中，是否也可以被接纳呢？

按照前面的分析方法，令 L' 表达"本语句不真"，由它将导致如下结果：

$$|L'| = T，当且仅当，|L'| \neq T。$$

根据语义规则，它等价于

$$[L']_w = +，当且仅当，[L']_w \neq +，或者$$
$$[L']_w = +，当且仅当，[L']_w = -。$$

其语义解释是：L' 所宣称的事态在世界 w 中存在，当且仅当，它在 w 中不存在。这显然与雷歇尔和布兰登关于语句真值的本体论根据的观念不

[①] 参见〔美〕S. 克里普克《真理论纲要》，刘叶涛译，载陈波、韩林合主编《逻辑与语言——分析哲学经典文选》，东方出版社，2005，第 535~549 页。

[②] 参见 H. Field, "Saving the Truth Schema from Paradox," *Journal of Philosophical logic* 1 (2002): 1–27.; H. Field, "A Revenge-immune Solution to the Semantic Paradoxes," *Journal of Philosophical logic* 2 (2003): 1–33。

符。在他们看来，在任何世界中，为真的论断一定是与它所宣称的事态的存在性相一致的，而一个事态存在必定是在经典意义上确定的，即使在不相容世界中也是如此。

根据雷歇尔和布兰登的理论，不相容世界之所以能同时接受 L 和 $\sim L$，是因为它们所宣称的事态在本体论意义上都是存在于该世界中的。但一个事态不可能在其中既存在又不存在，同一个语句也不可能既在其中为真，又不在其中为真。因此，像 L' 这样的语句在不相容世界中缺乏本体论的根基，是没有意义的，应当从这个世界中排除出去。

在普利斯特的 LP 系统中，情况则有所不同。根据 LP 的赋值定义，"本语句不真"等价于"本语句单假"。令它为单真，可得它为单假；令它为单假，可得它为单真或悖论性的；令它为悖论性的，可得它为悖论性的。综合这三种情况，可以得出"本语句不真"是悖论性的。但是，"悖论性"在 LP 中被设定为特征值之一，因而是系统可以接受的。于是，强化的说谎者语句不必被消除。

若进一步对"'本语句不真'是悖论性的"赋值，可以得到同样的结果：它是悖论性的并且不是悖论性的，因而是悖论性的。此外，强化的说谎者语句也可以表达为"本语句没有特征值"。由此可以推导得出："本语句没有特征值"是悖论性的。和"本语句不真"一样，它的这些变体都是在 LP 系统中合法并且"无害"的。

综上可见，以"容纳矛盾"的方式解决悖论，并不意味着对所有悖论全盘接受。就"狭窄性"来看，普利斯特的方案对悖论的态度要"宽容"得多。但是，有的悖论即便是 LP 系统也不能容忍的，例如寇里型悖论。

二 寇里型悖论的挑战

就"足够狭窄"要求来看，一个方案无论多么特设（ad hoc），无论对原有的理论做了多大的修改，只要悖论不再出现，都可视为对悖论的一种解决。如果说排斥强化的说谎者悖论只是部分亚相容逻辑学家（雷歇尔和布兰登等）的目标，那么，消除寇里型悖论则可视为亚相容解悖方案共同的任务。

在普利斯特等亚相容逻辑学家看来，既然素朴证明程序既是不相容的又是可靠的，那么对它的完全的、正确的形式化的理论也应当是不相容且可靠的，同时，该理论也应当是语义封闭的。瑞（F. M. Rey）将这种理论称为"素朴公理化真理理论"，并讨论了构建"亚相容素朴公理化理论"的条件。[①]

令 L 是一个一阶语言，它包含所有算术语言，并且包含关于该语言中所有合式公式（well-formed formula）x 的真之谓词"True（x）"（这表明，L 在语义上是封闭的）。令 T 是一个关于 L 的公理化真理理论。T 要成为亚相容的，它就必须是不相容的，也必须是非平庸的。

第一，T 被称作"素朴的"，须满足以下条件：

（Ⅰ）T 是用 L 的语言公理化的；
（Ⅱ）T 包含所有皮亚诺算术公理，以充分地描述 L 的语形；
（Ⅲ）T-模式的所有实例都在 T 中可证，亦即，对于所有语句 α：$\vdash_T$ True（<α>）↔ α。

第二，T 的基础逻辑要是不相容的，须满足以下两个要求：

（Ⅳ）对于所有语句 α，$\{\alpha \leftrightarrow \neg \alpha\} \vdash_T \alpha \wedge \neg \alpha$；
（Ⅴ）等值的语句可相互替换。

不难看出，由此定义的理论 T 一定是不相容的，因为在其中能构造出悖论。例如，将（Ⅲ）应用于说谎者语句 A（A 断言"¬ True（<A>）"），便可以得到如下矛盾等价式：

$\vdash_T$ True（<A>）↔ ¬ True（<A>）。

从塔尔斯基对说谎者悖论的分析可知，说谎者悖论在 T 中的建立是不可避免的：T 是在语义上封闭的，它包含自身的真之谓词"True

---

① 参见 F. M. Rey, Contradiction, Paraconsistency, and Dialetheism (Doctoral Dissertation of Clumbia University, 2007)。

(x)"；说谎者语句 A 在 T 中是可表达并可断言的，即 "True (x)" 可用于 A；经典二值逻辑的定理（Ⅳ）和（Ⅴ）在 T 中有效，尤其（Ⅴ）在悖论的构造中起着关键作用。

如果 T 的基础逻辑不仅包含（Ⅳ）和（Ⅴ），还包含所有其他经典二值逻辑定理（或规则），那么 T 就不仅是不相容的，而且是平庸的，因为对于任意语句 B，从 $\vdash_T$ True ($<A>$) $\leftrightarrow \neg$ True ($<A>$) 可推出 $\vdash_T B$。

在经典解悖思路下，消除悖论与消除平庸是同步的，就是要阻断对 $\vdash_T$ True ($<A>$) $\leftrightarrow \neg$ True ($<A>$) 的推导。其方法是：或者放弃 T 的语义封闭性，使得（Ⅲ）并非能应用于所有 L 的语句；或者修改 T 的基础逻辑，放弃（Ⅳ）或（Ⅴ）。在这一思路下，素朴证明程序应该是相容的，因而也是非平庸的。

但是，如果站在亚相容解悖方案的立场上，情况就不一样了：素朴证明程序以及对它公理化的理论 T 本身就是不相容但非平庸的，其基础逻辑也应当如此，因而条件（Ⅰ）至（Ⅴ）都应当在其中得到保持。

第三，T 的基础逻辑要非平庸，就必须消除寇里型悖论。

寇里悖论是由寇里（H. B. Curry）于 1942 年在《某些形式逻辑的不一致性》[1] 一文中针对素朴集合论提出的，属于集合论-语形悖论，该悖论也因此用他的名字命名。1955 年，普赖尔（A. N. Prior）以更直观的形式，将这一悖论重塑为对"上帝存在"的一个"证明"：定义语句 C 为"如果 C 为真，则上帝存在"。经过推导可得到语句"上帝存在"。此时，寇里悖论已经被改造为语义悖论。后来，这两个版本又被一些学者做了进一步改造。除寇里本人所提出的版本外，其余的重塑可统称作"寇里型悖论"。[2]

例如，对于任一荒谬的语句 $\perp$（如"0 等于 1"），都可以定义一个（寇里型）语句 K，它说："如果 K 真，那么 $\perp$。"使用塔尔斯基真理模式，便很容易推出 $\perp$。过程如下：

---

[1] 参见 H. B. Curry, "The Inconsistency of Certain Formal Logic," *Journal of Symbolic Logic* 3 (1942): 115–117.

[2] 关于该悖论研究的历史可参见 L. Shapiro and Jc Beall, "Curry's Paradox," in E. N. Zalta, ed., *The Stanford Encyclopedia of Philosophy* (Summer 2018 Edition), URL = <https://plato.stanford.edu/archives/sum2018/entries/curry-paradox/>。

(1) T(<K>)↔(T(<K>)→⊥)　　　　应用于 K 的真理模式
(2) T(<K>)→(T(<K>)→⊥)　　　　(1),↔的定义和∧消去
(3) T(<K>)→⊥　　　　　　　　　(2),收缩规则
(4) (T(<K>)→⊥)→T(<K>)　　　　(1),↔的定义和∧消去
(5) T(<K>)　　　　　　　　　　　(3)(4),分离规则
(6) ⊥　　　　　　　　　　　　　(3)(5),分离规则

从（2）到（3）的推导可以替换为收缩定理①加分离规则。

(1) T(<K>)↔(T(<K>)→⊥)　　　　　　　应用于 K 的真理模式
(2) T(<K>)→(T(<K>)→⊥)　　　　　　　(1),↔的定义和∧消去
(3) (T(<K>)→(T(<K>)→⊥))→(T(<K>)→⊥)　收缩定理
(4) T(<K>)→⊥　　　　　　　　　　　　(2)(3),收缩规则
(5) (T(<K>)→⊥)→T(<K>)　　　　　　　(1),↔的定义和∧消去
(6) T(<K>)　　　　　　　　　　　　　　(3)(4),分离规则
(7) ⊥　　　　　　　　　　　　　　　　(3)(5),分离规则

如果不使用收缩定理（或规则），而使用断定定理②，寇里型悖论同样可以构造出来。例如：

(1) True(<K>)↔(True(<K>)→⊥)　　　　应用于 K 的真理模式
(2) (True(<K>)∧(True(<K>)→⊥))→⊥　　断定定理
(3) (True(<K>)∧True(<K>))→⊥　　　　(1)(2),等值替换律
(4) True(<K>)→⊥　　　　　　　　　　(3),合取幂等律
(5) (True(<K>)→⊥)→True(<K>)　　　 (1),↔的定义和∧消去
(6) True(<K>)　　　　　　　　　　　 (4)(5),分离规则
(7) ⊥　　　　　　　　　　　　　　　(4)(6),分离规则

---

① 即⊢(α∧(α→β))→(α→β)。
② 又称"分离公理"（modus ponens axiom），即⊢α∧(α→β)→β。

第四章 "狭窄性"和"宽广性"考察

由于⊥是任一命题，它的得出便意味着系统的平庸，而这正是亚相容解悖方案要极力避免的。因此，寇里型悖论的存在使得并非所有亚相容逻辑都能成为 T 的基础逻辑：它必须能够消除寇里型悖论。这样，T 要成为一个合适的亚相容的素朴公理化真理理论，就必须在保持上述条件（Ⅰ）至（Ⅴ）的同时，不仅要让司各脱法则（或爆炸原理）失效，还要在以下（Ⅵ）至（Ⅹ）[①]中做出取舍：

（Ⅵ）包含分离规则；
（Ⅶ）包含合取消去规则：若 $\vdash_T \alpha \wedge \beta$，则 $\vdash_T \alpha$，$\vdash_T \beta$；
（Ⅷ）其合取联结词是幂等的（idempotent），从而若 $\vdash_T (\alpha \wedge \alpha) \rightarrow \beta$，则 $\vdash_T \alpha \rightarrow \beta$；
（Ⅸ）包含断定定理；
（Ⅹ）包含收缩定理。

在普利斯特的 LP 系统中，所有经典二值逻辑真理在其中也都是逻辑真理，包括断定定理、收缩定理以及合取幂等律。但是，分离规则不再有效。因而，上述三个推理都不能完成，此种类型的寇里型悖论的确被消除了。

虽然悖论消除了，但分离规则的失效使 LP 付出了过高的代价。因此，普利斯特在他的亚相容衍推系统（见第二章第二节）中，维持了分离规则、合取幂等律、等值替换律的普遍有效性。但与此同时，收缩定理、收缩规则、断定定理都不再成立。其结果是上述三个推导依然不能完成，寇里型悖论再次被隔离于系统之外。

然而，菲尔德却对此提出了质疑，他认为在普利斯特的亚相容衍推系统中，不可能证明分离规则的有效性。有趣的是，菲尔德的论证恰好是通过重构寇里型悖论来完成的。[②] 首先他认为，断言分离规则保真也就等于断言了如下命题：

---

① 参见 F. M. Rey, Contradiction, Paraconsistency, and Dialetheism（Doctoral Dissertation of Columbia University, 2007）。
② 参见 H. Field, *Saving Truth from Paradox*（New York: Oxford University Press, 2008），pp. 377–378。

（Ⅰ）∀x∀y∀z［(x 和 z 都是语句) ∧ (y 是一个条件句，其前件为 x，后件为 z) ∧ (x 和 y 都真) → (z 真)］

那么，对于任意语句 A 和 B，可以得到：

（Ⅱ）True（<A>）∧ True（<A→B>）→ True（<B>）

现在，令 A 为寇里型语句 K：K→地球是平的；令 B 为"地球是平的"。从而有

（1）True（<K>）∧ True（<K→地球是平的>）→ True（<地球是平的>）

用 K 替换其中的"K→地球是平的"得到

（2）True（<K>）∧ True（<K>）→ True（<地球是平的>）

这等值于（依据合取幂等律）

（3）True（<K>）→ True（<地球是平的>）

由塔尔斯基 T-模式可知，"True（<地球是平的>）"等值于"地球是平的"，于是，根据等值替换规则，可以得到

（4）True（<K>）→地球是平的

由于 K 与 True（<K>）等值，于是有

（5）K→地球是平的

而这恰恰就是寇里型语句，即

(6) K

对于这个结果，普利斯特有三种可能的选择：K 是"单真"的，从而接受它；K 是"悖论性"的，从而接受它；K 是"单假"的，从而拒斥它。如果普利斯特拒斥 K，就意味着，他主张分离规则保真将推出"单假"的语句 K。如果坚持认为分离规则是保真的，他就必须放弃上述推导中所使用的某些规则。但是，除了 T-模式而外，上述推导所用到的规则只有合取幂等律、等值替换律，而它们在普利斯特的衍推系统中都是有效的。

如果普利斯特接受 K，那么，从（5）和（6）根据分离规则，便有

（7）地球是平的

根据 T-模式便有

（8）True（<地球是平的>）

这个结论显然有悖于常识，即使对于亚相容逻辑学家来说也是荒谬的。另外，由于"地球是平的"只是一个任意填入 K 中的语句，它可以用任何一个语句来代替，因而，接受它也就意味着接受一切语句，变得平庸了。

在菲尔德看来，普利斯特将陷入两难：

（ⅰ）接受 K，从而接受一切语句，放弃亚相容的主张；
（ⅱ）拒斥 K，从而承认分离规则并不保真，可靠性无法证明，矛盾无法为"真"，放弃亚相容主张。

注意，在（ⅱ）中，从拒斥 K 到"承认分离规则并不保真"需要使用归谬律。而在普利斯特的衍推系统中，归谬律也是有效的。此外，在接受 K 和

拒斥 K 之间，没有中间路线，因为排中律在普利斯特那里也是有效的。

值得注意的是，由于素朴公理化真理理论 T 是语义上封闭的，寇里型语句的构造在语法上就是可接受的。亚相容解悖方案要实现非平庸性，就必须将寇里型悖论彻底驱逐出去。可是，菲尔德的论证表明，这项任务在普利斯特的亚相容衍推系统并未真正完成。

不仅如此，寇里型悖论的构造过程中没有出现否定词。在达·科斯塔的 C_n ($1 \leq n \leq w$) 系统中，分离规则有效。并且，由于经典逻辑包含于 C_n ($1 \leq n \leq w$) 中，收缩规则也是有效的，因而寇里型悖论同样能被构造出来。可以想见，其他比经典逻辑更"大"的亚相容逻辑也会面临同样的问题，除非像 LP 那样，放弃分离规则或其他某些重要的规则。但如果这样，将有违"最小代价"的原则，在"宽广性"上表现欠佳。

第二节 亚相容方案的"宽广性"考察

在"宽广性"方面，亚相容解悖方案与经典方案的区别主要体现在它们对悖论构成的第一要素和第三要素的态度上。第三个要素是"矛盾性的结论"。经典方案要求排除矛盾性的结论，因为矛盾是不可能成立的，因而在方案中必然会保留经典矛盾律。克里普克允许悖论性语句既不真又不假，对排中律的作用范围进行了限制，但在对待矛盾的态度上与塔尔斯基是一致的。所以，在他的真值间隙方案中，矛盾律仍然具有普适性。大多数亚相容方案则相反，它们以接纳矛盾作为解悖的起点，允许 A 和非 A 同时为真，这就必然要向经典矛盾律发起挑战，要求修改经典逻辑的语义规则。

悖论的第一个要素是"公认正确的背景知识"。背景知识不仅包括理论中各种明晰的或隐藏的知识，还包括与之相适应的逻辑观念和法则。例如，塔尔斯基认为说谎者悖论的构造离不开二值逻辑定理的有效。从这个意义上讲，修正背景知识也包括了修正其逻辑基础的可能性。同时，对"正确的逻辑推导"要素的态度也是以此作为前提的。推导的合理性依赖于正确地使用了"合法的"规则，如果得出矛盾必备的规则之有效性被取消了，悖论自然也就不再出现。上一节 LP 系统对寇里型悖论的消除正是一个很好的例证。普利斯特通过修改背景知识中的基础逻辑，使得分离规则失效，悖论也就无从构造了。

经典解悖方案至少可以有两种途径（可以同时采取这两种）来解决悖论：第一，保留经典逻辑的全部内容，修改理论的非逻辑部分；第二，维持理论的原貌，修改经典逻辑的部分内容，如克里普克、菲尔德等的非二值化方案。因此，要消除矛盾，修改经典逻辑并不是必然的选择。亚相容解悖方案的思路与第二种途径类似，但出于"接受矛盾"的考虑，修正逻辑就成了它们的必然之选。因此，对此类方案的评价必定要求审视其在对待经典逻辑时，在"宽广性"上的表现。

在各种亚相容方案中，亚相容性的实现方式存在较大的差异，但它们有一个共同的方法论原则，即尽可能多地保留经典有效的定理和规则。因此，这些系统都充分表达了它们在这个问题上的努力。这主要体现在两个方面：展现并证明在系统中仍然保持有效性的规则；为在系统中失效的规则的"有限合法"提供说明。

一 经典规则的"有限合法"

（一）语形层面的"有限合法"

根据前文对各种亚相容逻辑系统的介绍，我们发现，它们都各自保留了经典逻辑部分有效的定理或规则。在达·科斯塔的命题演算系统 C_1 中，所有不含否定词的经典定理都是成立的，并且有的涉及否定的经典定理也成立，如排中律 $A \vee \neg A$、双重否定律 $\neg \neg A \rightarrow A$ 等。另外一些之所以失效，是因为矛盾的存在。而如果其中的关键部分没有违背矛盾律，那么它们也将是有效的。例如，在 A 遵守矛盾律的情况下，$A \rightarrow \neg \neg A$ 成立；在 A 和 B 都遵守矛盾律的情况下，$(A \rightarrow B) \rightarrow ((A \rightarrow \neg B) \rightarrow \neg A)$ 成立。因此，如果系统 C_1 所有的公式都遵守矛盾律，那么系统 C_1 将被还原为系统 C_0，这恰好就是经典命题演算系统。这表明，达·科斯塔的亚相容系统并不是要推翻经典逻辑，而是要在同一个系统中，对理论在悖论状态和非悖论状态之下的逻辑机制进行统一的刻画。

雅斯科夫斯基在他的"讨论逻辑"系统 D_2 中引入了两个联结词："讨论地蕴涵" $\rightarrow_d$ 和"讨论等值" $\leftrightarrow_d$。并且，他进一步证明了三个关键的方法论定理：（1）如果用 $\rightarrow_d$ 和 $\leftrightarrow_d$ 分别替换经典二值语句演算中的 $\rightarrow$ 和 $\leftrightarrow$，则演算中那些常元符号只涉及 $\rightarrow$、$\leftrightarrow$ 或 $\vee$ 的论题就变成了系

统 D_2 中的论题；(2) 如果 T 是经典二值语句演算的论题，并且它所含的语句算子只有 $\wedge$、$\vee$ 或 $\neg$，那么 T 和 $\neg T \rightarrow_d q$ 就都是系统 D_2 的论题；(3) 对于讨论语句演算系统 D_2 中的某个论题，若将其中的 $\rightarrow_d$ 和 $\leftrightarrow_d$ 分别替换为 $\rightarrow$ 和 $\leftrightarrow$，就得到了一个经典二值语句演算的论题。依据这三个定理，就可以在经典逻辑与"讨论逻辑"中分别有效的定理之间搭建起一座桥梁。

雷歇尔和布兰登的亚相容系统是在"不相容世界"中完成的。根据他们的理论，A 和 $\neg A$ 在 $w_1 \cup w_2$ 中各自"分立地"为真，但不能"合并地"为真。因此，从表面上来看，以下规则一定是无效的：

(CP) P，$Q \vdash P \& Q$。

但他们认为情况并非如此："然而，事实上，在非标准世界中失效的并不是这个规则（CP）——或者，实际上不是任何逻辑规则本身——而是语义上的元规则，它联结逻辑推理规则和命题在可能世界中的真值状态这一语义问题。"[①] 为了更清晰地阐述此观点，他们讨论了两个"有效推理的基本法则"：

(R) 只要 P_1，P_2，…，$P_n \vdash Q$ 是经典逻辑中有效的规则，并且有 $t_w(P_1)$，$t_w(P_2)$，…，$t_w(P_n)$，那么有 $t_w(Q)$；

(R′) 只要 P_1，P_2，…，$P_n \vdash Q$ 是经典逻辑中有效的规则，并且有 $t_w(P_1, P_2, …, P_n)$，那么有 $t_w(Q)$。

根据他们对"不相容世界"构造，(R′) 无论是在"标准世界"还是在"非标准世界"中都是成立的，但 (R) 只在"标准世界"中成立，在"不相容世界"中就行不通了。例如，令：$w = w_1 \cup w_2$；在 w_1 中 $p \& q$ 为真；在 w_2 中 $\sim p \& q$ 为真。其中，w_1 和 w_2 都是标准世界，而 $w_1 \cup w_2$ 显然是一个不相容世界，$p \& q$ 和 $\sim p \& q$ 在其中都为真。于是有：

[①] N. Rescher and R. Brandom, *The Logic of Inconsistency* (Oxford: Blackwell Press, 1980), p. 16.

$p\&\sim q$, $\sim p\&q \vdash (p\&\sim q) \& (\sim p\&q)$，并且
$t_{w_1 \cup w_2}(p\&\sim q)$, $t_{w_1 \cup w_2}(p\&\sim q)$。

但无法得出 $t_{w_1 \cup w_2}((p\&\sim q) \& (\sim p\&q))$。因为，由于 w_1 和 w_2 都是标准世界，所以有

$|(p\&\sim q) \& (\sim p\&q)|_{w_1} = |(p\&\sim q) \& (\sim p\&q)|_{w_2} = F$，

再根据 $w_1 \cup w_2$ 的语义可得

$|(p\&\sim q) \& (\sim p\&q)|_{w_1 \cup w_2} = F$。

可见，在不相容世界 $w_1 \cup w_2$ 中，对于法则（R），存在前提真而结论为假的情况，所以（R）在 $w_1 \cup w_2$ 中不成立。

但雷歇尔和布兰登强调，在上例中失效的并不是经典逻辑的推理规则本身，事实上它们在 $w_1 \cup w_2$ 中仍然都是有效的。之所以（R）不成立，是因为一个命题为真，一定是在某个可能世界 w 中为真，判断的依据在于它所宣称的事态在世界 w 中是否存在。而经典推理规则的有效性并不是来自可能世界中的事态，它们不仅在不相容世界中有效，而且在所有的可能世界中都是有效的。

因此，在他们看来，要构造一个亚相容的逻辑系统，不必放弃经典逻辑的法则，而只需取消（R）的普遍有效性，一旦面对的是不相容世界，就将（R）替换为（R′）。这样看来，对于"背景知识"中的经典逻辑部分，他们只是在语义学的元层次上进行了修改，没有触动其语形层面的"合法性"。

（二）语用层面的"有限合法"

对于那些在语义层面上没有被保留下来的经典规则，亚相容逻辑学家通常也不主张彻底放弃，而是试图为它们划出一个特定的适用范围，或设定一些直观的条件，使得它们在有限的程度上能够被"合法地"使用。普利斯特对"准有效"的定义和阐释就颇有代表性。

在普利斯特的 LP 系统中，析取三段论、分离规则、归谬律、否定后

件式等推理规则都不再有效。它们之所以失效，是因为存在前提或结论中包含了悖论性语句的实例。但是，在没有悖论的情况下，它们是保真的。依据它们进行的推理被普利斯特称作"准有效"推理。其完整的定义是：

> ……我们称一个推理是准有效的，如果它在本质上只涉及外延联结词和量词，并且，它是经典地有效但真矛盾地无效的。①

但是，按照我们通常的观念，由于丧失了普遍有效性，即便是所谓的"准有效"规则，也不具有使用的"合法性"。如果这样，显然有违普利斯特构建 LP 系统的初衷。因为它们（尤其是分离规则）在素朴的数学推理中非常基本并被广泛使用，如果完全放弃，也就意味着必须削弱素朴的数学推理。普利斯特主张在语义封闭的条件下来构建形式系统，以刻画包含悖论的素朴证明程序，当然也应当包括对这些"准有效"推理的刻画。于是，普利斯特面临的难题是：在宣布这些规则无效的同时，如何又能合理地说明它们在某些条件下可以被"合法地"使用。为此，他讨论了两种不同的可能。

第一，放弃"实质蕴涵"，对"→"做出新的定义，从而保持分离规则的有效性，把对经典逻辑的修改降低到最低程度。

这一途径主要是针对分离规则以及其他以蕴涵式为基础的"准有效"推理。在 LP 系统中，"→"是由"¬"和"∨"定义的，它实际上是一个实质蕴涵联结符。因此，分离规则 $A, A \to B \vdash B$ 等价于 $A, \neg A \lor B \vdash B$。后者正是析取三段论，分离规则只是它的一种变体。在第一章我们已经看到，若承认矛盾为"真"，依据析取三段论和析取引入规则必然导致平庸。因此，若保留分离规则，也会出现相同的结果：

(1) A 前提
(2) $\neg A$ 前提

---

① G. Priest, *In Contradiction: A Study of the Transconsistent* (2nd) (New York: Oxford University Press, 2006), p. 110.

(3) $A \vee B$	(1)，析取引入
(4) $\neg A \rightarrow B$	(3)，→的定义
(5) B	(2)(4)，分离规则

所以，如果只保留系统 LP 中关于"¬"、"∨"和"∧"的语义定义，并在此基础上进行某种解释，使得"→"的语义定义独立于它们，并能保持分离规则的普遍有效，那么 LP 便最大限度地保留了经典逻辑的内容。

但是，分离规则与析取三段论的同构并不是普利斯特修改"蕴涵"的定义的唯一原因。在寇里型悖论中，分离规则也起着关键性作用。普利斯特要消除寇里型悖论，又想挽救分离规则，重新定义"蕴涵"便是题中之意了。

第二，直接允许使用"准有效"推理，即使它们不是普遍有效的。

在普利斯特看来，"准有效"推理也是亚相容方案应当严肃对待的，主要有两个方面的原因。

其一，亚相容方案并非主张承认所有矛盾为真，相反，它认为能够称作"真矛盾"的只有极小的一部分，尤其是悖论性语句只有在极其特殊的情况下（即语义封闭下的自指）才会出现。而我们在日常的推理中，往往预设了所处理的语句是相容的。因此，"准有效"推理也有其"合法性"基础。

其二，普利斯特认为，尽管亚相容解悖方案不能一般性地给出可行的方法来指明一个语句何时是悖论性的，但它仍能够通过分析"准有效"规则的使用条件，比较清晰地说明亚相容逻辑的推理究竟如何包含了经典逻辑的推理，同时，这也能为亚相容方案的合理性提供另一种论证。

就此，普利斯特制定了一个"方法论格言"（methodological maxim）。

MM：除非我们有特别的根据以相信悖论性语句出现于我们的论证中，我们能够允许自己既使用有效的推理，也使用准有效的推理。[1]

---

[1] G. Priest, "The Logic of Paradox," *Journal of Philosophical Logic* 1 (1979): 237.

MM 说明了"合法地"使用"准有效"推理的条件,即悖论性语句没有出现。于是,从普利斯特的立场来看,推理有两种状态:

(1) 悖论性语句在其中出现;
(2) 悖论性语句不在其中出现。

在第一种状态下,"准有效"推理是无效的,我们只能使用 LP 系统中有效的推理。在第二种状态下,"准有效"推理连同 LP 系统中有效的推理都具有同等的合法地位。正是在此意义上,普利斯特认为,亚相容逻辑能够处理的推理比经典逻辑更多,因而更加有用。

为了进一步说明 MM 所说的"准有效"推理的使用条件,普利斯特在《走进矛盾》一书中从语用的角度对"准有效性"做了更细致的分析。首先,他使用"理性可接受"和"理性可拒斥"这两个概念为析取三段论的"合法使用"制定了一条"理性"原则:

R:如果一个析取式是理性可接受的,并且其析取项之一是理性可拒斥的,那么其另一析取项是理性可接受的。①

普利斯特认为 R 原则显示了人们在使用析取三段论时的基本观念,但人们对它存在一些误解。例如,某人拒斥一个析取项 α,同时也接受析取式 $\alpha \vee \beta$,进而理性地接受另一个析取项 β。普利斯特认为,这体现了析取式的真值条件:$\alpha \vee \beta$ 为真,当且仅当,或者 α 为真,或者 β 为真,从而,如果 α 不真(记为 $\neg \alpha$),则 β 必真。但他认为这并不是析取三段论的实际运用,因为 R 不是一个语形原则,而是一个语用原则。从语用角度来看,"拒斥 α"与"接受 $\neg \alpha$"有着根本区别,因为我们完全可以既"接受 $\neg \alpha$"又"接受 α"(但不能同时"拒斥 α"和"接受 α")。因此,他认为 R 原则中所说的对 α 的拒斥,并不能形式地记为"$\neg \alpha$"。

基于这种理解,普利斯特分析了析取三段论"理性地可使用"的条

---

① G. Priest, *In Contradiction: A Study of the Transconsistent* (2nd) (New York: Oxford University Press, 2006), p. 113.

件。假设 $\alpha \wedge (\neg \alpha \vee \beta)$ 是理性可接受的,那么 $(\alpha \wedge \neg \alpha) \vee \beta$ 也是理性可接受的。进而,如果 $\alpha \wedge \neg \alpha$ 是理性可拒斥的,那么,根据原则 R,β 便是理性可接受的。换言之,如果所涉及的矛盾是理性可拒斥的,那么由该矛盾根据析取三段论所得到的结论也是理性可接受的。其中,"理性可拒斥的矛盾"被他称作推理的"决定性矛盾"(crucial contradiction)——它是否可拒斥对于析取三段论是否可被"理性地"使用起着决定性作用。

在普利斯特的讨论中,起着关键作用的是他对"拒斥一个语句"与"接受该语句的否定"的区分。接受 $\neg(\alpha \wedge \neg \alpha)$(矛盾律)并不意味着要拒斥 $\alpha \wedge \neg \alpha$(矛盾),相反,可以同时理性地接受 $\alpha \wedge \neg \alpha$。而析取三段论作为"准有效"规则,其"准有效性"只依赖于对矛盾的拒斥,而非对矛盾律的接受。换言之,如果矛盾被"理性地"接受,析取三段论便无效了。这正是亚相容解悖方案所欲表达的东西。

在上述分析的基础上,普利斯特给出了在相容状态下"理性地"使用"准有效"推理的一般原则:

> R′:只要决定性矛盾是理性可拒斥的,那么,若前提是理性可接受的,则结论也是理性可接受的。[1]

假设 $\alpha_1 \wedge \ldots \wedge \alpha_n$(简记为 γ)是理性可接受的,并且假设从 γ 到 β 的推理是"准有效"的,那么 $\neg \gamma \vee \beta$ 是逻辑真理,进而有 $\gamma \Rightarrow \gamma \wedge (\neg \gamma \vee \beta)$。由于 $\gamma \wedge (\neg \gamma \vee \beta) \Rightarrow (\neg \gamma \wedge \gamma) \vee \beta$,故依据传递律可得到 $\gamma \Rightarrow (\gamma \wedge \neg \gamma) \vee \beta$。由于 γ 是理性可接受的,故 $(\gamma \wedge \neg \gamma) \vee \beta$ 也就是理性可接受的。从而,只要 $\gamma \wedge \neg \gamma$ 是理性可拒斥的,依据原则 R′,β 便是理性可接受的。

对于那些丧失了普遍有效性,但又"有限合法"的规则,如果说普利斯特对它们的适用条件的讨论主要是在哲学层面进行的,达·科斯塔的工作则更注重技术层面。他认为,这些规则之所以失效,是因为其中本质地包含了矛盾。因此,要在系统中恢复它们的功能,只需给它们加上一个限

---

[1] G. Priest, *In Contradiction: A Study of the Transconsistent* (2nd) (New York: Oxford University Press, 2006), p. 115.

制性的条件"如果遵守了矛盾律",即 C_1 系统部分公理中的 A^0、B^0、$(A \wedge B)^0$ 等。例如,析取三段论的命题表达式 $\neg A \wedge (A \vee B) \rightarrow B$ 在 C_1 系统中是不成立的,即当 A 和 $\neg A$ 都真(此时,称 A 违背了矛盾律)而 B 为假的时候。但是,这个公式在日常思维中是具有直观合理性的。在 C_1 系统中,为了展现该公式的逻辑特性以及它成立的条件性,可以把它改造为:

$$A^0 \wedge B^0 \rightarrow (\neg A \wedge (A \vee B) \rightarrow B)$$

容易检验,这个表达式是成立的。

二 亚相容情境中的经典推理

普利斯特在 LP 系统中引入了"悖论性"这一语义值,并对有效性定义做了相应的设定,爆炸原理在其中便不再有效了。但普利斯特也认识到,之所以要放弃这一原理,仅仅是因为在不相容的情境下它会给我们的推理带来麻烦。同时,LP 系统为了消除爆炸原理,使析取三段论、分离规则、传递律、否定后件式、归谬律等规则也变得无效了。这种后果在大多数亚相容逻辑系统中是不可避免的:"拒斥司各脱法则而不拒斥其他在经典推理中看起来更加不可或缺的东西,这是不可能的。"[①]

与爆炸原理相似,这些规则在 LP 系统的失效也仅仅是因为悖论性语句的出现。然而,由于它们是无效的,故即使我们处在相容的情境中,也不应当使用它们。这将使得许多正常的推理无法进行,与我们的日常推理的实际情况不符。另外,LP 系统明显弱于经典逻辑,难以承担起系统外推理的"逻辑基础"这一重任。同时,亚相容逻辑学家一般也承认,矛盾通常是稀少的,亚相容逻辑对矛盾的接受具有一定的条件性。亚相容逻辑并不试图否认经典逻辑的全部成果,也并非要彻底放弃对相容性的追求。

因此,以 LP 系统为例,如果我们要接受它,就需要给这些规则留下余地,用某种方式对它们的适用性做出说明。为了能够准确地回答经典

---

① G. Priest, *In Contradiction: A Study of the Transconsistent* (2nd) (New York: Oxford University Press, 2006), p.221. 普利斯特在这里所说的"司各脱法则"实际指的是"爆炸原理" $A \wedge \neg A \vdash B$。

法则如何能够既适用于相容的情境又适用于亚相容的情境，从而使 LP 系统能够与经典逻辑相协调，普利斯特在 LP 的基础上构建了"极小悖论逻辑"，记为 LPm（minimally logic of paradox）。[①]

（一）LPm 的语义特性

1. 系统 LP 的语义重述

极小悖论逻辑是以 LP 系统为原型改造而成。普利斯特首先使用一阶语言对 LP 的语义简要地重新进行了表述。用 p、q、r 等表示原子公式，α、β 等表示公式，Σ、Π 等表示公式集；用 D 表达论域，I 是指称函数（denotation function），d 表达 D 中的个体；M 代表一个解释，其语言通过增加个体常项集而得到扩充；v 是赋值；如果 $d \in D$，那么用 **d** 来表示它的名称。于是，全称公式的真值条件可定义如下：

$1 \in v(\forall x\alpha)$，当且仅当，对于所有 $d \in D$，$1 \in v(\alpha(x/\mathbf{d}))$；
$0 \in v(\forall x\alpha)$，当且仅当，对于有的 $d \in D$，$0 \in v(\alpha(x/\mathbf{d}))$。

其中，$\alpha(x/\mathbf{d})$ 是指用 "**d**" 替换 α 中 "x" 所有的自由出现。系统 LP 的后承关系可用模型定义如下：[②]

M 是 α 的一个模型（M $\Vdash \alpha$），当且仅当，$1 \in v(\alpha)$；
M 是 Σ 的一个模型（M $\Vdash \Sigma$），当且仅当，对于所有 $\beta \in \Sigma$，M $\Vdash \beta$；
α 是 Σ 的一个 LP 后承（$\Sigma \vdash \alpha$），当且仅当，Σ 的每一模型也是 α 的模型。

[①] 关于 LPm 的完整构造最早见于 G. Priest, "Minimally Inconsistent LP," *Studia Logica*, 2 (1991): 321-331。后来，普利斯特在修订《走进矛盾》时将此文收录进去，参见 G. Priest, *In Contradiction: A Study of the Transconsistent* (2nd) (New York: Oxford University Press, 2006), pp. 221-230。在 LPm 的构建中，普利斯特使用了四条关键的引理，本章此处着重介绍 LPm 的基本思想和内容，这些引理的证明过程可阅上述两个文献。

[②] 符号 $\Vdash$ 没有出现于普利斯特的论文 Minimally Inconsistent LP 中，而是出现于其著作 *In Contradiction: A Study of the Transconsistent* (2nd) 中。但是，他对 $\Vdash$ 和 $\vdash$ 的使用存在一些混乱。本节的介绍统一将 $\Vdash$ 用于模型和公式集或公式之间，将 $\vdash$ 用于公式集和公式之间；同时，纠正了少量其他的印刷错误。

为便于下一步对 LPm 的描述，普利斯特给出了一个有关 LP 的新的引理：

引理（1）

令 M 为任一解释，如果对于 M 语言中的每一原子公式 p 都有 $v(p) = \{1, 0\}$，那么对于每一公式 α 都有 $v(\alpha) = \{1, 0\}$。

2. 系统 LPm 的语义

如果 α 是公式，那么用 $\alpha!$ 缩写 $\alpha \wedge \neg \alpha$。根据系统 LP 的语义有：

$1 \in v(\alpha!)$，当且仅当，$v(\alpha) = \{1, 0\}$。

如果 M = $\langle D, I \rangle$ 是一个解释，其不相容部分记作 M!，定义为 M 中具有语义值 $\{1, 0\}$ 的原子事实的集合，即：

M! = $\{p$: 对于某个 P 和 $d_1, \ldots, d_n \in D$，$p = P\mathbf{d}_1, \ldots, \mathbf{d}_n$ 且 $1 \in v(p!)\}$。

换言之，M! 实际上是普利斯特所说的"真矛盾"原子语句集的一个子集，是对 M 不相容程度的一个度量。如果 M 是经典的，那么 M! 显然就是空集，是极小"真矛盾"原子语句集。反过来，如果 M 中每个原子公式都是不相容的，那么 M! 就是最大"真矛盾"原子语句集。于是，任意两个解释 M_1 和 M_2 的不相容程度可做如下比较：

$M_1 < M_2$，当且仅当，$M_1! \subset M_2!$。

其中，$\subset$ 是真包含于关系，$<$ 是严格的偏序关系。在此基础上，普利斯特给出了"极小不相容"（minimally inconsistent）的严格定义：

M 是 Σ 的一个极小不相容模型（$M \Vdash_m \Sigma$），当且仅当，$M \Vdash \Sigma$，并且若 $M' < M$，则 $M' \Vdash \Sigma$ 不成立；

α 是 Σ 的一个极小不相容后承（Σ ⊨$_m$ α），当且仅当，Σ 的每一极小不相容模型都是 α 的一个模型。

3. 系统 LPm 的特性

定义了"极小不相容"后，普利斯特进一步讨论了 LPm 的主要性质。首先，从整体来看，LPm 是非单调的（non-monotonic）。如果一个逻辑系统是单调的（monotonic），那么对于其中的任一公式 α 和公式集 Σ，若 α 是 Σ 的逻辑后承，那么 α 也是任何包含 Σ 的公式集的逻辑后承。在 LPm 中，令 Π = {p, ¬p∨q}，则有 Π ⊨$_m$ q，这是因为 Π 的极小不相容模型恰好就是经典模型。然而，Π ∪ {p!} ⊨$_m$ q 却不成立，它在极小不相容模型下的反例很容易构造：令 p 取值为 {1, 0}，q 取值为 {0}。需要注意的是，在这个例子中，增加的前提 {p!} 中的原子公式 p 在 Π 中也出现了。如果新增的是 {r!}（r 是原子公式且未在 Π 中出现），则 Π ∪ {r!} ⊨$_m$ q 是成立的。由此，普利斯特认为系统 LPm 实际上执行了"真矛盾存在"这一预设。

其次，除了非单调性，普利斯特还分析了 LPm 的更多特性。令 Σ^{CL}、Σ^{LP} 和 Σ^m 分别表示公式集 Σ 的经典后承、LP 后承和 LPm 后承，则系统 LPm 的主要特性由以下三个方面的事实来体现。

(1) $\Sigma^{LP} \subseteq \Sigma^m \subseteq \Sigma^{CL}$。因为 Σ 的每一个经典模型都是它的一个极小不相容模型，Σ 的每一个极小不相容模型都是它的一个 LP 模型。

(2) 一般而言，事实（1）中的包含于关系是确实的。这是因为，设 Π = {p, ¬p∨q}，则 Π ⊨ q 不成立，但 Π ⊨$_m$ q 成立；{p!} ⊨$_m$ q 不成立，但 q 是 {p!} 的一个经典后承。

(3) 如果 Σ 是经典相容的，那么 $\Sigma^m = \Sigma^{CL}$。这是因为，如果 Σ 是经典相容的，它的极小不相容模型就是它的经典模型。

普利斯特认为，与 LP 相比，LPm 提供了一个更加丰富的后承观念：当不相容性并不实际构成大碍时，LPm 允许我们进行经典推论；在相容的情形下，LPm 则等同于经典逻辑。因此，对于相容情形下的经典推论如何能够被亚相容逻辑所接受，LPm 实际上给出了一种准确的描述。

（二） LPm 的非平庸性

普利斯特发现，因为 LPm 提供的后承观念比 LP 更丰富，所以它看起来可能变成一个平庸的系统。例如，在系统 LP 中，$\{p!, q! \vee r\} \vDash (p \wedge r)!$ 是无效的推理形式（其反模型很容易构造，如给 p 和 q 取值为 $\{1, 0\}$，给 r 取值为 $\{1, 0\}$）。然而，在系统 LPm 中，$\{p!, q! \vee r\} \vDash_m (p \wedge r)!$ 是有效的。这是因为，在其前提的任一极小不相容模型中，r 一定为真，因而 $p \wedge r$ 必定为真；但由于 p 为真的同时也为假，$p \wedge r$ 也就为假了。这意味着，像经典逻辑一样，LPm 的普适性也不得不受到限制，在某些情况下不能使用。对于 LPm 的合理性来说，这将是一个严重的冲击。但是，普利斯特认为，这一疑虑是可以消除的，只要我们能够说明：

如果 Σ^{LP} 是非平庸的，那么 Σ^m 也是非平庸的。

他称之为"保证定理"，即它为 LPm 非平庸性提供了一种"保证"（reassurance）。为此，他从命题和量词两个层面进行了分析，以证明这一"保证"的确实性。

1. 命题层面的分析

首先对 LP 进行扩充：增加对命题的量化；增加一个条件句算子"→"，它至少满足分离规则。令

$$\Sigma = \{\exists p \, (p!)\} \cup \{p_i! \to p_{i+1}! : i \text{ 是自然数}\}。$$

从"LP+分离规则"来看，Σ 是非平庸的。例如，从 Σ 推不出 p_0。但是，Σ 没有极小不相容模型。如果 M 是 Σ 的一个模型，那么 M! 一定是非空的。令 n 是使 p_m 不相容的最小的 m，那么 M'（$n+1$ 是最小的 m）是一个不相容程度更低的模型。因此，在极小不相容模型后承观念下，Σ 显然是平庸的。

为了证明 LPm 是能够得到"保证"的，普利斯特引入了一个由林方真（Fangzhen Lin）证明的引理：

引理（2）

如果 v 是 Σ 的一个模型，那么存在一个 Σ 的极小不相容模型 v'，使得 $v' \leqslant v$。

假定Σ是非平庸的，那么一定有 v 和 α 使得 $v \Vdash \Sigma$ 成立但 $v \Vdash \alpha$ 不成立。那么，根据引理（1），一定有一个决定性的命题 p，使得 $v \Vdash p$！不成立。再根据引理（2），有一个模型 v' 使得 v' 是 Σ 的极小不相容模型，并且 $v' \Vdash p$ 不成立。因此，Σ^m 是非平庸的。

2. 量词层面的分析

为了证明 LPm 在量词层面的非平庸性也是得到"保证"的，普利斯特又引入了两个引理。

引理（3）

设语言中包含有限数量的谓词，令 M 是一个有限的解释，使得 $M \Vdash \Sigma$，那么，存在 M′ 使得 M′≤M 且 $M' \Vdash_m \Sigma$。

引理（3）与引理（2）的一阶表达式很相似，但限定于有限的情形。它为 LPm 非平庸性提供"保证"的途径与命题层面类似。

引理（4）

在 M 的语言中，对于每一公式 α，$v^\sim(\alpha) \supseteq v(\alpha)$。

为了说明引理（4），普利斯特定义了一套新的解释。令 $M = \langle D, I \rangle$ 是一个解释，~是 D 上的一个相等关系，也是函数符号的指称之间的全等关系。① 如果 $d \in D$，令 $[d]$ 为 D 在~下的等价类。称 $M^\sim = \langle D^\sim, I^\sim \rangle$ 为"坍塌的解释"（collapsed interpretation），定义为 $D^\sim = \{[d] : d \in D\}$。若 c 是一个常项，则 $I^\sim(c) = [I(c)]$；若 f 是一个 n 元函数符，则

$$I^\sim(f)([d_1],\ldots,[d_n]) = [I(f)(d_1,\ldots,d_n)]。$$

若 $a_1,\ldots,a_n \in D^\sim$，则有：

$$\langle a_1,\ldots,a_n \rangle \in I^{\sim+}(P)，当且仅当，\exists d_1 \in a_1,\ldots,\exists d_n \in a_n,$$

---

① 如果 f 是一个函数符号，对于所有 $1 \leq i \leq n$，$d_i \sim e_i$，那么 $I(f)(d_1,\ldots,d_n) \sim I(f)(e_1,\ldots,e_n)$。

$\langle d_1, \ldots, d_n \rangle \in I^+(P)$;

$\langle a_1, \ldots, a_n \rangle \in I^{\sim\sim}(P)$，当且仅当，$\exists d_1 \in a_1, \ldots, \exists d_n \in a_n$，$\langle d_1, \ldots, d_n \rangle \in I^-(P)$。

在这个新的解释下，等价类中的一切方面都得到了明确。根据引理（4），如果一个原始解释是某个语句集的模型，那么"坍塌的解释"也将是它的模型。

假设 Σ^{LP} 是非平庸的，那么，一定存在某个公式 α 使得 $\Sigma \vdash \alpha$ 不成立。因此，存在一个解释 M = $\langle D, I \rangle$ 使得 M $\Vdash \Sigma$ 成立，但 M $\Vdash \alpha$ 不成立。根据引理（1），一定有谓词 P 和 $d_1, \ldots, d_n \in D$，使得 M $\Vdash Pd_1, \ldots, d_n$！不成立。于是，D 上的相等关系 ~ 可定义为：

$x \sim y$，当且仅当，$x = y = d_1$ 或 $x = y = d_2$ 或 ... 或 $x = y = d_n$ 或 $x, y \notin \{d_1, \ldots, d_n\}$。

这样，~ 对 $d_1, \ldots, d_n$ 不加干涉但明确了 D 中其他所有的元素。显然，$D^\sim$ 是有穷的。不仅如此，根据引理（4），M$^\sim \Vdash \Sigma$ 是成立的，进而，M$^\sim \Vdash Pd_1, \ldots, d_n$！不成立。根据引理（3），存在 M′ ≤ M$^\sim$ 使得 M′ $\Vdash \Sigma$；由于 M′ ≤ M$^\sim$，所以 M′ $\Vdash Pd_1\ldots d_n$！不成立。由此可以进一步得到：M′ $\Vdash \forall x_1 \ldots \forall x_n (Px_1 \ldots x_n)$！也是不成立的。所以，$\Sigma^m$ 是非平庸的。

通过以上两个层面对"保证定理"的证明，普利斯特认为 LPm 系统可以消除滑向平庸的可能性。在他看来，LPm 系统很好地说明了经典推理如何能够既适用于相容的情境又适用于亚相容的情境。

三 亚相容方案的"合经典性"诉求

亚相容逻辑学家所提出的解悖思路各不相同，这不仅体现为各个系统之间的差异，也体现在他们在逻辑观上的争论，在更深的层次上反映了他们对逻辑一元论（logical monism）、逻辑多元论（logical pluralism）的思考，对亚相容逻辑与经典逻辑的关系问题的关注。

塔纳卡（K. Tanaka）在《亚相容性的三个学派》一文中考察了由达·科斯塔领导的巴西学派、普利斯特等领导的澳大利亚学派和巴特恩斯（D. Batens）领导的比利时学派之间的争论。普利斯特和 R. 卢特雷认为，由于"真矛盾"存在，而亚相容逻辑又对矛盾情形做了正确刻画，那么"逻辑"一定是亚相容的。比利时学派则主张逻辑多元论，认为每种逻辑都有其适用范围，因而坚决反对普利斯特等把亚相容逻辑看作具有"普遍性"的逻辑。巴西学派则在"任何逻辑都可能错误"的意义上与比利时学派站在同一阵线上，批评普利斯特等没能认识到矛盾可以用许多不同的方式来处理，因而存在许多相互不等价的亚相容逻辑。

塔纳卡认为，比利时学派和巴西学派的批评都是误读澳大利亚学派观点的结果，因而是站不住脚的。他首先区分了"逻辑系统"与"逻辑"，认为任何逻辑系统本身都不是"逻辑"，而只是一种关于逻辑的理论，正如动力学之于运动实体（moving entities）一样。他强调，正是基于这样的理解，澳大利亚学派才认为，经典逻辑（作为一种逻辑理论）对逻辑的把握不够理想，因为它无法处理不相容情形下的保真推理。说"逻辑一定是亚相容的"并非表明某一亚相容逻辑系统（即某一逻辑理论，如普利斯特的 LP 系统）是不可改变的，而是要指出，由于世界本身是亚相容的，故"亚相容性"便是逻辑本身的属性。在塔纳卡看来，正是由于在逻辑观上的分歧，达·科斯塔没有看到"逻辑系统"与"逻辑"的区别，把普利斯特等学者在"逻辑"层面对亚相容逻辑的支持误解为在"逻辑系统"层面的辩护，因而其批评有失公允。在塔纳卡看来，比利时学派的批评出于同样的误解，他们无论对澳大利亚学派逻辑一元论的攻击，还是对亚相容逻辑解题功能的责难（即从对亚相容否定的定义的角度，认为亚相容逻辑在相容情形下显得太弱），都错误地将矛头指向了亚相容逻辑系统，而非"逻辑"本身。[①]

可见，亚相容逻辑学家们所质疑的并不是经典逻辑的正确性，而是经典逻辑的普适性。在他们看来，亚相容逻辑的"基础性"正是由世界的"亚相容性"决定的。但这并不意味着经典逻辑应该被抛弃，因为虽然世界在"总体上"是"亚相容的"，但人们日常推理所面对的"局部世界"却并不总是"亚相容的"。经典逻辑仍然是刻画相容情形下的推

[①] 参见 K. Tanaka, "Three Schools of Paraconsistency," *Australasian Journal of Logic* 1 (2003): 28—42。

理的基础工具。普利斯特对"准有效"推理的讨论正是对这一观点所作的深入阐释。

因此，张建军这样评价亚相容逻辑："他们的研究并不是要丢掉经典逻辑的成果，抛弃相容性的传统，而只是对经典逻辑的作用范围给予了某些限制，对它的部分法则给予了某种修正。在解决难题的同时，容纳尽可能多的经典逻辑推理模式和规则，是各种亚相容逻辑系统所遵循的一条基本原则。"① 可见，亚相容解悖方案与"语言层次"方案和"真值间隙"方案相似，它们都主张在某种程度上保留经典逻辑的理念，并且，它们的保留都是通过对经典逻辑适用范围的限制来实现的："语言层次"方案和"真值间隙"方案都把说谎者语句（以及其他悖论性语句）排除在经典逻辑的（直接）作用范围之外，亚相容方案则认为经典逻辑只能用来处理相容情形下的推理。

亚相容解悖方案对"充分宽广"要求的维护，除了表现为各个系统尽可能多地保留经典逻辑法则之外，根据第一章对悖论之"悖"的"元层次"理解，也表现为它在一定程度上对相容性的保留。A 和 $\neg A$ 在经典二值语义下不能同真，但在悖论中，所推出的 A 和 $\neg A$ 都应该为真。这种矛盾状态体现的仍是经典意义上的不相容性。而亚相容方案的目的也是要消除这种悖论的状态，从而在这一层面上维持某种相容性。但是，大多数亚相容方案对这种相容性的维持是以放弃另一相容性要求（不允许矛盾为真）为前提的，因而它们与经典逻辑对相容性的态度并不完全相同。

此外，达·科斯塔在 C_n（$0 \leq n \leq \omega$）系统中定义了一个"强否定"$\neg^* A$：A 为假，当且仅当，A 是假的或者它自相矛盾。"强否定"的逻辑特性实际上与经典逻辑的否定词无异。因此，虽然在该系统中，有的公式遵守矛盾律，有的则可以不遵守，但绝没有任何命题可以既遵守矛盾律又不遵守矛盾律。这正是 C_n（$0 \leq n \leq \omega$）系统对照"充分宽广"标准，实现"合经典性"诉求的一种体现。

---

① 张建军：《逻辑悖论研究引论》（修订本），人民出版社，2014，第279页。

第五章　特设性考察：矛盾不必为真

该消除的矛盾消除了，该保留的东西保留了。但是，这还远远不够。对悖论的解决除了要满足"足够狭窄"和"充分宽广"的要求，还应当提供充分的"非特设性"说明。也就是说，要有充足的证据来说明那些被修改或排除的背景知识本身就是错的：因为它们是错的，所以才导致了悖论；而不是反过来，因为它们导致了悖论，所以它们是错的。

"非特设"要求不仅适用于对背景知识的取舍，也是我们建立新理论时应当遵循的原则。为了修改背景知识而设立的限制，其合理性在哪里？为何要这样限制而非那样限制？一个方案之所以合理，不是因为它找准了导致悖论的根源，也不是因为它能够消除矛盾；相反，因为它本身就是合理的，所以它能够消除矛盾。那么，"非特设性"的说明，实际就是对该方案合理性的阐述，并且应该独立于它的"解悖"功能。例如，在说谎者悖论和罗素悖论的构造中，涉及了语句或集合的自我指称，如果简单地禁止这样的指称，当然能够消除矛盾，但除此之外我们似乎难以为这种规定找到其他合适的理由。在形式算术系统中，哥德尔自指定理（哥德尔对角线定理）表明，一个公式完全可以严格地、合法地"谈论"它自身；在日常语言中，自我指称更是无处不有，毫不违背直觉。所以，这种解决问题的方式带有明显的人为性，是为"非特设性"标准所排斥的。正因如此，亚相容逻辑学家在质疑语言层次理论、类型论等经典方案时，才显得那样理直气壮。

任晓明和桂起权在《非经典逻辑系统发生学研究：兼论逻辑哲学的中心问题》一书中指出，逻辑的中心任务是区分有效的推理和无效的推理，"与此相适应，逻辑哲学则是围绕着逻辑系统内有效的形式推理如何与系统外的非形式原型恰当地相符合这个中心问题而展开的，其他问题都是由此派生出来的"。[①] 当然，"恰当地相符合"的要求还有更丰富的

---

① 任晓明、桂起权：《非经典逻辑系统发生学研究：兼论逻辑哲学的中心问题》，南开大学出版社，2011，第5页。

内容，比如：被系统视为无效的推理，在系统外是否的确是不正确的；系统区别有效和无效的技术手段是否与现实原型相对应；系统在形式上的特征与实际推理的环境是否相称；等等。

我们探讨亚相容解悖方案是否满足"非特设"要求，一项重要的工作就是考察它在系统内、外的相符性问题上是否表现得足够优秀。通过第二章、第三章对各种亚相容逻辑系统的介绍和讨论，我们发现，亚相容方案容纳矛盾、避免"平庸"的主流途径是以某种方式修改经典二值语义，使得相互矛盾的命题可以同时为真。① 于是，要考察亚相容方案在"非特设性"方面的表现，最主要的工作就是要回答这样两个问题：（1）在系统内"允许矛盾为真"是否必要；（2）矛盾是否可能为真。

笔者认为，这两个问题的答案都是否定的。所谓的"真矛盾"，在逻辑系统内既无存在的必要又无实现的可能。本章的研究主要围绕问题（1）展开，第六章则主要针对问题（2）进行讨论。②

第一节 "真矛盾"与悖态中的理论

在亚相容逻辑学家看来，能被亚相容方案接受的矛盾只是那些"有意义的矛盾"。根据阿鲁达对悖论的分类，形式悖论、非形式的二律背反和黑格尔论题就属于"有意义的矛盾"。然而，"有意义的矛盾"这一用

---

① 相干方案不必采用这种途径。与弃合方案、多值化方案和正加方案不同，它的特设性主要在于相干性诉求以及相干原理本身，第七章会进行简要讨论。

② 对于"真矛盾"论，笔者曾与合作者从不同角度进行反思和批判。例如，付敏《语义封闭性、"真矛盾论"与"悖论逻辑"》，《安徽大学学报》（哲学社会科学版）2009年第5期；付敏《矛盾与"真"——普利斯特"真矛盾"概念解析》，《华中科技大学学报》（社会科学版）2009年第6期；付敏、张建军《"矛盾"的多重定义与"真矛盾论"的理论困境》，《江海学刊》2010年第3期；付敏《从认知三层面看亚相容逻辑与经典逻辑》，《学术论坛》2012年第4期；张建军等《当代逻辑哲学前沿问题研究》，人民出版社，2014。接下来的考察（尤其是在本章和第六章）尽管也会比较频繁地使用"真矛盾"一词，但主要是在命题（或语句、陈述）层面对其作语义理解，即"两个相互矛盾的命题同时为真"，因而与"真矛盾"论者对该词的用法有比较明显的区别，不能简单等同。与此相应，考察所指的对象亦更加具有一般性，即亚相容解悖方案在语义上主要的技术手段：在系统中允许矛盾为"真"。同时，立足于RZH标准的"非特设"要求，以该手段与逻辑系统外的亚相容原型间的相符性问题为中心，笔者在上述文献中展开的研究亦将在此重新得到审视、整合、深化或修正。

语是"可疑"的。在亚相容方案的语境下,它的含义(或者说,判定矛盾有意义的一般标准)可从两个方面来分析。

它的第一层可能的所指,是那些(在句法上)不导致平庸的矛盾。对于亚相容逻辑学家来说,这是显而易见的,至少,不导致平庸可以成为一个矛盾有意义的必要条件。

进一步分析我们会发现,"导致"一词又可做两种理解。第一,在逻辑有效推理的意义上,根据司各脱法则,必然会"导致"。显然,只要这一法则成立,在逻辑上就不存在不导致平庸的矛盾,除非该法则不成立:要么使得它在逻辑上无效,要么指出它并未实际地运用于矛盾。若是前一种情况,则陷入了一种循环:亚相容方案通过放弃司各脱法则来刻画有意义的矛盾,而该矛盾正是因为该法则无效才拥有了"意义"。若是后一种情况,则进入了对"导致"的第二种理解:在实际的推理中,运用司各脱法则,从矛盾实际地推出了所有命题。"遗憾"的是,无论是在历史上的各种理论中,还是在我们的日常思维中,这都没有成为现实。那么,所谓"不导致",就成了所有矛盾的特征,所有矛盾都成了"有意义的矛盾",因而是可接受的。当然,亚相容逻辑学家所理解的"导致"只限于第一种。但即便如此,所谓"有意义的矛盾"也难有确切的所指。

它的第二种可能的所指,不直接针对矛盾,而是针对某些含有矛盾的理论或思维,比如说,出现了悖论的理论。虽然出现了矛盾,但该理论仍然有价值,思维也并非绝对混乱。此时,所谓"有意义的矛盾",只是这种理论和思维的缩写。那么,是不是因为它们有价值,矛盾本身也就获得了意义呢?情况并非如此。

一 理论的意义在矛盾之外

一个含有悖论的理论,仍可能是有意义的,即便在亚相容解悖方案的反对者看来,也毫无疑问。正如拉卡托斯(I. Lakatos)所说,我们不能认为"发现一个矛盾或反常就必须立即停止发展一个纲领:对矛盾实行某种暂时的特设性隔离,继续贯彻纲领的正面启发,可能是合理的"。[①] 特

[①] 〔英〕I. 拉卡托斯:《科学研究纲领方法论》,兰征译,上海译文出版社,1986,第80页。

设性隔离是维持纲领意义的一种手段,但绝不能被等同于让矛盾为真,也绝不意味着被隔离的矛盾本身就是纲领的意义所在;相反,纲领的意义恰恰是在隔离带的高墙之外。数学史上一些重要理论的发展生动地说明了这一点。

17 世纪,在数学上最伟大的发明当属微积分,它由牛顿(I. Newton)和莱布尼茨(G. W. Leibniz)各自独立创立。回顾历史,他们的工作堪称数学发展史上的一大壮举。然而,早期的微积分在赢得一片赞誉的同时,也受到过不少的攻击,其中,最猛烈的来自贝克莱主教(G. Berkeley)。他在 1734 年出版了一本名为《分析学家》①的小册子,批判了牛顿的许多论点,尤其针对牛顿对"无穷小量"的理解。贝克莱指出,按照牛顿对流数(即函数的导数)的解释,在求 x^n 的流数时,先假设自变量 x 有一个无穷小的增量 o,展开 $(x+o)^n$,然后减去 x^n,再除以 o,便求出了 x^n 的增量与 x 的增量之比,然后舍掉含有 o 的项,就得到 x^n 的流数。②

为了更直观地展现贝克莱所揭示的问题,我们以函数 $y=x^2$ 为例。要得到 $y=x^2$ 的导数,就要先假设自变量 x 有一个无穷小的增量 Δx,从而,因变量 y 也就有了一个无穷小的增量 Δy。于是可以有如下推导:③

(1) $y+\Delta y = (x+\Delta x)^2$

根据等式 $y=x^2$ 得到

(2) $x^2+\Delta y = (x+\Delta x)^2$

---

① 它的全名是《分析学家,或致一个不信教的数学家。其中审查现代分析的对象、原则与推断是否比之宗教的神秘与信条,构思更为清楚,或推理更为明显》(*The Analyst, Or A Discourse Addressed to an Infidel Mathematician. Wherein It is examined where the Object, Principle, and Inferences of the modern Analysis are more distinctly conceived, or more evidently deduced, then Religious Mysteries and Points of Faith*)。
② 参见〔美〕M. 克莱因《古今数学思想》(第 2 册),石明生等译,上海科学技术出版社,2014,第 32 页。
③ 参见叶峰《二十世纪数学哲学:一个自然主义者的评述》,北京大学出版社,2010,第 140 页;王习胜《泛悖论与科学理论创新机制研究》,北京师范大学出版社,2013,第 218 页。

将等式右边展开，于是有

（3） $x^2+\Delta y = x^2+2x \cdot \Delta x+ （\Delta x)^2$

两边同时消去 x^2 得

（4） $\Delta y = 2x \cdot \Delta x+ （\Delta x)^2$

两边同时除以 Δx 得

（5） $\Delta y/\Delta x = 2x+\Delta x$

舍弃右边的 Δx 便得到

（6） $\Delta y/\Delta x = 2x$

在以上推导中，（5）的得出需要假设 $\Delta x \neq 0$，因为它是经由两边同除以 Δx 得到的，而 0 不能作为除数，否则就没有意义了。但是，从（5）到（6）却把 Δx 当作了 0，只有这样，Δx 才能被舍去。贝克莱说，先给 x 一个增量，然后又让这个增量为零，所得之流数实际上是 0/0。这样，流数被当作了 y 与 x "消失了的" 增量之比，这些增量既不是有穷的量，又不是无穷小的量，但也不是无，而它们之比（变化率），不过是"消失了的量的鬼魂"。[①] 在同一个计算过程中，同一个无穷小量 Δx 既需要被当作 0，又不能被当作 0，在技术上的确是自相矛盾的。由于贝克莱的准确揭示，这个有关无穷小量的矛盾又被称作"贝克莱悖论"，它的出现引发了数学史上的第二次危机。

尽管存在悖论，微积分并没有因此黯然失色。相反，由于它极强的解题功能，在科学的发展中愈发光彩照人。微积分本不是作为数学家的

[①] 转引自〔美〕M. 克莱因《古今数学思想》（第 2 册），石明生等译，上海科学技术出版社，2014，第 33 页。

游戏工具而诞生的，而是为了处理科学研究中的问题。在17世纪，有四类问题被科学家们普遍关注，但采用已有的数学又难以解决。第一，已知位移距离求瞬时的速度和加速度，或者已知加速度求速度和距离。第二，求曲线的切线。比如，要研究光线穿过透镜时的通道，就必须知道透镜表面曲线的法线与光线之间的夹角，由于法线是垂直于曲线的，这就需要先掌握曲线的切线。第三，求函数的最大值、最小值，如计算行星与太阳间的最远距离和最近距离、火炮最大射程的发射角等。第四，求曲线长度、曲线围成的面积、曲面围成的体积、物体的中心、物体间的引力等。众所周知，在牛顿经典力学体系的构建中，微积分发挥了巨大作用，可谓功不可没。在18世纪，微积分更是获得了充分的发展，产生了无穷级数、微分方程、变分法、微分几何、解析数论等数学的分支，而它们促成了数学分析时代的到来。走到今天，微积分在自然科学、社会科学、应用科学的各个分支领域，越来越展现出极强的应用价值，计算机的发明更是进一步推动了这些应用的深入。

贝克莱悖论的彻底解决是19世纪的事情。在此之前，微积分就已经充分展现了自己的魅力，其"意义"是有目共睹的。那么，这是否说明早期微积分中的矛盾也是有意义的呢？我们应当看到，"无穷小量"无论在牛顿还是在莱布尼茨的微积分理论（或工具）中都是最基本的概念，而令无穷小的增量 Δx 为0和令它不为0，都是计算中的一项技术或手段。$\Delta x = 0$（$\Delta x \neq 0$）不是由推导而得的定理，更不是自明的公理。如果说"Δx 既是0又不是0"这样的矛盾是"有意义的"，它的意义也仅在于为了追求特定的计算结果而具有的技术上的实用性。可是，这种手段的存在，反映的恰好是数学家们在对"无穷小量"理解上的模糊和混乱。例如，面对人们的批评，莱布尼茨曾这样解释：

> 考虑这样一种无穷小量将是有用的，当寻找它们的比时，不把它们当作是零，但是只要它们和无法相比的大量一起出现，就把它们舍弃。例如，如果我们有 $x+\mathrm{d}x$，就把 $\mathrm{d}x$ 舍弃。但是如果我们求 $x+\mathrm{d}x$ 和 x 之间的差，情况就不同了。类似地，我们不能把 $x\mathrm{d}x$ 和 $\mathrm{d}x\mathrm{d}x$ 并列。因此如果我们微分 xy，我们写下 $(x+\mathrm{d}x)(y+\mathrm{d}y) - xy = x\mathrm{d}y+y\mathrm{d}x+\mathrm{d}x\mathrm{d}y$。但 $\mathrm{d}x\mathrm{d}y$ 是不可比较地小于 $x\mathrm{d}y+y\mathrm{d}x$，所

以必须舍弃。这样就在任何特殊的情况下，误差都小于任何有限的量。[1]

至于 dx、dy 以及 dy/dx 究竟是什么意思，莱布尼茨仍然没能解释清楚。当然，对于是否能对"无穷小量"给出一个足够清晰的定义，他似乎不太关心。

牛顿倒是对这个矛盾感到忧虑，以至于他后来不再采用舍弃增量 o 这一做法，甚至放弃使用无穷小量，代之以"最初比"和"最后比"的方法。例如，设有函数 $y=x^n$，为了求出 y 或 x^n 的流数，可设 x "由流动"而成为 $x+o$，相应地，x^n 就变成了 $(x+o)^n$，展开为如下表达式：

$$x^n+nox^{n-1}+\frac{n^2-n}{2}o^2x^{n-2}+\cdots$$

这样，x 的增量和 x^n 的增量之比，就成了 o 和

$$nox^{n-1}+\frac{n^2-n}{2}o^2x^{n-2}+\cdots$$

之比；用它们同时除以 o，所得到的就是 1 和

$$nx^{n-1}+\frac{n^2-n}{2}ox^{n-2}+\cdots$$

之比。现在，设增量消失，则它们的"最后比"就是

1 比 nx^{n-1}

---

[1] 转引自〔美〕M. 克莱因《古今数学思想》（第 1 册），石明生等译，上海科学技术出版社，2014，第 319 页。

也就是说，变化率是 nx^{n-1}。① 牛顿认为，如果这样处理，我们便不再需要无穷小量。那么，这个由"增量消失"而得到的"最后比"究竟是什么意思呢？牛顿解释说：

> 量在其中消失的最后比，严格说来，不是最后量的比，而是无限减少的这些量的比所趋近的极限，而它与这个极限之差虽然能比任何给出的差更小，但是在这些量无限缩小以前既不能越过也不能达到这个极限。②

著名数学史家克莱因（M. Kline）指出，这已经是牛顿针对"最后比"所给出的说明中最为清楚的了。但即使如此，它也没能带给我们一个足够清晰的解释或定义。

经过 18 世纪的发展，数学家们逐渐开始重视数学的基础概念的严格化。柯西（A. L. Cauchy）最先认识到，全部问题的核心在"极限"这个概念之中。1821 年，柯西在《代数分析教程》一书中对极限做了定义："当一个变量逐次所取的值无限趋近一个定值，最终使变量的值和该定值之差要多小就多小，这个定值就叫做所有其他值的极限。"③ 以此为基础，柯西对"无穷小量"给出了新的解释："当一个变量的数值这样地无限减小，使之收敛到极限 0，那么人们就说这个变量成为无穷小。"④（相应地，若一个变量的数值无限增大，并收敛到 ∞，它就是无穷大量。）这样，所谓"无穷小量"就不再是某个固定的量，而是一个在不断变化中的、以 0 为极限的变量。由此，它被归到了函数的范畴。这样，在贝克莱悖论中，时而令其为 0 时而又让其不为 0 的技术手段也就不再有存在的必要了。

---

① 以上推导参见〔美〕M. 克莱因《古今数学思想》（第 1 册），石明生等译，上海科学技术出版社，2014，第 301~302 页。

② 转引自〔美〕M. 克莱因《古今数学思想》（第 1 册），石明生等译，上海科学技术出版社，2014，第 302 页。

③ 转引自〔美〕M. 克莱因《古今数学思想》（第 3 册），石明生等译，上海科学技术出版社，2014，第 120 页。

④ 转引自〔美〕M. 克莱因《古今数学思想》（第 3 册），石明生等译，上海科学技术出版社，2014，第 121 页。

后来，威尔斯特拉斯（W. T. W. Weierstrass）放弃了"要多小就多小"这一直观但含糊的说法，而是用如今通行的"ε-N"对极限进行重新定义：如果任给一个正数 ε，都存在一个正整数 N，使得对于任何正整数 n，若 $n > N$ 则 $|a_n-a| < \varepsilon$，那么 a 就是序列 a_n 的极限。① 这样，真正严格的"极限"概念被确立起来了，极限理论完全取代了微积分最初的无穷小方法。后来，在戴德金（R. Dedekind）、皮亚诺（G. Peano）、康托尔等数学家的努力下，随着实数理论、有理数理论、集合论的成熟，数学分析最终实现了严格的"算术化"。② 在这场严密化的运动中，微积分也获得了坚实的理论基础。

由此可见，早期微积分中的矛盾完全是建立在对"无穷小量"的含糊甚至错误理解之上的。微积分作为一种理论，它的意义与这种自相矛盾的技术并无直接关系，该技术也并不能因为微积分的成功而享有实际的价值。换句话说，含有矛盾的理论可能是有意义的，但它的意义与矛盾本身无关，而是在矛盾之外。

二 悖论的意义在于证伪

如果说前文所说的"意义"是在矛盾之外，是理论的外在价值，接下来所要谈论的"意义"则指向理论自身，并且与矛盾直接相关。悖论作为一种特殊的逻辑矛盾，它的出现和解决对于理论自身有何意义？这种意义是否能为"真矛盾"语义的必要性提供基础呢？对于第二个问题，答案是否定的，其理由则要从对第一个问题的回答说起。

张建军在《悖论与科学方法论》一文中，以悖论的严格定义为基础，细致地考察了悖论对于科学发展的方法论意义。他指出，悖论的发现也有规律可循。首先，悖论往往产生于"统一性"和"推广性"的研究中。例如，在对牛顿经典力学和麦克斯韦电磁场理论的统一考察中，光速悖论产生了；在将适用于宏观世界的经典物理学运用于微观客体时，波粒二象悖论出现了。统一性和推广性，意味着我们很可能使理论超出

---

① 参见叶峰《二十世纪数学哲学：一个自然主义者的评述》，北京大学出版社，2010，第 142 页。
② 参见韩雪涛《数学悖论与三次数学危机》，湖南科学技术出版社，2006，第 181～200 页；郑毓信《现代逻辑的发展》，辽宁教育出版社，1989，第 36～46 页。

了原来的语境,或者把两个本不相同的(相对的不同,如前例中的宏观和微观)语境拼凑到一起,这就为矛盾的产生创造了条件。雷歇尔对悖论根源的认识(见第一章第一节)与此倒有几分相似。其次,悖论产生于对矛盾的清理过程中。一个科学理论产生之后,会逐步走向严密化、精确化和系统化。这个过程也就是不断发现和清理自身所含有的矛盾的过程。如果某个矛盾因为涉及基本原理而难以消解,那么它很可能成为该理论中的悖论。最后,悖论产生于对矛盾的反复推敲中。这个过程要排除不满足"公认正确的背景知识"和"正确的逻辑推导"这两个条件的矛盾。并且,"反复的逻辑锤炼使得经受住严格检验的真正悖论的逻辑结构——它由以推出的前提和推导过程——清晰易辨,为弄清问题的症结从而着手解决悖论提供了有利条件"。[1]

不难看出,悖论的出现对于一个理论的首层意义在于,它是一种重要的证伪手段:显示了理论深层次的错误性,或者理论自身成立的条件性、适用范围的局限性。矛盾以理论中的误识或对理论的误用为根基,它的"真"又如何能够保证呢?科学史上有过无数的悖论,人们对其根源的准确揭示以及合理解决表明,因为"矛盾被推出"而怀疑理论的无误性,并不是像亚相容逻辑学家所说的那样来自对矛盾律的迷信和盲从,科学家并不是被动地生活在矛盾律的"教条"之下。相反,对悖论的思考恰好使我们更加有理由坚定对这一"教条"的信念。在悖论中,矛盾的荒谬性、不可接受性以最深刻、最为系统的方式展现了出来。

既然悖论显示了理论的破绽,也就意味着理论迎来了自身变革的重要契机,这正是悖论的出现对于理论的次层意义。按照库恩(T. S. Kuhn)的说法,"常规科学时期"即将结束,科学革命就要到来。

例如,贝克莱悖论的发现,使数学家们开始认真地审视微积分中的基础概念(包括无穷小量、无穷大量、函数、级数等),并开始探索数学分析的严密化之路(尽管在18世纪,大多数学家更加忙于微积分的各种扩展和运用,对这一任务的重要性没有清晰的认识,但他们的工作仍然为后一个世纪数学基础理论的完善以及数学大厦的建立积累了重要的

---

[1] 张建军:《悖论与科学方法论》,载张建军、黄展骥《矛盾与悖论新论》,河北教育出版社,1998,第123~124页。

"资本")。他们在不断发现矛盾、清理矛盾的过程中,使数学逐渐成为一门严格的科学。

如果说罗素悖论(以及最大序数悖论、最大基数悖论等集合论悖论)的出现给数学的严格化运动蒙上了阴影,那么,它同时又在黑暗中为数学家们竖起了一座灯塔。它"一方面使当时的数学家陷于紧张和彷徨之中;但另一方面,也正是悖论揭示出来的逻辑矛盾所导致的数学'危机',才把人们的注意力引导到重新考察数学赖以建立的基础方面的问题,从而掀起了'对数学进行一场批判性的检查运动'"。[①] 这场运动直接催生了公理集合论、类型论这两大科学理论,更导致了公理化方法论、实变函数论、点集拓扑学、抽象代数等新兴学科的诞生。在这场运动中,数学大厦赖以建立的基本问题得到了澄清,基础变得更加牢靠。所以,张建军对悖论这种理论事实的出现表现出了极其乐观的态度:

> 而悖论所提出的,往往事关科学变革的根本性问题,包含着一般科学问题所不可企及的巨大能量。因此,可以说,科学理论中真正的悖论的发现,应作为不同于一般科学发现的重大科学发现来看待,人们应当在迎接挑战、推动科学进步的意义上欢迎和庆贺悖论的出现。[②]

我们所欢迎的、庆贺的是我们的发现:它显然不是矛盾这一"真理",而是作为矛盾根基的理论缺陷,它为理论打开了自我批判、自我反思、自我修复以及自我完善的入口。假如"真矛盾"成了必要,理论的发展便可能失去了一个重要的动力。

在数学中是这样,在物理学中也是如此。爱因斯坦在提出相对论之前,曾长期被一个问题所困扰:对于光的运动,麦克斯韦方程和经典物理学各自的解释似乎彼此冲突,而当时在他看来,这两个理论无疑都是正确的。他说:

---

① 林可济、郑毓信:《关于科学中悖论的哲学分析》,《自然辩证法研究》1987年第5期,第17~25页。
② 张建军:《悖论与科学方法论》,载张建军、黄展骥《矛盾与悖论新论》,河北教育出版社,1998,第122页。

经过十年沉思以后，我从一个悖论中得到了这样一个原理，这个悖论在我16岁时就已经无意中想到了：如果我以速度 c（真空中的光速）追随一条光线运动，那么我就应当看到，这样一条光线就好像一个在空间中振荡着而停滞不前的电磁场。可是，无论是依据经验，还是按照麦克斯韦方程，看来都不会有这样的事情。从一开始，在我直觉地看来就很清楚，从这样一个观察者的观点来判断，一切都应当像一个相对于地球是静止的观察者所看到的那样按照同样的一些定律进行。①

根据经典物理学的速度合成法则，观察者以光速运动，他所看到的光线（同样以光速运动）一定是相对静止的。可是，这并不符合麦克斯韦方程，也与人们的经验相违，因为这种"停滞不前"是不可能的。这就是著名的爱因斯坦"追光疑难"（或称"光速悖论"）。

经过长期的思考和探索，爱因斯坦意识到，这个悖论实际上来自光速不变定律与经典相对性原理之间的冲突，而后者的本质要素是经典的速度合成法则。于是，他更加明确地阐释道：

上述悖论现在就可以表述如下。从一个惯性系转移到另一个惯性系时，按照古典物理学所用的关于事件在空间坐标和时间上的联系规则，下面两条假定：

1）光速不变，

2）定律（并且特别是光速不变定律）同惯性系的选取无关（狭义相对性原理），

是彼此不相容的（尽管两者各自都是以经验为依据的）。②

所谓光速不变，是指光的速度是一个常数，它与光源的运动、光的频率、光的传播方向都没有关系。在爱因斯坦之前，已经有精确的测量

---

① 〔美〕A. 爱因斯坦：《自述》，载许良英等编译《爱因斯坦文集》（增补本，第1卷），商务印书馆，2009，第26页。
② 〔美〕A. 爱因斯坦：《自述》，载许良英等编译《爱因斯坦文集》（增补本，第1卷），商务印书馆，2009，第28页。

第五章 特设性考察：矛盾不必为真

证明了这一点。狭义相对性原理最早由伽利略提出，在牛顿经典力学中得到成功的应用，被视为自然事物都应当服从的普遍的物理定律。其主要内容是：假定力学定律在一个坐标系中是有效的，那么在任何其他相对于这个坐标系作匀速直线运动的坐标系中，该定律也是有效的。[①] 与之紧密相关的，是经典力学的速度合成公式，以及坐标系之间的伽利略变换关系。考虑速度合成，这个变换关系可表达为下列等式：[②]

$$X' = X - vt$$
$$Y' = Y$$
$$Z' = Z$$
$$t' = t$$

其中，X、Y、Z 和 X'、Y'、Z' 分别代表两个不同惯性系的坐标轴，t 和 t' 是对应的时间。当我们已知某个物体对应于某一惯性系的位置时，它相对于另一个沿着 X 轴作匀速直线运动的惯性系的位置，就可以通过上述变换等式计算出来。

可是，在相对性原理出现的时候，电磁学理论还未产生。光作为一种电磁现象，也属于物理现象的范畴。那么，相对性原理是否适用于它呢？假设在速度为 v 的火车上射出一道光，从火车上来观察，光的速度毫无疑问是 c；但如果从地面上来看，情况可能就不同了：根据速度合成公式，若光与火车运动方向一致，它的速度应该是 $c+v$；如果光与火车运动方向相反，它的速度就应该是 $c-v$。这说明，相对于不同的惯性系，光的速度会有所不同，麦克斯韦电磁场方程也就应该有不同的形式。这样看来，相对性原理并不适用于电磁学。反过来，如果相对性原理可以推广到电磁学，无论在哪个惯性系，麦克斯韦电磁场方程都会有相同的形式，都提供相同的 c。但是，这又与速度合成公式相矛盾。

光速不变和相对性原理都是爱因斯坦坚信不疑的，问题一定出在速

[①] 参见〔德〕A. 爱因斯坦、〔波〕L. 英费尔德《物理学的进化》，周肇威译，湖南教育出版社，1999，第 112 页。

[②] 参见林德宏《科学思想史》（第 2 版），江苏科学技术出版社，2004，第 283 页。

度合成法则上，而与之紧密相关的是伽利略变换。经过仔细思索，爱因斯坦意识到，问题的症结可能在于我们关于"同时性"的观念上。在伽利略坐标变换关系中，t' 与 t 是相等的，这说明，对于不同的坐标系，无论物体运动状态如何变化，时间都与之无关。这正是经典物理学的绝对时空观。那么，要消除悖论，就必须改变以往对时间、空间的看法，尤其是对"同时"的理解。

爱因斯坦和英费尔德（L. Infeld）在《物理学的进化》一书中做了这样一个思想实验：假设有一个透明的、作匀速直线运动的房间，有一个光信号从房间的正中央发射出去，房间内、外各有一个观察者。爱因斯坦和英费尔德对这两个观察者所看到的情况进行了对比：

里面的观察者：从房间中央发出的光信号会同时到达房间的各面墙上，因为四面墙与光源的距离相等，而光在各个方向上的速度又是相等的。

外面的观察者：在我的坐标系中，光的速度与随着房间运动的观察者的坐标系中所看到的完全一样。在我的坐标系中光源运动与否毫无关系，因为光源的运动并不影响光速。我所看到的只是光信号同样以标准速率向各个方向行进。一扇墙要奔离光信号，而另一扇墙要接近光信号。因此光信号到达那奔离的墙，比较到达那接近的墙要稍微迟一些。假使房子的速度比起光速来是小得很的，那么，虽然信号到达两扇墙的时间之差也会小得很，但信号绝不会完全同时到达与运动方向相垂直的两扇相对的墙。①

在房间内的人看来，光线是同时到达两扇墙的；可是，根据房间外的观察者，光线并非同时到达。这显然与经典物理学相矛盾，因为其中的同时性是"绝对的"。爱因斯坦和英费尔德指出："在经典物理学中，对在任何坐标系中的观察者来说，都用的是同一个钟，时间的流逝是一样的。因此，时间同那些'同时'、'早些'、'迟些'等词一样，都有一

---

① 〔德〕A. 爱因斯坦、〔波〕L. 英费尔德：《物理学的进化》，周肇威译，湖南教育出版社，1999，第 127 页。

种与任何坐标系无关的绝对意义。在同一个坐标系中同时的（即时间过程相同的）两件事，在任何其他的坐标系中也必定是同时的。"① 而"只要时间的绝对性或同时性的绝对性这条公理不知不觉地留在潜意识里，那么任何想要令人满意地澄清这个悖论的尝试，都是注定要失败的"。②

因此，爱因斯坦要求彻底放弃绝对的时空观念，在判断同时性、测量时间间隔和空间长度的时候，充分考虑到其标准的相对性。有了这种观念，伽利略变换和经典合成法则也就不再适宜了。不同惯性系里时空的变换关系最终由洛伦兹变换承担起来：③

$$X' = \frac{X - vt}{\sqrt{1 - v^2/c^2}}$$

$$Y' = Y$$

$$Z' = Z$$

$$t' = \frac{t - v/c^2 \cdot X}{\sqrt{1 - v^2/c^2}}$$

由此，速度合成公式也发生了变化：

$$v = \frac{v' + u}{1 + \frac{v'u}{c^2}}$$

在洛伦兹变换中，空间坐标和时间坐标相互包含：一个事件在某个坐标系中空间上的距离，在另一个坐标系中就转换成了时间上的差异；同时，事件在某个坐标系中时间上的差异，在另一个坐标系中又转换成了空间上的距离。如此，时间与空间不再是相互独立的，而是统一在了"时-空"这一四维连续体中。这样，爱因斯坦在时空的相对性观念基础

---

① 〔德〕A. 爱因斯坦、〔波〕L. 英费尔德：《物理学的进化》，周肇威译，湖南教育出版社，1999，第 127~128 页。
② 〔美〕A. 爱因斯坦：《自述》，载许良英等编译《爱因斯坦文集》（增补本，第 1 卷），商务印书馆，2009，第 26~27 页。
③ 参见林德宏《科学思想史》（第 2 版），江苏科学技术出版社，2004，第 285 页。

上，使"光速不变"和"相对性原理"能够彼此协调，不再是水火不容。它们构成了狭义相对论两条最基本的原理。

正是"光速悖论"所造成的心结，促使爱因斯坦反复思考和剖析那些为经典物理学所默认的"共识"，找到了它的根源，最终成就了这一伟大的理论。在物理学的发展历程中，悖论的出现敦促着理论的变革，正是在拒斥矛盾的过程中，物理学才迎来了新的纪元。我们对这个过程的回顾清楚地显示："允许矛盾为真"从未成为必要。

第二节 "真矛盾"与系统内外的相符性

如亚相容逻辑学家所言，与亚相容方案对应的现实原型是那些不相容但非平庸的理论或思维，甚至包括实在世界的"矛盾"状态（"真矛盾"论者的主张），例如，我们在第一章提到的梅农本体论、模糊性、辩证法以及我们最关心的悖论，此外，还有普利斯特所说的包含矛盾的法律条文、相互冲突的测量标准、雷歇尔的"不相容世界"，等等。从逻辑本体来看，我们讨论"允许矛盾为真"是否必要，也就是要考察亚相容逻辑系统的语形和语义与其现实原型的实际情况是否真正相符。

一 对系统外亚相容原型的误解

尽管我们能够找到许多处于亚相容状态的理论或思维的原型，但由此并不能直接得到"允许矛盾为真"的正当性。在"存在矛盾"与"矛盾为真"之间仍然有一条鸿沟。有些亚相容论者，尤其是以普利斯特为代表的"真矛盾"论者，之所以认为在两者之间能够架起桥梁，在笔者看来，主要是缘于他们对这些原型的错误理解。

（一）关于含有矛盾的知识库

在信息时代，尤其是在当前"大数据时代"的大背景下，从不同来源所汇集起来的信息库、专家系统等很有可能也包含矛盾，与它们相关的推理也是亚相容解悖方案致力于刻画的对象。例如，在医学专家知识库中就可能存在亚相容的情况。

第五章 特设性考察：矛盾不必为真

假设有一个小型的医学专家知识库 KB[①]，其中的知识（诊断的规则，关于症状与疾病、疾病与疾病等相关性的判定规则）由两个医生提供，并且专门用于疾病 D_1 和 D_2 的诊断。但是，这两个医生的诊断方法可能不同。例如，医生 1 提供的规则如下：

(1) $D_1(x): t \Leftarrow S_1(x): t \wedge S_2(x): t$
(2) $D_2(x): t \Leftarrow S_1(x): t \wedge S_3(x): t$
(3) $D_1(x): f \Leftarrow D_2(x): t$
(4) $D_2(x): f \Leftarrow D_1(x): t$

其中，S_1、S_2 和 S_3 都表示症状，t 和 f 分别表示真（患病）、假（未患病），x 表示某个病人。$D_1(x): t$ 的含义是：病人 x 患有疾病 D_1；$D_1(x): f$ 的含义是：病人 x 未患疾病 D_1；其余类推。$S_1(x): t$ 的含义是：病人 x 有症状 S_1；其余类推。从直观上来看，这四个规则的含义依次是：

病人 x 患有疾病 D_1，只要他有症状 S_1 并且有症状 S_2；
病人 x 患有疾病 D_2，只要他有症状 S_1 并且有症状 S_3；
病人 x 未患疾病 D_1，只要他患有疾病 D_2；
病人 x 未患疾病 D_2，只要他患有疾病 D_1。

医生 2 提供的规则只有两条：

(1′) $D_1(x): t \Leftarrow S_1(x): t \wedge S_4(x): t$
(2′) $D_2(x): t \Leftarrow S_1(x): t \wedge S_3(x): t$

将这两个医生的规则合并到一起，就得到了知识库 KB。

---

① 这个案例来自《次协调逻辑与人工智能》，此处引用时做了一些细微的改动。参见桂起权、陈自立、朱福喜《次协调逻辑与人工智能》，武汉大学出版社，2002，第 674~675 页。达·科斯塔也曾以亚相容的医学专家知识库为例进行过分析，参见 N. C. A. da Costa, D. Krause and O. Bueno, "Paraconsistent Logics and Paraconsistency," in D. Jacquette, ed., *Philosophy of Logic* (Amsterdam: North-Holland Publishing Company, 2006), pp. 791–911。

现在，假设有两个病人 a 和 b，对他们的检查确认了以下事实：

$S_1(b): t \Leftarrow$

$S_1(a): f \Leftarrow$

$S_2(b): f \Leftarrow$

$S_2(a): f \Leftarrow$

$S_3(b): t \Leftarrow$

$S_3(a): t \Leftarrow$

$S_4(b): t \Leftarrow$

$S_4(a): f \Leftarrow$

由于病人 b 同时有症状 S_1 和 S_4，根据医生 2 的规则（1'），我们可以推得

诊断 1：b 患有疾病 D_1。

根据医生 1 的规则（2）或医生 2 的规则（2'）可以得到

诊断 2：b 患有疾病 D_2。

但是，把医生 1 的规则（3）运用于诊断 2，将得出

诊断 3：b 未患疾病 D_1。

或者，把医生 1 的规则（4）运用于诊断 1，将得到

诊断 3'：b 未患疾病 D_2。

显然，诊断 1 和诊断 3 相互矛盾，诊断 2 和诊断 3' 相互矛盾。但得出它们的依据来自同一个知识库。这表明，该知识库本身就是不相容的。尽管如此，并不是任何关于病人的诊断都能够从这个知识库中得出。例

如,"病人 a 患有疾病 D_1"就不会被得出。因此,该系统是非平庸的。同时,其中的矛盾并不影响医生准确地得出"病人 a 患有疾病 D_2"这个结论(根据医生 2 的规则 (1′))。因此,该系统又是有意义的。按照亚相容逻辑学家的理解,一个有意义的系统外的亚相容原型被建立起来了。

不难看出,上述包含矛盾的医学专家知识库类似于雅斯科夫斯基的"讨论系统"以及雷歇尔和布兰登的"不相容世界"。这看似为亚相容解悖方案找到了一个恰当的现实原型。但笔者认为,这不仅不足以表明有必要允许矛盾为"真",而且情况可能恰好相反。

首先,这个知识库只是将不同医生的诊断规则非常松散地"堆砌""拼凑"在一起,规则之间并不存在系统性的关联。根据我们关于悖论定义和构成的分析,这些规则间的冲突并不意味着产生了作为理论事实或状况的悖论。如果亚相容方案打算接纳这样的矛盾,就意味着同意接纳相互矛盾的命题的任意组合,将有损自身的严肃性。其次,诊断结果彼此冲突,无非有三种应对办法:只采纳其中一种结果;两种都不采纳;两种都采纳。如果是前两种办法,无疑都将构成对亚相容逻辑的一种打击:这表明相互矛盾的结果中至少有一个是不成立的,与之相应,相互矛盾的诊断规则中也至少有一个是不合理的。这正好与经典解悖方案的思路相符。如果是第三种办法,显然将使得对患者的治疗无法进行,这等于宣告了知识库(在该诊治上)的"无能"。知识库固然不会从矛盾进一步得出其他任意的结论,但也并不能表明此时应该允许(或实际允许了)这两个诊断结果同时成立,即不能说明它们在语义上可以同"真"。面对这样的处境,知识库可以维持"无能"而不予诊治,也可以在两种诊断结果中进行取舍(或逐一尝试),以确保诊治的继续。无论做何选择,都回到了前两种应对办法。总之,在含有矛盾的医学专家知识库中,"非平庸性"的实现并不需要在逻辑语义层面承认矛盾为"真"。

(二) 关于模糊边界

由于我们日常使用的谓词多半是模糊的、不精确的,在某些情形下,某个谓词"F"和它的否定"非F"似乎都适用于同一个对象。这一点尤其体现在我们对边界情形的描述中。对此,普利斯特是这样陈述的:

给定一个模糊谓词，在该谓词明显适用的情形与明显不适用的情形之间，存在一个灰色区域。因此，不存在这样一个点，一个蝌蚪在这一点上停止作为蝌蚪而是变成了青蛙。假设弗雷德是一个处于这种灰色区域的生物。直觉告诉我们，弗雷德是蝌蚪的成分和不是蝌蚪的成分一样多，并且，是蝌蚪的成分和不是蝌蚪的成分一样少。换言之，"弗雷德是蝌蚪"的语义值在真、假之间是对称平衡的。[1]

普利斯特认为，"弗雷德是蝌蚪"为真，是因为弗雷德具有"是蝌蚪的成分"；"弗雷德是蝌蚪"为假，是因为弗雷德具有"不是蝌蚪的成分"。换言之，由于弗雷德处于"蝌蚪"和"青蛙"之间的"灰色"区域，它同时具有"是蝌蚪的成分"和"不是蝌蚪的成分"（"是青蛙的成分"）。

"灰色"区域的存在是事实，但它并不构成亚相容逻辑的现实原型，更不能证明"真矛盾"论的合理性。普利斯特的分析不过是指出了弗雷德同时具有两种不同的成分，而由"弗雷德具有不是蝌蚪的成分"（"是青蛙的成分"）并不能得出"弗雷德不具有是蝌蚪的成分"。显然，只有后者才与"弗雷德具有是蝌蚪的成分"相矛盾。可见，此处并不存在真正意义上的矛盾，"允许矛盾为真"则更无必要。

此外，在对弗雷德的描述中会涉及"是蝌蚪"这一谓词的用法。不同的认知主体在对弗雷德进行描述时所依据的对"蝌蚪"的本质属性的认识可能存在差别。因此，就多个认知主体而言，谓词"是蝌蚪"具有一定的模糊性。但对于每一个特定的主体，在每个特定的认知过程中，它的使用条件却是相对明确的，因而上述矛盾也无从产生。

（三）关于事物状态的变化

与边界情形相似，我们对变化状态的描述也存在某些"灰色"地带。普利斯特对此采用了同样的分析。考虑一个由 α 来描述的事态，它在瞬间变为另一个由 $\neg\alpha$ 描述的事态。对于这种情况，可能会有某个关

---

[1] G. Priest, "Paraconsistency and Dialetheism," in Dov M. Gabbay and J. Woods, eds., *Handbook of the History of Logic*, Vol. 8 (New York: Elsevier, 2007), p. 169.

于转变点的理论来决定 α 或 ¬α 在该点上为真。例如，可能会有某个理论认为：如果一辆轿车从静止开始持续加速，那么，存在一个最后的"零速"点，但不存在第一个"非零速"的点，换言之，此时"轿车具有零速（α）的成分"。另一个理论却可能认为：不存在最后的"零速"点，但存在第一个"非零速"的点，即此时"轿车具有非零速（¬α）的成分"。普利斯特认为这两种考虑具有同等的合理性。从而"这辆轿车是静止的"的语义值在真、假上也是对称平衡的。① 此外，对一个亚原子微粒从一种量子状态瞬间转变到另一种量子状态的描述也有相似的情况。普利斯特认为，无论什么变化，在逻辑上都可以被自然地描述为 α∧¬α。

不难看出，普利斯特此处的分析依旧存在一些混乱。他用 α 和 ¬α 来表达变化前后的状态。但是，这两种状态显然都不是该"变化状态"本身，都具有确定性，故 α 和 ¬α 对它们的描述也是确定的。因此，α 与 ¬α 是互斥的。例如，当用 ¬α 来描述轿车时，轿车已不具有 α 所描述的状态（因为该变化已经完成）；在用 α 描述轿车时，不能同时用 ¬α 来描述轿车（因为该变化还没有开始）。那么，对于正在变化着的轿车呢？轿车之所以能继续被 α 描述，是因为它仍然具有变化开始前 α 所描述的东西。既然如此，¬α 依然不能用来描述该轿车，α 和 ¬α 不能同时成立。

此外，这里出现的"矛盾"只是由不同认知主体，依据不同的背景知识所得到的不同认知结果之间的矛盾。但这显然已经不是真正意义上的矛盾。在某种程度上，这与医学专家知识库的例子比较相近。而我们的分析已经表明，对于这样的情形，"允许矛盾为真"并无必要。

（四）关于含有矛盾的法律体系

类似的情况也会出现在法律体系中。面对矛盾的法律，我们也常会发觉自己"应该做 A，又不应该做 A"。在亚相容论者看来，这正好显示了法律中"真矛盾"的存在。普利斯特就举了这样一例。假设某国的宪法中有如下两个条文：

---

① 参见 G. Priest, "Paraconsistency and Dialetheism," in Dov M. Gabbay and J. Woods, eds., *Handbook of the History of Logic*, Vol. 8 (New York: Elsevier, 2007), p. 170。

所有大学毕业生都必须进行陪审服务。

妇女不能当陪审员。①

当这两个宪法条文被制定的时候，该国已经有一个执行了上百年的法规：只有男性神职人员才能上大学。但若干年之后，大学向妇女开放了。于是出现了矛盾：女大学毕业生既被要求进行陪审服务，又被禁止进行陪审服务。这个矛盾在大学向妇女开放之前并不存在，在开放之后并且有女大学生毕业之前可能也没有被人们意识到。根据我们的经验，一旦矛盾暴露出来，宪法就可能被修改，或者法官在进行裁决时会自动舍弃这两个条文之一，从而使得矛盾被消除。普利斯特认为，"但是，直到并且除非这已经被完成，我们仍有一个法律上的矛盾"。② 这个矛盾出现于宪法内部，而宪法具有最高的权威性和稳定性，不像其他成文法（statute law）那样容易修改，况且，如果要修改第二个条文还涉及其他复杂的社会、历史、文化因素。

此处，矛盾的出现是以宪法为前提的。因而，所谓的矛盾之"真"也是基于宪法的权威性。但是，该权威性在此处显然被"绝对化"了。宪法之作为社会规范，并不具有"规律"的"绝对性"。虽然矛盾在宪法被修改以前仍然存在，但这并不意味着我们应当把它当作"真矛盾"接受下来。对于一个女大学毕业生，理性的法官绝不会这样裁决：你必须去进行陪审服务，但禁止你去进行陪审服务。另外，导致该矛盾的根源是很明显的：宪法中某个（些）条文不合理。宪法的相对稳定性并不意味着它不应该被修改。在此意义上，上述例子与"理发师悖论"有一定相似性。理发师当然可以坚持保留其不合理的店规，但没有谁会认为它所导致的矛盾为"真"。

（五）关于多元化的标准

以上讨论的几种情形大多涉及某些认知或规范上的标准。而标准的多元化极有可能蕴藏着认知的不一致或规范之间的冲突。这看起来构成

---

① G. Priest, "Paraconsistency and Dialetheism," in Dov M. Gabbay and J. Woods, eds., *Handbook of the History of Logic*, Vol. 8 (New York: Elsevier, 2007), p. 169.

② G. Priest, "Paraconsistency and Dialetheism," in Dov M. Gabbay and J. Woods, eds., *Handbook of the History of Logic*, Vol. 8 (New York: Elsevier, 2007), p. 169.

了亚相容解悖方案在系统外的原型，但只要我们的分析足够仔细和谨慎，便不难发现它们与"真矛盾"的区别。而这种区别又常常被我们使用的语言所掩盖。例如，

> ……用一个功能正确的酒精温度计来测量某一特定量的水的温度，对数据正确的读取足以将其温度确定为4℃。而对热电温度计的适当读取同样足以将其确定为4℃。现在，如果我们同时采用这两个标准，它们（指用这两个标准所确定的水的温度——引者注）或者都成立，或者都不成立。但是，在一个异常情况下，标准很可能会失败。酒精温度计可能告诉我们温度是4℃；热电温度计可能告诉我们温度是3℃，因而并非4℃。[1]

这是普利斯特所指出的一种现实原型。他认为，某些术语在不同的标准下能找到其合理应用的充分根据，其中便存在为"真"的矛盾。但是，正如上文关于模糊谓词的讨论，"是3℃"相对于不同的测量标准而言可能是真的，也可能是假的。但就一个特定认知主体的一个特定认知过程来说，"是3℃"的真值是唯一确定的。

普利斯特或许会辩解：在这个过程中可以同时使用上述两种温度计（即同时接受两种不同的标准），而它们的读数分别为3℃和4℃，于是"水温是3℃"就既是真的又是假的，从而（在这两个标准都应该被接受的情况下）矛盾应该被接受。然而，在一个特定的认知过程中，某个认知工具的使用是确定的。同时使用两种温度计只不过意味着同时进行了两个不同的认知过程，而在每一个认知过程中均不存在矛盾。至于我们是否应该同时采用两个标准并把相应的两个认知结果视为矛盾，答案显然是否定的。实际上，在许多情况下，多元的标准并不能同时被采用，正如下文对"半费之讼"问题的分析。

据说古希腊有一个名叫欧提勒士（Euathlus）的人，他向著名的智者普罗泰戈拉（Protagoras）学习法律。两人曾签订合同：欧提勒士在毕业

---

[1] G. Priest, "Paraconsistency and Dialetheism," in Dov M. Gabbay and J. Woods, eds., *Handbook of the History of Logic*, Vol. 8 (New York: Elsevier, 2007), pp. 170-171.

时付一半学费给普罗泰戈拉，另一半学费则在欧提勒士打赢第一次官司后付清。但毕业后，欧提勒士总不打官司。普罗泰戈拉等得不耐烦了，便将欧提勒士告上法庭，并向他抛出了以下推理：

  如果你胜诉，那么，按合同的约定，你应付给我另一半学费；
  如果你败诉，那么，按法庭的判决，你应付给我另一半学费；
  你或者胜诉或者败诉。
  所以，你应该付给我另一半学费。

而欧提勒士针对普罗泰戈拉的推理说：

  如果我胜诉，那么，按法庭的判决，我不应付给你另一半学费；
  如果我败诉，那么，按合同的约定，我不应付给你另一半学费；
  我或者胜诉或者败诉。
  所以，我不应付给你另一半学费。

由于这两个推理在形式上是相同的，因而具有同等的有效性。若按照普利斯特的观点，当中无疑是存在矛盾的。我们可以把上述两个推理合起来：

  如果欧提勒士胜诉，那么，
  按合同的约定，欧提勒士应该付另一半学费；
  按法庭的判决，欧提勒士不该应付另一半学费；
  按照合同的约定并且按照法庭的判决；
  所以，欧提勒士应该付另一半学费，并且不应该付另一半学费。

  如果欧提勒士败诉，同理可得：
  欧提勒士应该付另一半学费，并且不应该付另一半学费。

  欧提勒士或者胜诉或者败诉。
  所以，欧提勒士应该付另一半学费，并且不应该付另一半学费。

从中可以看出,矛盾的得出要依赖于前提"按照合同的约定并且按照法庭的判决",即同时采用了两种标准。但是在这个案例中,"按照合同的约定"并不能作为标准。因为,之所以普罗泰戈拉要把欧提勒士告上法庭,是因为"按照合同的约定"已经无法解决他们之间的争端。因而,当他们采用"法庭的判决"这一标准的时候,也就意味着放弃了"合同的约定"这一标准;并且,"法庭的判决"并不是针对"是否要按照合同的约定",而是直接针对"欧提勒士是否应付给普罗泰戈拉另一半学费"。所以,在这个推理中,"按照合同的约定并且按照法庭的判决"这一前提不成立,矛盾是无法实际得出的。

同理,当某人采用来自酒精温度计的读数时,就意味着他放弃了热电温度计这一标准;反之亦然。

以上考察无意表明我们对经验世界的认识不存在亚相容原型,而旨在说明我们没有充足的理由认为,这些矛盾如某些亚相容逻辑学家所说是"真矛盾";相反,依据对其形成前提和条件的澄清,这些具有"矛盾表达式"的形式的"矛盾"可以被合理地消解。

二 系统内语形和语义的不平衡

亚相容解悖方案在"恰当相符性"的追求上有两个任务:(1) 实现系统内非平庸,这是因为"平庸"并不是系统之外理论和思维的现实状态;(2) 使得矛盾可以为真,这是因为原型中矛盾的存在,在一定程度上是一种常态(尽管有的亚相容论者反对"真矛盾"论,尽管在"承认矛盾存在"与"承认矛盾为真"之间有着明显的界限[①])。与之相对应,就是它分别在语形、语义上的努力(注:并不是说(1) 严格地只和语形对应)。然而,这两方面的工作对原型的把握以及实现的效果却是不平衡的。

按照亚相容逻辑学家的划分,推理的背景无非两种:有矛盾的情形、无矛盾的情形。在语形上,他们既要能够在有矛盾的情形下拒绝某些规则以避免平庸,又要对这些规则在无矛盾情形下的"有效性"进行合理刻画。在这方面,达·科斯塔在 C_n ($1 \leq n \leq \omega$) 系统中的处理方式具有重要的启发价值。他通过定义

---

① 参见第六章第二节。

$$A^0 =_{def} \neg (A \wedge \neg A)$$

来表达"无矛盾的情形"这一条件,并将这一条件引入公理的刻画:

$$B^0 \to ((A \to B) \to ((A \to \neg B) \to \neg A))$$

这样,不仅在系统中没有直接舍弃相容状态下的推理,还直观地表达了它与不相容状态下推理机制的关系。

而对于"有矛盾的情形"这一条件,更加直接的刻画是在普利斯特的 LP 系统中(只不过他是通过语义手段来实现的)。他引入了除真、假之外的第三个语义值 p,其含义是"悖论性"(既真又假)的,若在赋值规则中考虑,它就直接实现了对这一条件的表达。例如,关于蕴涵 ($A \to B$) 的真值表:

→	t	p	f
t	t	p	f
p	t	p	p
f	t	t	t

第二行的含义是:如果前件 A 是悖论性的,那么该蕴涵式就是单真的或悖论性的。如果再结合演绎定理以及关于有效性的定义,就可以清楚地说明司各脱法则在何种条件下失效了。

在"非平庸性"方面,亚相容方案在效果上能够满足"恰当相符"的要求。这个功劳当然应该记在"语形"头上。正是它对某些经典法则的限制,防止了矛盾有害性的扩散,恰如系统外的我们并没有完全地思维混乱。但是,我们仍然需要审慎地看待它得以"成功"的语义背景。恰恰是在语义上,亚相容方案与系统外原型的实际状态相去甚远。

我们固然是非平庸的,我们的信念体系固然有矛盾存在,但我们并不固然相信矛盾就是"真"的。有的人可能有意无意地相信了 A 和 $\neg A$,但他是非平庸的;有的人绝不同时相信 A 和 $\neg A$(在主观上排斥矛盾,即便意识到在信念系统中可能隐性地含有矛盾),他也是非平庸的。这样看来,"允许矛盾为真"与非平庸并无必然的因果关系,也并不是实现

第五章 特设性考察：矛盾不必为真

非平庸的必要手段。再进一步，是否应该通过直接排斥经典的矛盾律、司各脱法则来阻止平庸，这可能也就成问题了。

亚相容方案的语义与"相符性"要求的背离，不仅在于它对待矛盾的态度，而且在其他方面也有直接的表现。塔尔斯基针对说谎者悖论提出的语言层次方案之所以受到批评，是因为它与自然语言的语义封闭性特征不符。普利斯特认为这正是经典方案具有特设性的一个典型。按照他的设想，亚相容方案在系统内的语义上就应该与这种系统外的语义封闭性保持一致。然而，这个设想看起来是难以实现的，至少在他的悖论逻辑中是如此。

普利斯特认为，达·科斯塔在他的 C_n（$1 \leq n \leq \omega$）系统中允许 $A \wedge \neg A$ 为真，这实际上已经严肃地采取了"真矛盾"论的立场，但他所定义的"否定"并不是"真正的"否定，因为

> 从传统上讲，如果 $A \vee B$ 是一个逻辑真理，则 A 和 B 为下反对命题对。如果 $A \vee B$ 是一个逻辑真理，并且 $A \wedge B$ 是一个逻辑虚假，则 A 和 B 之间为矛盾关系。因此，正是第二个条件将矛盾命题对与下反对命题对区别开来。现在，在达·科斯塔的方案中，$A \vee \neg A$ 是一个逻辑真理。但是，$A \wedge \neg A$ 并不是一个逻辑虚假。因而，A 和 $\neg A$ 是下反对命题对，而非矛盾命题对。由此，达·科斯塔的否定不是否定，因为否定是矛盾关系形成算子，而非下反对关系形成算子。[①]

普利斯特的这段论述有三层含义：

其一，只有矛盾关系形成算子才是否定；

其二，若 $A \vee \neg A$ 永真，而 $A \wedge \neg A$ 不永假，则 A 和 $\neg A$ 具有下反对关系；

其三，如果 $A \vee \neg A$ 永真，且 $A \wedge \neg A$ 永假，则 A 和 $\neg A$ 具有矛盾关系。

---

① G. Priest and R. Routley, "Systems of Paraconsistent Logic," in G. Priest, R. Routley and J. Norman, eds., *Paraconsistent Logic: Essays on the Inconsistent* (München: Philosophia Verlag, 1989), p.165.

在第一层含义上，普利斯特认为他和斯莱特尔（H. Slater）的观点[①]是一致的，即关于否定的理论就是关于矛盾关系的理论。[②] 并且，从表面上来看，普利斯特和斯莱特尔对"矛盾关系"的理解也没有差别。普利斯特说：

> 那么，如果 α 是任何陈述，令 ¬α 表达它的矛盾陈述……它们之间具有什么关系呢？传统逻辑和常识在如下这最重要的一点上是非常清楚的：我们必须至少接受该陈述对中之一，但不能都接受。[③]

关于第二层含义，普利斯特举例说：如果我们有两个下反对关系陈述，例如"苏格拉底的身高小于 2m"和"苏格拉底的身高大于 1m"，则（苏格拉底的身高小于 2m ∨ 苏格拉底的身高大于 1m）就必然为真，但（苏格拉底的身高小于 2m ∧ 苏格拉底的身高大于 1m）并不必然为假。他还认为，在逻辑后承关系上，"¬"作为下反对关系形成算子必定会使得以下这些规则失效：[④]

$$¬A \vDash ¬(A \wedge B)$$
$$¬(A \vee B) \vDash ¬A$$
$$A \vDash ¬¬A$$
$$¬A \wedge ¬B \vDash ¬(A \vee B)$$
$$¬(A \vee B) \vDash ¬A \wedge ¬B$$

而我们已经知道，它们在达·科斯塔的系统中的确都是无效的。

在第三层含义上，普利斯特认为，"$A \vee ¬A$ 永真"即"$A \vee ¬A$ 必然为真"，排中律普遍有效；"$A \wedge ¬A$ 永假"即"$A \wedge ¬A$ 不可能为真"，

---

① 见第六章第一节。
② 参见 G. Priest, *Doubt Truth to be a Liar* (Oxford: Clarendon Press, 2006), p. 77。
③ G. Priest, *Doubt Truth to be a Liar* (Oxford: Clarendon Press, 2006), p. 78。
④ 参见 G. Priest and R. Routley, "Systems of Paraconsistent Logic," in G. Priest, R. Routley and J. Norman, eds., *Paraconsistent Logic: Essays on the Inconsistent* (München: Philosophia Verlag, 1989), p. 165。

矛盾律普遍有效。因此，在他看来，一个正确的否定理论必须使排中律和矛盾律都成为逻辑真理，借用模态逻辑的语言来表达，即：

$$\Box (A \vee \neg A)$$
$$\Box \neg (A \wedge \neg A) \text{（即，} \neg \Diamond (A \wedge \neg A)\text{）}$$

换言之，如果一个否定算子¬使得排中律和矛盾律都是逻辑真理，那么该否定就是矛盾关系形成算子。在达·科斯塔的 C_n（$1 \leq n \leq \omega$）系统中，矛盾律失效的原因是比较明显的：有形如 $A \wedge \neg A$ 的陈述为"真"。而按照普利斯特的看法，$A \wedge \neg A$ 的"真"并不足以排除 $\neg (A \wedge \neg A)$ 的（永）真。因此，他说：

> 在我看来，对否定观最令人满意的理解，乃视之为一种关于矛盾陈述间关系的理论。注意，这并不意味着亚相容否定观被排除了。即便假设把矛盾陈述刻画为这样一对公式：即必须至少一真并且至多只能一真——直觉主义者必不赞同——也很可能有亚相容逻辑使得 $\Box (\alpha \vee \neg \alpha)$ 和 $\neg \Diamond (\alpha \wedge \neg \alpha)$ 都有效……[1]

从这种观点来看，达·科斯塔把 $\neg (A \wedge \neg A)$ 的失效作为一个否定算子之成为亚相容否定的充分条件，显然过强了。普利斯特则认为，一个关于否定（作为外延联结词）的正确的理论，必须满足传统的关于矛盾律的观念：

> 矛盾律……在传统上已被看作否定的一个核心属性。这不仅对于传统和经典逻辑学家来说是正确的，如亚里士多德和罗素，而且对于那些相信真矛盾的人来说也是正确的，如黑格尔。因而，侵犯矛盾律的否定观从一开始就表明这种观点是错误的。[2]

---

[1] G. Priest, "Paraconsistent Logic," in Dov M. Gabbay and F. Guenthner, eds., *Handbook of Philosophical Logic*, Vol. 6 (2nd) (Dordrecht: Kluwer Academic Publishers, 2002), p. 379.

[2] G. Priest and R. Routley, "Systems of Paraconsistent Logic," in G. Priest, R. Routley and J. Norman, eds., *Paraconsistent Logic: Essays on the Inconsistent* (München: Philosophia Verlag, 1989), pp. 164–165.

正因如此,对于亚相容否定在系统内的语义定义,普利斯特主张采取一种有别于 C_n($1 \leq n \leq \omega$)系统的要求:在允许矛盾为"真"的同时,保持"否定"的"真值函项"性质,使得矛盾律也成为逻辑真理。所以,他的 LP 系统保留了经典逻辑的所有逻辑真理。例如,以下真值表显示了"排中律"和"矛盾律"的逻辑特性:

A	$\neg A$	$A \wedge \neg A$	$\neg(A \wedge \neg A)$	$A \vee \neg A$
t	f	f	t	t
p	p	p	p	p
f	t	f	t	t

不论赋予 A 什么值,$\neg(A \wedge \neg A)$ 和 $A \vee \neg A$ 都有值 t 或 p,由于 t 或 p 都被规定为特征值,因而 $\neg(A \wedge \neg A)$ 和 $A \vee \neg A$ 都是逻辑真理。

不难检验,"双重否定律"($A \leftrightarrow \neg\neg A$)和"德摩根律"($\neg(A \wedge B) \leftrightarrow (\neg A \vee \neg B)$、$\neg(A \vee B) \leftrightarrow (\neg A \wedge \neg B)$)的真也都在 LP 系统中得到了保持。普利斯特进一步认为,以矛盾律和排中律为基础,它们便成了关于否定的标准规律。此外,在逻辑后承关系上,前述失效的 5 个规则在 LP 系统中也都是有效的。于是,在普利斯特看来,LP 系统所定义的"否定"并不是下反对关系形成算子,而是矛盾关系形成算子,因而是"真正的"否定。

普利斯特的确为"否定"做出了一个一般性的规定。他将 $\neg(A \wedge \neg A)$ 和 $A \vee \neg A$ 是否永真作为判定"否定"是否是矛盾关系形成算子的标准,这不仅适用于经典二值逻辑关于否定的理论,也适用于他构建的 LP 系统本身。然而,这一做法亦将带来有违普利斯特初衷的结果:LP 允许矛盾为"真",因而不得不放弃语义封闭性诉求。

如果要保持语义上的封闭性,就要求其语言有足够的表达能力,能够充分地表达"逻辑真理"的全部内涵。但实际上,普利斯特对"否定"算子的规定表明,他恰恰是通过限制 LP 系统的表达能力来为"语义封闭"服务的。该规定使得"逻辑真理"的丰富内容并未得到完整的刻画。依据普利斯特对矛盾关系形成算子的界定,在保持 LP 系统对"合取""析取"的定义不变的情况下,我们可以定义出另外两个"否定"算子,它们都满足"使得 $A \vee \neg A$ 和 $\neg(A \wedge \neg A)$ 都是逻辑真理"这个条件。以下两个真值表分别体现了这一点:

A	$\neg^1 A$	$A \wedge \neg^1 A$	$\neg^1(A \wedge \neg^1 A)$	$A \vee \neg^1 A$
t	**f**	f	**t**	**t**
p	**f**	f	**t**	**p**
f	**t**	f	**t**	**t**

A	$\neg^2 A$	$A \wedge \neg^2 A$	$\neg^2(A \wedge \neg^2 A)$	$A \vee \neg^2 A$
t	**f**	f	**t**	**t**
p	**f**	f	**t**	**p**
f	**p**	f	**t**	**p**

由此可见,$A \vee \neg A$ 和 $\neg(A \wedge \neg A)$ 作为逻辑真理,其内涵的完整表达实际上需要三个否定算子的结合,LP 系统单纯依靠原初的"¬"并不能够实现语义上的封闭性。因此,为了实现这个目标,就必须增强 LP 语言的表达能力。

一种可能的办法是:在原来的 LP 系统基础上增加否定算子"¬¹"(读作"并非¹")和"¬²"(读作"并非²"),但不把它们与"¬"结合,而是作为与"¬"并列的联结词。可是,一旦如此,我们便立即能在其中构造出新的悖论。例如,不难找到说谎者语句

L:L 并非¹真。

经过推导可以得到如下矛盾等价式:

L 为真,当且仅当,L 并非¹真。

这一悖论的存在对于 LP 系统来说可能是致命的,因为它并非如原本宣称的那样可以直接予以接受:它本质地含有新增的否定词"并非¹",而在关于"并非¹"的真值定义中,矛盾是逻辑虚假,并不能被所谓的"真

矛盾"涵盖。

西蒙斯（K. Simmons）在《普遍性与说谎者》一书中也表达了对普利斯特类似的批评。根据 LP 系统的语义，由于说谎者语句 L 是既真又假的（悖论性的），因而"L 是真的"和"L 是假的"也都是悖论性的。于是，"'L 是真的'并且'L 是假的'"（"L 是悖论性的"）也是悖论性的。因此，西蒙斯指出：

> 这就意味着还要承认 L 不是悖论性的，即"L 是悖论性的"陈述总是伴随"L 不是悖论性的"陈述。在表述其理论时，普利斯特肯定的是前者。但究竟为什么只授予前者这样的特权呢？我们也完全可以肯定后者——它同样是普利斯特之说明的一部分。……但如果我们这样做，我们就无法成功地运作普利斯特的理论。[①]

换言之，LP 系统并没有表达出"非悖论性"这一语义概念的完整含义。

不仅如此，"逻辑虚假"这一语义学词项在 LP 系统中根本无法得到表达，因为其赋值规则使得该系统中不存在"永假式"。假设 LP 中有公式 A 为永假式，即对于所有赋值 v，$v(A) = f$，于是有 $v(\neg A) = t$，进而可以得到 $v(A \wedge \neg A) = f$，即矛盾永假，这显然与该逻辑中"矛盾可以为真"的规定不符。可见，普利斯特所给出的悖论逻辑仍然采取了限制语言的表达能力的手段。

普利斯特可能会辩称：既然 LP 中没有永假式，"逻辑虚假"就不是关于 LP 的语义学词项，它本身就不在 LP 语言的对象语言之中。但如果这样，我们实际上得到这样一个结果：在允许矛盾为真的情况下，该系统的所有合式公式都可以为真。可以推测，与 LP 系统中 $A \wedge \neg A$ 的真值条件类似，所有在经典逻辑中永假的公式在 LP 中都至少是可满足的，它们的真，都是并且只能是"允许矛盾为真"的直接结果。而这恰恰表达了司各脱法则（语义上）的直观含义：如果矛盾"可接受"，那么一切都"可接受"。

值得注意的是，在语义封闭性追求上的失败，是普利斯特 LP 系统的

[①] 转引自张建军《逻辑悖论研究引论》（修订本），人民出版社，2014，第 281 页。

宿命。不难看出，只要亚相容解悖方案以允许"真矛盾"的方式来避免平庸，就不得不面对这样的困难。

　　综上所述，在与系统外亚相容原型的相符问题上，亚相容解悖方案在语形和语义上的表现并不平衡。由于司各脱法则或爆炸原理不再成立，$A \wedge \neg A$ 的出现将不再把我们的理论或信念体系置于"平庸"的风险中，在语形上实现了对系统外亚相容性的刻画。但是，亚相容方案在语义上却没有能够与之相称。与含有矛盾的理论或信念体系相对照，在系统内"允许矛盾为真"不仅显得过于特设，而且存在偏离系统外原型的语义特征的危险。事实上，"允许矛盾为真"不仅没有必要，而且在系统内根本无法实现。

第六章　特设性考察：矛盾无法为真

关于是否存在为"真"的矛盾，哲学界、逻辑学界一直存在争议。亚相容解悖方案诞生以后，这一问题更加引人关注。然而，亚相容逻辑学家内部对这个问题也没有达成共识。比尔曾把亚相容论者分为以下三种：

（1）弱亚相容论者：拒绝承认存在矛盾在其中为真的"现实可能性"（real possibilities），认为亚相容模型仅仅是一种有用的数学工具，最终并不代表"现实可能性"。

（2）强亚相容论者：承认存在矛盾在其中为真的"现实可能性"，并且认为不止一个这样的可能性；但认为没有矛盾会"事实上"（in fact）为真。

（3）"真矛盾"论的亚相容论者：认为矛盾能够事实上为真，因为在作为一种可能世界的现实世界中有矛盾为真。[1]

按照比尔的划分，达·科斯塔属于弱亚相容论者，雅斯科夫斯基、雷歇尔和布兰登应当属于强亚相容论者，普利斯特则显然是"真矛盾"论的亚相容论者。达·科斯塔建立亚相容逻辑的主要动机，是对不相容但非平庸的形式系统进行准确的逻辑刻画。关于亚相容逻辑的合理性，他坚持实用主义的立场，至于是否存在现实的"真矛盾"，他一直抱有不可知的态度。他说：

……正如与亚相容集合论相关的研究暗示的那样（例如，对罗素集合、罗素关系的一个研究），在某种意义上，有一个"真"矛

---

[1] 参见 Jc Beall, "Introduction: At the Intersection of Truth and Falsity," in G. Priest and B. Armour-Garb, eds., *The Law of Non-Contradiction: New Philosophy Essays* (Oxford: Clarendon Press, 2004), p.6。

盾"存在"的可能。然而，对于那些宣称现实事实上是矛盾的人，这些概念，即存在和现实，在此语境下当然有着与他们的使用相当不同的含义（也不依赖于任何柏拉图型世界的假定！）——无论如何不会危害到我们的不可知论。①

可以看出，达·科斯塔对"真矛盾"的态度是非常谨慎的。在他的观念中，亚相容逻辑的意义主要在于其工具性，而不是在哲学上。

雷歇尔和布兰登之所以属于强亚相容论者，是因为他们认为"非标准世界"，尤其"不相容世界"，是实际存在的。虽然它们作为人的头脑中的世界与实在世界有明显的差异，但它们的存在性不容否认。包含矛盾信念而没有导致平庸的思想状态，正是他们所要刻画的。在他们看来，对不相容（矛盾）的容忍也有程度差别，可以有四个依次增强的等级：

（1）弱不相容。接受以下情况：对于某个真正的可能世界 w，对于某个命题 P，有 $t_w(P)$ 且 $t_w(\sim P)$。

（2）强不相容。接受以下情况：对于某个真正的可能世界 w，对于某个命题 P，有 $t_w(P \& \sim P)$。

（3）超不相容。接受以下情况：对于某个真正的可能世界 w，对于所有命题 P，有 $t_w(P \& \sim P)$。

（4）逻辑混乱。接受以下情况：对于某个真正的可能世界 w，对于所有命题 P，有 $t_w(P)$（相应地有：对于某个命题 P，$t_w(P)$ 且 $t_w(\sim P)$）。②

而雷歇尔和布兰登所能接受的不相容状态仅限于第一种。这就是说，虽然他们允许思想中的矛盾为真，但并不主张接受所有形式的矛盾。而普利斯特关于"真矛盾"的信念最为坚定。他不仅承认我们的信念系统

---

① N. C. A. da Costa and O. Bueno, "Consistency, Paraconsistency and Truth (Logic, the Whole Logic and Nothing but 'the' Logic)," *Ideasy Valores* 4 (1996), p. 58.

② 参见 N. Rescher and R. Branddom, *The Logic of Inconsistency* (Oxford: Blackwell Press, 1980), p. 24。

中存在矛盾，而且坚持实在世界本身也含有矛盾。

严格来讲，亚相容性指谓的是理论或思维的某种性质，而"真矛盾"论则是一种哲学观念。若坚持亚相容论，不必在哲学上承诺"真矛盾"的存在；但若坚持"真矛盾"论，就必然要接受逻辑的亚相容性，唯有如此，才不致变得平庸。但是，亚相容逻辑学家不论是否接受"真矛盾"论，在技术上大多以某种形式承认了"矛盾为真"。即使是像达·科斯塔那样的弱亚相容论者，也往往在系统的语义上向矛盾的"真"做出了妥协。可是，就"非特设"要求来看，这样的做法并非无懈可击，尤其是所谓"矛盾为真"，在系统内根本无法得到真正实现。

第一节 "真矛盾"在系统内无法定义

一个亚相容逻辑系统要实现对"真矛盾"的刻画，首先应当以某种方式对矛盾做出恰当的定义。格瑞姆（P. Grim）曾考察了学界对"矛盾"的各种定义，并把它们概括为四种类型（与之对应，我们也可以得到"矛盾律"的四类定义）：

（1）语形型"矛盾"定义：诉诸纯粹的语言形式，并依赖对"否定"词的使用。例如，哈克将矛盾定义为形如"$A \wedge \neg A$"的公式，以及形如"A 且非 A"的陈述。

（2）语义型"矛盾"定义：直接诉诸语义概念"真"、"假"以及"可能性"。例如，普赖尔把矛盾定义为这样的陈述对：它们既不能同真，又不能同假。

（3）语用型"矛盾"定义：诉诸"断定""否认"的行动。例如，布鲁迪（B. Brody）：矛盾是既断定一命题，又断定对它的否认。

（4）本体论型"矛盾"定义：矛盾被视为一种事态，而非命题（陈述）或命题（陈述）对。如 R. 卢特雷和 V. 卢特雷：一个情境是矛盾情境，如果对于其中的某个 B，B 和并非 B 都成立。[①]

[①] 参见 P. Grim, "What is a Contradiction?" in G. Priest and B. Armour-Garb, eds., *The Law of Non-Contradiction*: *New Philosophical Essays*（Oxford：Clarendon Press, 2004）, pp. 51-55。

第六章 特设性考察：矛盾无法为真

格瑞姆认为，如果只依据语形特征来定义"矛盾"，则矛盾为真似乎是不可避免的——它可以被赋值为"真"，也可以被赋值为"假"。因而，矛盾律（即形如"¬($A \land \neg A$)"的公式或形如"并非（A且非A）"的陈述）在与"真矛盾"论的较量中便失去了优势。但是，这样的论断显然需要这样一个前提："矛盾"概念和语义不必然相关，它可以仅仅通过语形而获得恰当的定义。然而，"矛盾"概念根植于语义，纯语形的"矛盾"定义是不充分的。本节的讨论就从矛盾的纯语形定义说起。

一 纯语形定义的不足

按照通常的理解，一个矛盾就是一个命题与其否定的合取。这种定义常常被亚相容逻辑学家直接使用。例如，普利斯特说："……矛盾是任何形如 α 且 $\neg \alpha$ 的东西。"[①] "'一个矛盾'意即一个形如 A，$\sim A$ 的陈述对。"[②] 比尔则明确指出，这种"矛盾"概念仅含有语形上的要求："……矛盾的全部要求，至少在（正如这里指明的）形式用法上，是具有形式 $A \land \neg A$。尤其，不需进一步要求 $A \lor \neg A$ 逻辑地真，或 $\neg (A \land \neg A)$ 逻辑地真。"[③] 依据这种定义，无须借助任何语义规则便可把 $A \land \neg A$ 认定为一个矛盾。在一些亚相容逻辑系统中，否定词"¬"并不具有真值函数功能，而被单纯处理为命题联结词。例如，在达·科斯塔的 C_n（$1 \leq n \leq \omega$）系统中，$\neg A$ 只是在语形上被用来表达 A 的否定，其真值则相对独立，并不完全由 A 的真值递归地决定：若 A 为假，则 $\neg A$ 为真；若 A 为真，$\neg A$ 的值则可能为真也可能为假，并不确定。

这就进一步使得亚相容逻辑学家有理由将"$A \land \neg A$"的矛盾身份与语义规则割离开来。按照比尔的看法，没有了真值函数性，就没有什么先验的理由来禁止 A 和 $\neg A$ 同真，也就没有什么先验的理由认为

---

① G. Priest, "Truth and Contradiction," *The Philosophical Quarterly* 200 (2000): 305.

② G. Priest and R. Routley, "An Outline of the History of (Logical) Dialectic," in G. Priest, R. Routley and J. Norman, eds., *Paraconsistent Logic: Essays on the Inconsistent* (München: Philosophia Verlag, 1989), p. 76.

③ Jc Beall, "Introduction: At the Intersection of Truth and Falsity," in G. Priest and B. Armour-Garb, eds., *The Law of Non-Contradiction: New Philosophy Essays* (Oxford: Clarendon Press, 2004), p. 5.

"矛盾不能为真"了。但是，用纯语形的方式来定义"矛盾"是不恰当的。

1. "矛盾"的纯语形型定义既不充分也无必要。

首先，用纯语形的方式定义"矛盾"并不充分。

在逻辑系统中，符号"∧"和"¬"本身并不表达（除了其自身以外的）任何内容，其功能仅在于联结命题符号。我们不能仅仅因为对符号"∧"和"¬"的使用便确定我们所谈论的就是"矛盾"。实际上，$A \land \neg A$ 能够被称为"矛盾"，要以我们对"∧"和"¬"的解释为基础。但是，对它们的解释可以是任意的，由此便可能带来不同的结果。例如，我们可以交换∧和∨的真值条件，使得 $A \land \neg A$ 成为逻辑真理，而 $A \lor \neg A$ 成为逻辑谬误。这样，如果某人接受某个"矛盾"（$A \land \neg A$），就接受了一个逻辑真理，并且，接受了所有"矛盾"。这表明，对于 $A \land \neg A$，我们可以给出不同的甚至截然对立的解释：可以解释为逻辑虚假（如经典二值逻辑），也可以解释为可满足式（如普利斯特的 LP 系统、达·科斯塔的 C_n（$1 \leq n \leq \omega$）系统）或逻辑真理。

既然如此，在不同的解释之间进行转换便意味着"矛盾"的含义也可能随之改变，我们谈论的对象将处于不断的变换中。这正如蒯因（W. V. Quine）对异常逻辑一针见血的批评："……把'$p \cdot \sim p$'形式的某些合取看成真的，同时不再把这样的语句看成蕴涵所有其他语句的时候，该记号无疑不再能被认为是否定。很清楚，异常逻辑学者在这里陷入困境：在他试图否定该学说时，他只是改变了主题。"①

纯语形型定义将"$A \land \neg A$"这一表达式作为"矛盾"概念的充分定义，从中剥去语义等内容，这就使得赋值规则变成与"矛盾"无关的因素，成了一种附加的东西。从表面来看，这使矛盾为"真"成为可能，并构成了对矛盾律的挑战。然而，这实际上已经改变了谈论的对象。事实上，这不仅是普利斯特等"真矛盾"论者的理论困境，也是所有将"矛盾"概念与语义割离的亚相容逻辑不得不面对的困难。

其次，用纯语形的方式定义"矛盾"并无必要。

---

① 〔美〕W. 蒯因：《逻辑哲学》（第 2 版），宋文淦译，载涂纪亮、陈波主编《蒯因著作集》（第 3 卷），2007，第 456 页。

第六章 特设性考察：矛盾无法为真

在我们的日常思维中，矛盾并不总是被表达为"$A \land \neg A$"这样的形式。例如，我们可以合乎直观地认为"亚里士多德是人并且亚里士多德是神"自相矛盾，但它并不具有上述形式。

不仅如此，那些所谓的"真矛盾"也并不都符合这种定义。例如，在物理学史上，光的"粒子说"与光的"波动说"在经典物理学中被认为是两个长期对立、相互排斥的理论，但在量子力学中，二者却能同时成立，得到统一。在一些亚相容论者看来，量子力学恰好为"真矛盾"的存在提供了支持，因为它容忍了经典物理学所无法容忍的命题："光是波性的并且光是粒子性的。"但是，用命题语言来刻画，该命题的表达式是"$A \land B$"而非"$A \land \neg A$"。① 具有"$A \land \neg A$"形式的是另一个自相矛盾的命题："光是波性的并且并非光是波性的。"亚相容论者可能会辩解：由"光是粒子性的"（B）可以推出"并非光是波性的"（$\neg A$），从而满足"矛盾"定义中的形式要求。可是，这就等于做出了如下断定：如果光是粒子性的，那么光就不是波性的，"光是粒子性的"（A）和"光是波性的"（B）不能同时被接受。这恰恰是经典物理学的态度。换言之，只有在经典物理学的框架之内，"波性"和"粒子性"才被视为两个互不相容的属性，"光是波性的并且光是粒子性的"才能被看作货真价实的矛盾，并经适当转换之后可用"$A \land \neg A$"来刻画。而一旦进入量子力学的语境，"光是波性的并且光是粒子性的"这一为真的"矛盾"就不再能够转化为"$A \land \neg A$"这种形式。

对变化着的状态的描述也存在类似的情况。假设我准备走进一个屋子，当我刚好一条腿跨过房门中线而另一条腿尚未跨过的时候，会有这样一个命题："我在屋内并且我在屋外。"该命题被普利斯特等人视为"真矛盾"的例证。② 然而，按照我们对上一个例子的分析，该命题的形式显然并不能刻画为"$A \land \neg A$"。如果仍然采用上述辩解，认为从"我在屋外"可以推出"并非我在屋内"，这就等于断定："如

---

① 在谓词逻辑中，这两个命题的形式可分别表达为 $B(x)$ 和 $L(x)$，而相应的矛盾的形式表达则是 $B(x) \land \neg B(x)$ 和 $L(x) \land \neg L(x)$，这两种表达显然并不等同。
② 参见 G. Priest and B. Francesco, "Dialetheism," in E. N. Zalta, ed., *The Stanford Encyclopedia of Philosophy* (Fall 2018 Edition), URL = <https://plato.stanford.edu/archives/fall2018/entries/dialetheism/>。

果我在屋内，那么我就不在屋外"，"我在屋内"和"我在屋外"不能同时为真。显然，这与例子中描述的情形不符。可见，"我在屋内并且我在屋外"这类所谓的"真矛盾"，其形式只能是"$A \wedge B$"而非"$A \wedge \neg A$"。

由此可见，要完整地把握"矛盾"概念，仅仅借助语形手段来定义"矛盾"是远远不够的。不论是否持有"真矛盾"论，亚相容逻辑要让其所刻画的"矛盾"与通常所说的"矛盾"在外延上保持同一，就必须超越纯语形型定义的局限，赋予"矛盾"更加丰富的内涵。

2. *辩证论题不能直接刻画为"$A \wedge \neg A$"。*

被当作"真矛盾"的命题还包括我们日常思维中的某些"辩证论题"（dialectical thesis）。① 例如，"生命在同一瞬间既是自身又是别的东西"，"运动既是间断的又是连续的"，"帝国主义既是真老虎又是纸老虎"，等等。然而，用纯语形的"$A \wedge \neg A$"来刻画辩证论题也是不恰当的。

例如马克思《资本论》中著名的命题："资本不能从流通中产生，又不能不从流通中产生。它必须既在流通中又不在流通中产生。"② 若单纯从语形来看，"资本既在流通中产生又不在流通中产生"恰好具有"$A \wedge \neg A$"的形式。在"矛盾"的纯语形型定义之下，它被视为一个逻辑矛盾。但是，只要我们回到它在《资本论》中的语境便会发现，它并不是逻辑意义上的矛盾。"资本不在流通中产生"是就资本的本质而言的，资本的真正来源是生产过程中雇佣工人的劳动；"资本在流通中产生"是就资本产生的条件而言的，资本只有在流通中通过交换才能实现。既然该论题不是真正的逻辑矛盾，当然就没有理由使用"$A \wedge \neg A$"这样的形式来刻画。

这似乎表明，只要我们能小心地正确区分"辩证论题"与"矛盾"，使"$A \wedge \neg A$"成为"矛盾"的专用表达形式，就能够消除"辩证论题"对语形型"矛盾"定义的威胁。然而，情况并非如此。我们的分析已经表明，对该命题"不是矛盾"这一事实的说明恰恰超出了"矛盾"的语

---

① 国内学者也把它称作"辩证矛盾"。
② 《马克思恩格斯全集》第23卷，人民出版社，1972，第188页。

形表达本身。我们是依据它在特定语境中的含义将其确认为"辩证论题"而非"矛盾",其语形表达本身并不涉及语境因素。反过来,要将一个命题判定为"矛盾",也必须依据其语形之外的某些内容而非其语形本身。

实际上,许多亚相容论者似乎无意进行上述区分。相反,他们认为,辩证法恰好为亚相容方案提供了哲学和历史基础。在他们看来,"辩证论题"与"真矛盾"(至少在语形表达上)并无区别。然而,以上我们所做的分析表明,他们如果坚持采用纯语形的"$A \land \neg A$"来定义"矛盾",就显然过于宽泛了,同样存在"改变论题"的问题,因为二者在内涵上的确有着根本区别。

张建军长期关注辩证逻辑的研究,他关于"辩证矛盾"和"逻辑矛盾"关系的探讨包含一些深刻的见解。语形型"矛盾"定义本质地使用了"否定"联结词。但实际上,亚相容逻辑中的否定只是对经典否定的一种弱化,并不能作为对所谓的"辩证否定"的形式刻画。这正如张建军所指出的:"第一,这种经改造的否定词所能包容的矛盾依然是逻辑矛盾,而不是……辩证矛盾;第二,这种改造只是对否定词的单方面改造。……而辩证否定所说的肯定和否定两个方面,是相反相成、不可分割的,它要求始终在肯定和否定的结合上考察问题。"[①] 他在讨论"自否定"这一辩证法的根本原则时进一步论述道:

> 在我看来,理解和把握形式逻辑意义上的"肯定与否定"与辩证意义上的"肯定与否定"的不同,是我们正确区分两种矛盾的关键所在。……逻辑矛盾中的"肯定"和"否定"是指属性的"有"与"无",而辩证矛盾的"肯定"和"否定"是指一个东西"共有"的两种相反属性。这与自否定原则并无任何逻辑冲突。相反,如果把两种矛盾混为一谈,认为"一个东西"既有肯定性属性又没有肯定性属性,或既有否定性属性又没有否定性属性,那么自否定怎能得到合理的说明呢?[②]

[①] 张建军:《科学的难题——悖论》,浙江科学技术出版社,1990,第270页。
[②] 张建军:《逻辑悖论研究引论》(修订本),人民出版社,2014,第270页。

由此，我们可以得出两个观点：其一，在形式上，"亚相容否定"与"辩证否定"（如果辩证否定能够形式化的话）有着根本区别；其二，亚相容逻辑所要刻画的"矛盾"与辩证论题也根本不同。换言之，一个命题不能同时既是辩证论题又是逻辑矛盾。

因此，既然辩证论题被当作所谓的"真矛盾"，那么它们就一定不是逻辑矛盾；既然不是逻辑矛盾，就不能构成对矛盾律的威胁。而亚相容逻辑要定义的"矛盾"显然是逻辑矛盾。这样，若一方面用亚相容逻辑作为其"逻辑"基础，一方面又用某些辩证论题作为"矛盾"为"真"的存在性例证，这本身就是对辩证法和形式逻辑的关系的一种误解。

综上所述，一个命题被记为"$A \wedge \neg A$"并不意味着它就是一个矛盾。对"矛盾"概念进行定义，采用所谓纯语形的方式是不恰当的。该方式试图用"矛盾"的形式表述代替"矛盾"本身，而后者本质上含有比前者更加丰富的内容。因此，不能把"矛盾"视为一个与语义绝对割离的纯语形概念，毕竟"逻辑终究是一项为探究语义有效性提供'求真工具'的事业，因而要牢记逻辑的语义学本位"。[1] 如果采用这种纯语形型的"矛盾"定义，对"真矛盾"的刻画必定是不恰当的。

二　语义型定义的缺陷

如前所述，"$A \wedge \neg A$"是不是对"矛盾"的形式表达，取决于我们对其构成部分及它们之间的关系的解释。这就需要以一定的逻辑语义学为基础。从这个角度来看，"矛盾"概念自身所包含的超出了"矛盾表达式"的内容就是它的语义，我们通常理解为"真""假"等语义值。那么，一个合适的"矛盾"定义至少应该包含对所谈命题与其"真""假"值之间的关系的表述。

在有的情况下，一个"矛盾"被理解为一个命题对，它们之间具有某种特定的关系。从经典逻辑来看，这种特定的关系就是传统对当方阵（square of opposition）中的"矛盾关系"。为了避免用语上的循环，我们可以省去语词"矛盾关系"，而代之以"在真、假上都互斥的关系"。普赖尔的定义把这种关系表述为"既不能同真，又不能同假"，其中使用

---

[1] 张建军：《关于 paraconsistent logic 的几个问题》，《逻辑学研究》2018 年第 2 期，第 7 页。

了词语"不能"。可是，在大多数亚相容逻辑系统中，矛盾"能够"为真。这就可能产生一种误导：对于"矛盾"的理解，亚相容逻辑与经典逻辑平分秋色。同时，经典矛盾律强调矛盾"不能"[①] 为真，可能会给人留下与"矛盾"的定义有所重复的印象。和"既不能同真，又不能同假"相比，"在真、假上都互斥"在用语上更少歧义，同时又间接地表达了前者的含义。

基于以上考虑，我们可以把"矛盾"定义如下：

> 对于任何命题 A 和 B，在任何赋值下，如果 A 和 B 在"真""假"上都互斥，那么 A 和 B 就是一个矛盾命题对。

与此相应，矛盾律可以表述为：

> 如果 A 和 B 在"真""假"上都互斥，那么不能同时赋予 A 和 B "真"。

不难发现，依据这样的定义，"允许矛盾为真"实际上根本无法表明矛盾如何为"真"。如果断定有矛盾为"真"，也就是断定了某个命题对 A 和 B 在"真"上并不完全互斥，而是在某个赋值下同真。同时，A 和 B 在"假"上完全互斥还必须被保留，即在所有赋值下都不同假；否则，A 和 B 的真值关系就穷尽了所有可能的情况，其结果是 A 和 B 的"矛盾关系"与其他任意两个彼此独立的命题间的真值关系没有什么区别，因而所有命题对都是矛盾命题对。这样看来，所谓"真矛盾"，就是在"假"上互斥但在"真"上不互斥的命题对，按照普赖尔的用语，也就是"不可能同假但可能同真"的命题对。这表达的恰恰是传统对当方阵中的下反对关系。

在语义上，亚相容逻辑既允许有的矛盾为"真"，又要防止所有矛

[①] "不能"一词既可以在"规律"的意义上使用，也可以在"规范"的意义上使用。它在"矛盾律"定义中的首要用法是第一种。"真矛盾"论者批评矛盾律的"教条性"，很可能是缘于他们对"不能"的理解存在混淆。关于这两种用法更详细的讨论，可参见本章第二节。

盾都为真。但以上分析表明，被允许为"真"的矛盾，实际上就是具有下反对关系的命题对，而无法断定为"真"的矛盾却是经典意义上具有矛盾关系的命题对。这样，无论为"真"的矛盾，还是为"假"的矛盾，都是亚相容逻辑系统所称的"矛盾"。这将带来三个方面的后果。第一，"矛盾"概念的内涵被缩小为仅仅在"假"上互斥的命题对。换言之，对于任何命题 A 和 B，如果在任何赋值下都不同假，那么 A 和 B 就是矛盾命题对。第二，与此同时，"矛盾"概念的外延也被扩大了：不仅包括传统对当方阵中具有矛盾关系的命题对，还包括该方阵中具有下反对关系的命题对。第三，相应地，矛盾律也被改变为不能同假的命题对不能同真。从传统对当方阵来看，这本身就是一个假的断言，能被亚相容逻辑"驳倒"也是顺理成章的事情。这样，亚相容逻辑学家宣称其理论构成了对"矛盾律"的挑战，也就不足为奇了。

可见，亚相容方案无法从经典真值关系说明矛盾如何为"真"。如果强行赋予其"真"值，将不得不改变"矛盾"一词通常的含义及所指的范围，并提出一个假象的靶子当作"矛盾律"加以攻击。然而，实际上，没有谁会认为"有的人是善良的"和"有的人不是善良的"（二者具有下反对关系）是一对矛盾的陈述；也不会有谁认为同时肯定它们便否定了矛盾律。

以上从语义上对"真矛盾"的讨论还没有涉及"否定"概念。我们通常使用的矛盾表达式却包含了否定联结符"¬"。亚相容逻辑学家要说明"真矛盾"如何为"真"，就必须对"否定"给出某种"合适"的解释。显然，并不是对"¬"的所有解释都能成为"真矛盾"的语义基础。例如，普利斯特曾说：

> 现在，的确有些否定观排除了真矛盾论；从而，任何如"经典"逻辑和直觉主义逻辑所提供的使得否定爆炸（即使得对于任意 β，$\alpha \wedge \neg \alpha \vdash \beta$）的观点，都排除了真矛盾论——当然，除非他是个平庸论者。但这种观点绝非强制性的。可以论证，正确的否定观既虑及某些矛盾之真，又兼顾了非平庸。①

---

① G. Priest, *Doubt Truth to be a Liar* (Oxford: Clarendon Press, 2006), p. 75.

按照普利斯特的看法，显然只有亚相容逻辑才能提供这种"正确的"否定观。[①] 从传统观点看，"有的人是会死的"和"没有人会死"是具有矛盾关系的语句，而关于"否定"的理论应当就是关于这种关系的理论。普利斯特认为，他的 LP 系统正好满足这一要求。

可是，LP 系统中的否定观也招致了不少批评。为学界熟知的，包括斯莱特尔在论文《亚相容逻辑?》中提出的质疑。他用 {1，0，-1} 来表达 LP 系统真值表中的真值集 {t，p，f}。依据普利斯特的定义，"A 为真"（即 $v(A) \geq 0$）等值于"A"；"A 为假"（即 $v(A) \leq 0$）等值于"$\neg A$"。但是，如果严格按照这种解释，"A 为真"和"A 为假"之间显然已经不再具有矛盾关系：与 $v(A) \geq 0$ 矛盾的是 $v(A) < 0$ 而非 $v(A) \leq 0$。所以，"A 为真"与"A 为假"之间实际上具有的是下反对关系。因此，LP 系统的否定词"$\neg$"是下反对关系形成算子而非矛盾关系形成算子。如果强行把"下反对关系"说成是"矛盾关系"，就如同强行把"红"称作"蓝"一样，并不能构成对经典逻辑的挑战。于是，斯莱特尔断言，LP 系统中的否定并不是真正的否定。[②]

在斯莱特尔的基础上，杜国平对亚相容方案的这个"秘密"做了更精确的揭示。他在《哲思逻辑——一个形而上学内容的公理体系》一文中，通过引入"亚相容否定"和"直觉主义否定"算子，对经典逻辑进行了扩充，从而构建了一个对当关系逻辑系统。[③] 它既保持了经典逻辑的全部特征（尤其矛盾律、排中律在其中是普遍有效的），又能实现亚相容逻辑和直觉主义逻辑的目标。其具体做法是：以经典命题逻辑为基础，增加一个一元算子"$*$"，并由它定义了两个一元算子"$\triangledown$"和"$\triangle$"：

$$\triangle A =_{\text{def}} * \neg A$$

$$\triangledown A =_{\text{def}} \neg * A$$

[①] 但他也认为，并不是所有的亚相容否定词都表达了这种"正确的"观念。
[②] 参见 B. H. Slater, "Paraconsistent Logics?" *Journal of Philosophical Logic* 4 (1995): 451。
[③] 参见杜国平《哲思逻辑——一个形而上学内容的公理体系》，《东南大学学报》（社会科学版）2007 年第 4 期，第 43~46 页。

并且有如下语义：

$v(\neg A) = 1$，当且仅当，$v(A) = 0$；
如果 $v(*A) = 0$，那么 $v(A) = 0$；
如果 $v(A) = 0$，那么 $v(\triangle A) = 1$；
如果 $v(A) = 1$，那么 $v(\nabla A) = 0$。

杜国平证明，在该系统中，$A \wedge \neg A$ 没有模型并且 $A \vee \neg A$ 是有效式，因而"¬"既符合矛盾律又符合排中律，是矛盾关系形成算子；$A \wedge \nabla A$ 没有模型并且 $A \vee \nabla A$ 不是有效式，因而"∇"符合"矛盾律"但不符合"排中律"，是反对关系形成算子（直觉主义联结符）；$A \wedge \triangle A$ 有模型并且 $A \vee \triangle A$ 是有效式，"$\triangle$"不符合"矛盾律"但符合"排中律"，是下反对关系形成算子（亚相容联结符）。此外，因为 $A \wedge *A$ 有模型，并且 $A \vee *A$ 不是有效式，所以 "*" 既不符合"矛盾律"也不符合"排中律"。由此，他认为哲思逻辑可以作为不相容理论和直觉主义理论的逻辑工具。

从"矛盾"的语义型定义来看，斯莱特尔对普利斯特的批评无疑是准确的，他的确揭示了 LP 系统否定词的"秘密"。这不仅适用于该系统，也适用于一切含有 "A 和 $\neg A$ 可以同真" 这一语义特征的亚相容逻辑系统。因此，斯莱特尔从根本上抓住了普利斯特理论的要害，也动摇了亚相容方案合理性的根基：亚相容逻辑学家宣称 $A, \neg A \vdash B$ 无效，但这不过是表明"并非从具有下反对关系的命题对能推出一切"。因此，与其说亚相容逻辑是关于"矛盾"的逻辑（这是在用语上的一种误导），毋宁说它是关于"下反对命题对"的逻辑。

三 语用视角下的"真矛盾"

以上论证已经表明，对"矛盾"作纯语形型定义并不恰当，而在语义型定义下，矛盾并不能获得"真"值。因而，无论在语形层面还是在语义层面，所谓的"真矛盾"都不可能逻辑地实现。那么，依据"矛盾"的语用型定义，亚相容逻辑系统"允许矛盾为真"是否可能呢？接下来的考察将表明，借助塔尔斯基的 T-模式，我们可以在一定程度上对矛盾之"真"进行合理化解读,但语用型"真矛盾"定义仍会面临诸多困难。

格瑞姆所说的语用型定义将"矛盾"诉诸"断定"(assert)、"否认"(deny)、"相信"(believe)、"不相信"(not believe)、"接受"(accept)、"拒斥"(reject)等心智行动,从而将"矛盾"视为一种心智状态。前述布鲁迪的定义使用了"否定"概念:断定一个命题,同时又断定它的否定。鉴于"否定"在"矛盾"的语义型定义中并未本质地出现,以及不同的系统对"否定"的规定的任意性,当前的考察也可将其省去。

以"断定(否认)"为例,我们可以考虑以下三种表述。

(1)既断定(否认)A又不断定(不否认)A。

此时只涉及一个命题、一个断定行动。从我们的思维的实际情况来看,任何确定的断定(否认)行动都是与其自身同一的。这使矛盾不可能实际地产生,也不可能得到形式的刻画。因为任何形式系统都不可能既有又没有某一个定理,不可能既赋予某一命题某个真值又不赋予它该值。

(2)既断定命题A,又断定命题B,并且A和B具有前述语义上的矛盾关系。

此时涉及两个命题、两个断定行动。其中,"既断定命题A,又断定命题B"表明了断定行动的"同时性"或"语境同一性",它表征的是同一思维过程。如果缺少这个条件,即使A和B在语义上具有矛盾关系,这两个断定行动也不应被看作"矛盾"的思维状态。亚相容弃合方案所处理的实际上就是缺乏"同时性"的所谓"矛盾"情形。例如,在雅斯科夫斯基的"讨论逻辑"中,A和$\neg A$可以分别在世界w_1和世界w_2中为真(被断定),但不能在同一个世界(如w_1)中为真(被断定)。因此,分别断定在语义上具有矛盾关系的A和B并不等于对它们的合取($A \wedge B$)的断定,合取引入规则$A, B \vDash A \wedge B$在其中无效。正因为如此,"讨论逻辑"对"真矛盾"的处理并没能令普利斯特满意。他认为,与达·科斯塔的系统相比,雅斯科夫斯基并没有严肃对待"真矛盾"。[1]

---

[1] 参见 G. Priest and R. Routley, "Systems of Paraconsistent Logic," in G. Priest, R. Routley and J. Norman, eds., *Paraconsistent Logic: Essays on the Inconsistent* (München: Philosophia Verlag, 1989), p. 162。

(3) 既断定 A，又否认 A。

此时涉及一个命题、一个断定和一个否认。按照通常的理解，如果两个命题具有经典意义上的矛盾关系，否认一个命题就等于断定了其否定命题。因此，这种情形可划归为第二种情形。

显然，第一种表述是最强的，也是不可能实现的矛盾，即便普利斯特这样的"真矛盾"论者也不予接受（普利斯特本人也承认这一点）。与此不同，其余两种在人们的日常思维或理论中是可能存在的，并且常常被许多亚相容逻辑学家当作"真矛盾"的现实原型。例如，在他们看来，黑格尔辩证法、早期量子理论、无穷小理论、素朴集合论、素朴语义学等都含有这种断定（矛盾）。

我们知道，"断定"是一个语用学概念，而"真"是一个语义学概念。"真"之载体是命题或语句，其真值并不随主体的断定转移。因此，要准确说明什么是矛盾之"真"，便不能仅仅满足于例证的方式。

一种可能的方法是直接规定所断定的命题为真。然而，正如我们此前的分析，这样做的结果将是：要么承认断定的只是具有下反对关系的命题对，要么承认断定了矛盾，但该矛盾不真。

另一种可能的方法是借助塔尔斯基的 T-模式。T-模式是塔尔斯基为真理定义所提出的"实质适当性"条件。对于任一命题 p，如果用 X 表示 p 的名称，那么，T-模式就可以表达为：

(T) X 是真的，当且仅当，p。

他认为，对于任何真理定义，如果所有的 (T) 型等值式都能由其推导出来，则该定义就是实质上"适当的"，如果把 T-模式运用于某个单独的语句，也就解释了该语句之"真"在于何处。同理，假设矛盾可以为"真"，把 T-模式运用于某个矛盾语句，它也应当能够解释其成"真"的条件。令 S_c 为任一矛盾性语句，$<S_c>$ 为 S_c 的名称，运用 T-模式可得到：

$<S_c>$是真的，当且仅当，S_c。

需要注意，T-模式只是一个语义模式，其中并不直接包含像"断定"这类的语用学词项。如果试图用 T-模式来说明语用型"矛盾"之"真",就必须在 T-模式与"断定"之间建立起某种关联。实际上,塔尔斯基就二者之间的关系曾有过一些暗示。他说:

> 实际上,语义性真理定义没有暗示任何可以作为像下述(1)这类语句能够得以断定的条件的东西:
> (1) 雪是白的。
> 它仅仅意味着:无论什么时候我们断定或者反对这个语句,我们都准备断定或者反对相关的语句(2):
> (2) 语句"雪是白的"是真的。
> 这样,我们可以在不放弃任何我们已有的认识论态度的情况下接受真理的语义性概念;我们可以依然坚持朴素实在论、批判实在论或者唯心论,经验主义或者形而上学——坚持我们以前所坚持的。语义概念对于所有这些争端是完全中立的。①

这段文字是塔尔斯基为了强调 T-模式在真理观上的中立性而写的,其中也暗含了这样一层含义:当把 T-模式应用于某个语句,就意味着该语句被断定了;并且,断定该语句也就断定了它为真。

普利斯特也注意到 T-模式可能具有语义之外的某些特征。他站在"目的论"真理观(teleological account of truth)的立场,认为要刻画"真",除了应用 T-模式,还须考虑语句的实际使用。

> T-模式对真的刻画的不充分性来自这样的事实,即它只能捕获语句间一定的逻辑关系集。然而,语言中的语句是实践的一部分,真关涉到语句在实践中如何被使用,这是某种不能还原为逻辑关系的东西。尤其,自然语言中的陈述句主要是用来断定。像其他人类活动一样,断定有一个目的或指向,断定的目的就是真。亦即断定的目的在于说某事为真。②

---

① 〔美〕A. 塔尔斯基:《语义性真理概念和语义学的基础》,肖阳译,载 A. P. 马蒂尼奇编《语言哲学》,牟博等译,商务印书馆,1998,第 108 页。
② G. Priest, *In Contradiction: A Study of the Transconsistent* (2nd) (New York: Oxford University Press, 2006), p. 61.

普利斯特为了进一步说明他的观点，采用了达米特（M. Dummett）的做法，将"断定"、"言说真"（speaking truth）的关系与"做游戏"、"获胜"（winning）的关系进行对照。做游戏都有一个目的，即获胜。虽然我们知道在桥牌、国际象棋等游戏中的"获胜"分别是什么意思，但仅仅依靠这些并不能使我们明白"获胜"本身是什么。我们所知道的是："获胜"是人们参加游戏想要实现的结果。与此相似，对于每个特定的语句，T-模式可以显示什么是它的真，但只有我们知道"真"就是做断定之人所要言说的，我们才会知道"真"是什么。[①] 由此，按照普利斯特的看法，断定一个矛盾，其目的就在于说该矛盾是"真"的，这样便可以跳过语义赋值，在矛盾的"存在性"和矛盾"为真"之间建立一种联系。然而，实际情况并非如此。

显然，"断定"一词的引入使作为语义概念的"真"获得了明显的语用特征。因此，如果我们为 T-模式增加词项"断定"，便可对它实施一种简单的语用改造。

令"p_{ass}"表示"p 被断定"，"T_{ass}"表示"被断定为真"，"X"仍然表示 p 的名称，于是可以建立以下 T_{ass}-模式：

(T_{ass}) X 是 T_{ass} 的，当且仅当，p_{ass}。

其含义是：一个语句被断定为真，当且仅当它被断定。

按照这种做法，用"相信""接受"等来翻译"断定"，则有以下模式：

(T_{bl}) X 是 T_{bl} 的，当且仅当，p_{bl}；
(T_{acc}) X 是 T_{acc} 的，当且仅当，p_{acc}。

它们的含义分别是：一个语句被相信为真，当且仅当，它被相信；一个语句被接受为真，当且仅当，它被接受。

[①] 参见 G. Priest, *In Contradiction: A Study of the Transconsistent* (2nd) (New York: Oxford University Press, 2006), p.61。

如前所述，塔尔斯基的 T-模式本身是一个语义模式。这里的 T_{ass}-模式、T_{bl}-模式和 T_{acc}-模式都是语用模式，可统称为"T-认知模式"。它们既保留了"真"概念的语义要素，又刻画了其在实际使用中所具有的语用特征。这三个模式也为矛盾性语句提供了成"真"条件：

一个矛盾性语句被断定为真，当且仅当该语句被断定；
一个矛盾性语句被相信为真，当且仅当该语句被相信；
一个矛盾性语句被接受为真，当且仅当，它被接受。

从表面上看，T-认知模式和 T-模式一样，为矛盾之"真"提供了一种"实质适当性"条件。但是，以此来说明"矛盾可以为真"仍会遭遇一些困难。例如，作为语义概念的"真"被替换为"断定为真"，而后者在本质上含有语用因素。这使得矛盾之"真"具有了明显的相对性，即相对于做断定的主体。其结果是矛盾的可接受性被弱化了。另外，这可能导致一种"平庸"的结果，即所有矛盾都可能"相对地为真"，只要有主体断定它。

不仅如此，T-认知模式同 T-模式一样，也只说明了断定矛盾性语句意味着什么，并不能说明什么样的矛盾性语句是可以被"合理地"断定的。"矛盾性语句"在其中本质出现，意味着对该语句之"矛盾性"的确认先于对它的断定、相信或接受。然而，此前的讨论已经表明，矛盾性语句在语义上是不可能为真的。那么，明知该语句是矛盾性的（因而是不真的），却要断定、相信或接受它，无论从哪个角度来看，这都是非常奇怪的事情。要摆脱这一困境，亚相容论者可以进行两种尝试。

第一，把其中的"矛盾性语句"替换为"形如 $A \wedge \neg A$ 的语句"。这样，这些模式本身便不再含有对"矛盾为假"的设定。但是，正如我们前面的论证，对"矛盾"作纯语形型定义是行不通的，未经语义解释的"$A \wedge \neg A$"并不能直接被看作"矛盾"的形式表述。所以，经此改造的三大 T-认知模式必会再次落入纯语形型"矛盾"定义的窠臼，对于所谓"矛盾为真"的语用说明并无实际意义。

第二，对"矛盾性语句"作"隐性"解释：被断定、相信或接受的语句是矛盾性的，但这一点并不被主体所知晓。这样，该语句在语义上的特征实际上被分成了两个层次。层次一：它在事实上为假。所谓"事实上为假"，可以理解为依据某种语义解释（在逻辑上，而不必是在一个对它的已经完成的解释中）为假，与主体当前的认知无关。层次二：它在主体当前的认知下为真。

后一种可能的选择无疑更具有可操作性，也更符合我们实际的认知状况。事实上，在人们的日常思维中，存在大量的"隐性的"矛盾，它们往往并不（已经）直接以"$A \wedge \neg A$"的形式表现出来。这些矛盾性的语句或者已经被主体断定，但其矛盾性尚未被主体把握；或者这些矛盾并未被主体直接断定，而是可以从主体所接受的前提和规则推导出来。它们的"真"在根本上依赖于主体所断定、相信或接受的前提的真和推理规则的保真性。如果将主体理解为一定的认知共同体，所谓的矛盾之"真"正是来源于"背景知识"的"公认正确性"。

此外，如果对"矛盾性语句"作"隐性"解释，恰好可以回应我们关于悖论的"元层次"解析：作为结论的矛盾在语义上不可能为真，但依据前提的真和推理规则的保真性，结论应当为真。同时，这三个T-认知模式的语用学性质也恰能好与悖论的语用学性质相对应。

有的逻辑学家将悖论理解为一种论证，即从看起来为真的前提，通过看起来有效的步骤，得到为假的结论。其中，"为假的结论"就是指经典语义所定义的矛盾，它们的出现依赖于某些"看起来为真"的前提。按照通常的理解，这些前提具有很高的公共可接受性，可归入张建军所说的"公认正确的背景知识"这一语用要素。因此，悖论中的矛盾之"真"正是由这些背景知识的"被（大家）断定为真"所决定的。由此推广，宪法中的矛盾之"真"得自人们对它的"权威性"的认同，模糊谓词表达的矛盾之"真"得自人们对这些谓词的用法的约定，多标准情形中的矛盾之"真"得自人们对这些标准的认可。这些实例无不表明，所谓"真矛盾"，本质上就是一种包含了语形、语义因素的语用现象。因此，只有采用"矛盾"概念的语用型定义，并基于以上我们所作的分析和限定，"矛盾为真"才能相对合理地得到解释。

但请注意，笔者绝无意图表明，给现有的亚相容逻辑系统增加以上语用解释就可以宣称实现了对"真矛盾"的定义。笔者实际想要指出的是，正如悖论是一个语用现象，非平庸性也可以被当作一个语用事实加以考察。

为了刻画系统外原型的非平庸性,并不必然要求在系统内放弃司各脱法则(或爆炸原理),也不必然要求矛盾可以为"真"。相反,在维持经典逻辑语形和语义的基础上,以恰当的方式引入语用要素,或许将是更加合理以及更有成效的做法。笔者在第七章所做的工作,正是这样一种尝试。

第二节 "真矛盾"语义缺乏哲学根基

一 对"理性"的误解

普利斯特是"真矛盾"论的亚相容逻辑学家。按照他的观念,不仅在系统的语义上使矛盾为"真"是可以接受的,而且在我们实际的信念体系和言语行动中,相信或断定某些或某个矛盾为"真"本身就是合乎理性的做法,而"相信某些或某个矛盾"并不意味着"不理性"。因此,在他看来,我们完全可以"理性地"相信某些或某个矛盾。

尽管"强亚相容论"者和"弱亚相容论"者都反对像普利斯特那样主张在现实世界中有矛盾为"真",但是,只要在系统的语义上采用了"允许矛盾为真"的做法,便意味着至少承认了在理论、信念中矛盾的现实原型的可接受性。即便是如达·科斯塔那样,只把亚相容语义模型看作一种有用的数学工具,也会由于对相应的数学理论的肯定,从而对"真矛盾"做出某种让步。在此意义上,普利斯特认为我们可以"理性地"相信矛盾,其观点实际上已经代表了亚相容解悖方案(除了某些相干方案)在认知层面的一般立场。

然而,上述立场实际上是建立在对"理性"的误解之上的。为方便讨论,以下主要针对普利斯特的相关论述,从三个方面展开批判性考察。

1. 关于矛盾信念的多寡

普利斯特认为,"相信某些矛盾"与"相信所有矛盾"有着根本差别。这与亚相容解悖方案的基本观点是一致的。他说:"我想,相信某些矛盾这并没有什么错。例如,我认为,相信说谎者语句既真又假是理性的(理性地可能的——实际上,理性地必需的)。"[①] 显然,在他看来,

---

① G. Priest, "What's So Bad About Contradictions?" in G. Priest and B. Armour-Garb, eds., *The Law of Non-Contradiction: New Philosophy Essays* (Oxford: Clarendon Press, 2004), p. 29.

相信"某些"矛盾并非不理性，而相信"所有"矛盾才是不理性的。这样，由相信了某些矛盾并不能推出相信了一切矛盾，某人"理性地"相信了"某些"矛盾，并不能得出他就是不理性的。正是基于这种理解，普利斯特主张用亚相容逻辑来刻画我们的"理性"思维。

就人们的实际思维状况来看，普利斯特的认识存在一定的合理性。我们的信念系统可能是不相容的，我们可能不自觉地（隐性地）相信了某些矛盾，而我们并不认为自己是不理性的。但是，这并不意味着普利斯特对"理性"的理解已经足够清楚。

首先，根据普利斯特的观点，如果一个人发现自己相信了某个矛盾命题并继续将其当作自己的信念，那么他仍可能是理性的。但是，矛盾事实上不可能为真，由此决定了该主体不应当相信已知的矛盾。① 在明知该命题是矛盾命题的情况下，有意违背矛盾律的要求，这恰好是"不理性"的表现。如果按照普利斯特的理解，一个信念状态是否合乎理性完全取决于个体的主观态度，"理性"的标准将被彻底相对化。这显然与我们通常的观念相违。

其次，在认知层面，司各脱法则实际上表达了一种思维上的要求：不应当接受矛盾（如果矛盾可以接受，那么一切都可接受，并非一切都可接受，所以矛盾不可接受）。在语义上，矛盾的不可接受性是建立在"矛盾永假"的前提下的。在这一点上，矛盾与其他（根据我们的共同信念）为假的陈述（如地球是宇宙的中心）没有实质的差别。与刚才的论述相应，已知为假，接受它们都是不理性的。因此，作为对思维的一种要求，司各脱法则只是强调了矛盾不应当成为我们的信念。

2. 关于正视矛盾与接受矛盾

自指悖论是亚相容逻辑系统典型的现实原型。它们的存在似乎表明，我们可以相当"理性地"拥有不相容信念。为此，普利斯特论述说：

> 真理是一个由 T-模式所形式地刻画的原则：对于每一语句 α，$T\langle\alpha\rangle \leftrightarrow \alpha$（对于某个合适的条件句联结词）……这个观点是不相容的：当一个合适的自指装置被提出来，如以算术的形式，说谎者悖

---

① 后文对"规律"与"规范"的区分将更加有力地支持这一看法。

论便产生了。但该不相容性被隔离了。尤其可以表明的是，通过合适的方法，不相容性不会渗透进纯算术装置。事实上，可以表明，任何有根据的语句（在克里普克的意义上）都是相容的。①

显然，普利斯特所说的"合适的方法"，一种就是以亚相容逻辑为该装置的基础；另一种就是像经典解悖方案那样，采取某种措施消除悖论。但是，普利斯特认为现有的经典方案虽然满足了相容性要求，却在某种程度上有失"理性"：或者具很强的特设性，或者由于涉及超限层级而过于复杂，或者不能避免"报复问题"，等等。在他看来，这恰好表明，简单的不相容理论反而更具有"理性"。

普利斯特的观点是站不住脚的。即使他对现有经典方案的评价是准确的，也丝毫不能说明我们不可能按照经典的思路找到合适的解悖方案，当然也得不出不相容理论更具有"理性"这一结论。笔者认为，普利斯特实际上把"承认存在矛盾"与"接受矛盾"混为一谈了。悖论的存在是不争的事实。可是，其"存在性"显然并不构成它的"可接受性"的充分依据。我们承认矛盾的存在，但这并不意味着我们就应当认为矛盾可以为"真"，更不能表明我们理性地接受了矛盾。

因为矛盾是永假的，经典解悖方案拒斥一个我们确定为假的矛盾性陈述，这恰恰是理性的表现。此外，理性的行动还表现为对确定为真的陈述的接受。接受为假（接受者以为假）的陈述或拒斥为真（拒斥者以为真）的陈述，这正是非理性的表现。如果坚持可以"理性地"接受矛盾，就必须说明被接受的矛盾如何能够为"真"。而此前的考察已经表明，所谓矛盾之"真"，在语形、语义和语用上都是缺乏依据的。

3. 关于"断定"与"否认"

普利斯特认为，人们反对"真矛盾"论的一个重要理由是：如果矛盾是可接受的，那么没有人能否认任何事。② 也就是说，某人对¬α做出

---

① G. Priest, "What's So Bad About Contradictions?" in G. Priest and B. Armour-Garb, eds., *The Law of Non-Contradiction: New Philosophy Essays* (Oxford: Clarendon Press, 2004), p. 33.

② G. Priest, "What's So Bad About Contradictions?" in G. Priest and B. Armour-Garb, eds., *The Law of Non-Contradiction: New Philosophy Essays* (Oxford: Clarendon Press, 2004), p. 23.

断定并不表明他就拒斥了 α，因为他可能同时接受 α 和 ¬ α。针对这一理由，普利斯特说：

> 要讨论这个论证，我们首先须澄清断定和否认。它们是言语行动，就像提问或命令一样。它是哪种言语行动呢？如果我断定某事 α，那么这是一个言语行动，其意图是使听者相信 α，或者，至少相信我相信 α……如果我否认某事 α，那么这是一个言语行动，其意图是使听者拒斥 α（从他们的信念中丢弃它，并且/或者拒绝接受它），或者，至少使听者相信我拒斥它……①

普利斯特认为，上述分析体现了我们对"断定"和"否认"的传统理解。基于这种理解，他批评了弗雷格（G. Frege）提出的等式：

> 否认＝对否定的断定。

在普利斯特看来，"断定"和"否认"是两种非常不同的言语行动。因此，他认为弗雷格对二者的理解存在两个错误。其一，他认为弗雷格没有认识到，断定一个陈述的否定并不必然构成对该陈述的否认。例如，某人断定了说谎者语句的否定，但他可以不否认该语句；相反，他可能恰恰接受了说谎者语句。因此，即使是反对"真矛盾"论的人，也无法否认"任何事情"。于是，普利斯特断言，上述理由在打击"真矛盾"论的同时，也打击了经典逻辑。其二，他认为弗雷格没有认识到，我们可以对某事进行否认而不借助对其否定的断定，例如，通过使用某种语调，或者某个肢体语言（如重击桌面）。

实际上，普利斯特对弗雷格的批评预设了对"否定"的修改。他忽略了这样一个事实：上述等式要成立的话，其中的否定词只能是经典否定词，即矛盾关系形成算子。在此条件下，否认某事一定意味着断定了它的否定，反之亦然。同样，普利斯特的论证要成立的话，其否定词不

---

① G. Priest, "What's So Bad About Contradictions?" in G. Priest and B. Armour-Garb, eds., *The Law of Non-Contradiction: New Philosophy Essays* (Oxford: Clarendon Press, 2004), p. 36.

能是经典的否定词，即不是矛盾关系形成算子。在此条件下，某事和它的"否定"并不互相排斥，断定某事的"否定"的同时，当然也就可以断定（而非否认）它本身。可见，普利斯特对弗雷格的第一项批评事实上已经改变了论题，经典逻辑并不会受到什么打击。

正因如此，普利斯特的第二项批评也是站不住脚的。我们在否认某事的时候，固然不必通过断定其否定来完成，但弗雷格的等式并没有暗示"断定"和"否认"这两个言语行动必须同时发生。它真正试图表明的是，基于经典否定，对某事的否认与对其否定的断定在逻辑上是等价的。在此意义上，对于两个相互矛盾的命题 α 和 ¬α，断定 ¬α 就必定要否认 α；假如我们同时接受 α 和 ¬α，当然就无法由对 ¬α 的断定得出对 α 的否认，因为我们已经接受了 α。

笔者并不打算给出"理性"的精确定义，也无意对"理性"和"不理性"给出一般的划界标准。以上考察只是为了说明，像普利斯特那样试图论证矛盾的"理性可接受性"，从而为"允许矛盾为真"这一语义手段建立哲学基础，只能是一种徒劳。不论从哪个角度来看，所谓"理性地接受矛盾"都是出于对"理性"的误解，"接受矛盾"都是不理性的表现。不仅如此，下文还将表明，"接受矛盾"（以及"允许矛盾为真"）在哲学上缺乏本体论和认识论根据。

二 本体论和认识论上的贫困

张建军在《逻辑行动主义方法论构图》一文中，从认识论、语言论与行动论的角度把"世界"分为三个层面："实在世界"（reality world）、"思想世界"（thought world）和"语言世界"（language world），并用认知主体的言语行动、意识行动和客观行动将它们有机联系起来。[①] 我们所讨论的矛盾律既是认知对象本身的基本规律，又是主体认知行动所应遵循的逻辑法则。因此，对矛盾律的辩护亦可分别从这三个层面展开。

---

① 参见张建军《逻辑行动主义方法论构图》，《学术月刊》2008 年第 8 期，第 53~62 页。张建军强调，"三个世界"的划分只能做认识论、语言论与行动论的理解，而不能做本体论的理解，从本体论上说，"只有一个实在世界"。考虑到"世界"一词在用语上或与可能世界语义学中的"世界"冲突，为避免混淆，张建军后来建议把它们分别改为"实在域"、"思想域"和"语言域"。

在讨论之前，我们首先应当明确这样一个认识：矛盾律作为一种基本"规律"，与依据它所确立的不矛盾"规范"有着本质的差别。前者是不能（cannot）被违反的，后者则是可能但不应该（can but should not）被违反的。通常所谓"违背逻辑规律"的说法，实际上是指认知主体（单个的人、特定的认知共同体或人工智能主体）违背由逻辑规律所要求、所决定的认知规范。同时，不矛盾"规范"之不应该（should not）被违反与不能（cannot）被违反也是不同的。前者是我们进行理性思维的准则，因而是需要被遵守的，而后者显然不成立。

此外，由于"思想世界"和"语言世界"都可作为我们的认知对象，故都可被放入"实在世界"之中。以下在这两个层面上对矛盾律的讨论也会从"实在世界"的角度进行考察。

1. 矛盾律的本体论基础

实在世界中的矛盾律只具有"规律"的含义，而不具有"规范"的要求。之所以如此，是因为"规范"是就认知行动而言的，其中本质地包含"主体"的参与；而实在世界是独立于主体的实际认知状况的，它本身不存在矛盾。因此，实在世界中的不矛盾性构成了矛盾律的本体论基础。

逻辑学之父亚里士多德第一个明确表述和系统阐发了这一层次的矛盾律。他认为：

> 在同一时间、同一方面，同一对象不能既具有又不具有某属性。为了防止诡辩者的责难，还可进一步加上其他必要的限制。（Aristotle. *Metaphysics*. 1005b18-22）[1]

用一阶谓词逻辑来表示，矛盾律可以刻画为如下定理：

$$\forall x \neg (F(x) \wedge \neg F(x));$$

---

[1] 转引自周礼全《亚里士多德论矛盾律与排中律》，《周礼全集》，中国社会科学出版社，2000，第305页（此文原载于《哲学研究》1981年第11、12期）。周礼全在该文中对亚里士多德关于矛盾律和排中律的思想进行了系统的阐释和整理。国内目前有多个 *Metaphysics*（《形而上学》）的汉译本，由于周礼全的译本更契合当前的讨论，故以此文作为引文的出处。

第六章　特设性考察：矛盾无法为真

$\neg \exists x (F(x) \wedge \neg F(x))$。

亚里士多德关于三个"同一"的限制是为了有效防止诡辩者的责难。实际上，"同一方面"可以归到"属性"之中，"同一对象"不言而喻，故矛盾律最重要的限制是"同时性"。亚里士多德本人也经常把矛盾律表述为：

任何事物不可能同时既是又不是。（Aristotle. *Metaphysics*. 1006a3）①

同一事物不能同时既是又不是，或者，不能同时具有任何其他的两个相反的属性。（Aristotle. *Metaphysics*. 1061b35-1062a1）②

如果我们在"属性"中引入"关系"，上述定义还可进行推广：

同样的对象之间不能同时具有又不具有某关系。

在一阶谓词逻辑中，可以刻画为如下定理：

$\forall x \forall y \neg (R(x, y) \wedge \neg R(x, y))$；
$\neg \exists x \exists y (R(x, y) \wedge \neg R(x, y))$。

多元关系依此类推。由此可见，实在世界中是不存在矛盾的，矛盾只出现于主体对实在世界的认知过程中，出现于思想世界和语言世界。

但普利斯特并不赞同这种观点，一方面，他认为亚里士多德关于矛盾律的论述是缺乏说服力的；③ 另一方面，他在讨论符合论真理观时指

---

① 转引自周礼全《亚里士多德论矛盾律与排中律》，《周礼全集》，中国社会科学出版社，2000，第 305 页。
② 转引自周礼全《亚里士多德论矛盾律与排中律》，《周礼全集》，中国社会科学出版社，2000，第 305 页。
③ 参见 G. Priest, "What's So Bad About Contradictions?" in G. Priest and B. Armour-Garb, eds., *The Law of Non-Contradiction: New Philosophy Essays* (Oxford: Clarendon Press, 2004), pp. 29-30。

出,"在某种意义上,实在本身就是不相容的",① 即存在矛盾。他所说的"某种意义"指的是所谓的"负事实"(negative facts)。他认为,"负事实"不仅是存在的,而且是我们能够经验到的。他举例说:

> 例如,在我进门的时候,我能看见屋里没人。再者,是半透明的就不是不透明的,反之亦然;但我能看见某物是半透明的,并且某物是透明的。无论哪一个是负事实,我都能看见。②

普利斯特认为,实在世界 W 是某种由现实原子事实所组成的集合,W 不仅含有"正事实",还含有与它们相应的"负事实";不仅如此,"正事实"和"负事实"都是彼此独立的实体,因而可以被随意地混合、搭配。所以,他认为实在世界可以包含相互矛盾的事实,从而为"真矛盾"论提供现实基础,符合论真理观与"真矛盾"论是兼容的。

普利斯特的论述并不构成对实在世界的矛盾律的威胁。首先,他所说的同时存在的"正事实"与"负事实"并不是同一对象的存在状态。由于"半透明的不是不透明的,反之亦然",那么他所看见的"半透明的"东西与看见的"不透明的"东西一定不是同一个事物。尽管他称二者互为"负事实",但它们显然并不矛盾。

其次,普利斯特并没能说明"正事实"是如何与跟它们相对应的"负事实"共同存在的。在他所举的例子中,如果把"屋里有人"看作"正事实","屋里没人"看作"负事实",它们显然不能同时被普利斯特经验到。

最后,普利斯特混淆了实在世界本身与主体对实在世界的认知。所谓"随意地混合、搭配"只能在主体的认知中实现。主体可以把两个相互矛盾的认知结果组合在一起,但实在世界本身并不会因此而发生改变。

2. 矛盾律与思想法则

思想世界中的矛盾律是与实在世界中的矛盾律相对应的。由于思想世界也可作为认知对象,故其中的矛盾律便继承了实在世界的"无

---

① G. Priest, "Truth and Contradiction," *The Philosophical Quarterly* 200 (2000): 314.
② G. Priest, "Truth and Contradiction," *The Philosophical Quarterly* 200 (2000): 317.

法违背"的特征。"命题"可以作为"对象",而"真"可以作为命题的"属性",于是我们可以将上述本体论型的矛盾律进行一种自然的推广:

> 任一命题不可能同时既是真的,又不是真的。

这种表述在现代逻辑研究中比较常见,由于"真"在其中本质地出现,故它又可称为矛盾律的语义表述。事实上,这也是任何逻辑系统在进行语义定义时无法违背的规律:对于任一命题,无法同时既赋予它语义值"真",又不赋予它"真"。即使是在本书第二章、第三章考察的那些亚相容逻辑系统中也不存在这样的"矛盾"。

亚相容论者可能会反对说:说谎者悖论中矛盾性的结论正好表达了这种矛盾状态。从说谎者语句 L 出发,运用 T-模式,经过推导可得到如下结论:T<L>∧¬T<L>。即可理解为:L 既具有属性"真",又不具有属性"真"。但是,这种反对意见是站不住脚的。

(1) 这种理解并不能通过语义定义实际地刻画出来。例如,在普利斯特的 LP 系统中,"悖论性"被定义为"真且假",而非"真且不真",而"不真"与"假"并不同义:从语句 A 不真,可推得 A 假,但反之不然。显然,断定某一对象同时具有两种属性,并不等于断定了它同时具有又不具有某一属性;某一主体相信一个语句和它的否定都为真,并不等于他既相信又不相信该语句为真。

(2) 悖论是一种语用现象,说谎者悖论中矛盾性的结论 T<L>∧¬T<L>的得出是依据一定的背景知识的,这些背景知识"被相信为正确"。但它们"被相信为正确"并不能推出它们"实际上正确"。因而,T<L>∧¬T<L>在根本上应该理解为:L 被推出具有属性"真",并且 L 被推出不具有属性"真",但绝不能由此得出 L"事实上"既具有又不具有属性"真"。

悖论的存在表明,某些我们原以为正确的背景知识"事实上"是不正确的。以这些不正确的知识作为前提,便会推出矛盾性的结论。它实际违反的是我们以矛盾律为依据而确立的"不矛盾规范",而非矛盾律本身。在实际的认知活动中,违反前者之要求的事例大量存在,

但后者是无法找到反例的。具体而言,"不矛盾规范"可表述为如下几种形式:

不应当直接或间接地相信同一对象既具有某属性,同时又不具有该属性;

不应当直接或间接地相信同样的对象之间既具有某关系,同时又不具有该关系;

不应当直接或间接地相信同一命题既是真的,同时又不是真的。

"不矛盾规范"是人类逻辑思维的坚固基石。就演绎推理说,如果肯定前提而否定结论导致了原子逻辑矛盾,则该推理必定具有演绎有效性;就归纳推理说,如果前提与结论的合取能引申出逻辑矛盾,则该推理必定不具有归纳可靠性。因此,在人类逻辑思维全程中,"不矛盾规范"都是维护其合理性与可靠性的基本工具。

3. 矛盾律与语言规范

语言是对思想的表达,而这种表达是通过言语行动来实现的。相应于思想世界中的矛盾律,言语行动也体现了矛盾律之作为逻辑规律和作为"不矛盾规范"两层含义。

(1) 任何主体不可能在实施某个言语行动的同时又没有实施该言语行动。如果把"语句"作为"对象",把"被陈述(被断定)"作为"属性",那么,我们可以再次对本体论型矛盾律进行自然的推广:

任一语句不可能同时既具有属性"被陈述(被断定)",又不具有属性"被陈述(被断定)"。

不仅如此,每个已被实际地写出或说出的语句,它也不可能既具有某个属性同时又不具有该属性。例如,任一已被写出的语句中不可能既包含汉字符号,又不包含汉字符号;任一已被说出的语句不可能既使用了英语,又没有使用英语;等等。

(2) 在语言世界中也有"不矛盾规范"。我们可以做如下表述:

不应当直接或间接地断言同一对象既具有某属性，同时又不具有该属性；

不应当直接或间接地断言同样的对象之间既具有某关系，同时又不具有该关系；

不应当直接或间接地断言同一命题既是真的，同时又不是真的。

与思想世界一样，语言世界中的"不矛盾规范"也不是强制性的，违反它的事例也大量存在，尤其体现在实际的会话中。一个比较简单的例子是我们所熟悉的故事：

有个青年找到爱迪生，声称自己发明了一种可以溶解一切物品的"万能溶液"，请爱迪生鉴定。爱迪生问道："那么，你用什么物品来盛这种溶液呢？"于是，该青年哑口无言。

青年之所以哑口无言，是因为通过爱迪生的问话，他发觉自己实际上既断言了"某物品可以被这种溶液溶解"，又断言了"该物品不能被这种溶液溶解"。依据矛盾律，这种物品是不存在的，他的断言显然违反了由矛盾律所决定的"不矛盾规范"。

综上所述，矛盾律之作为实在世界（包括对象化了的思想世界和语言世界）的基本规律是不能也不可能被违反的。而由矛盾律所决定的我们认知行动中的"不矛盾规范"是可能被违反的。但这绝不意味着"不矛盾规范"不是正确的（合理的）规范。一些亚相容论者认为有的矛盾可以接受，这仅仅表明他们相信"不矛盾规范"不合理，并不能由此得出"不矛盾规范"的正确性（合理性）被真正否定了。

为进一步说明，以下类比是恰当的：在佛教的语境中，偷盗是被教义所禁止的。对于一个佛教徒而言，教义是"绝对的"真理，因而是应当被遵从的。但我们知道，佛教徒的行为并不总是与教义相符。假设某个佛教徒偷窃了某个物品，他违背了戒律，但他（如果他是一个虔诚的佛教徒的话）并不会因此怀疑这一规范本身的正确性。即使他不是佛教徒，并且认为偷盗无错，我们也并不能由此宣布"禁止偷盗"作为人类社会一项基本道德规范之合理性被实际地取消了。

第七章 亚相容方案的"逻辑应用"构想

第一节 从"基础逻辑"到"逻辑应用"

一 亚相容方案的核心：刻画亚相容性

经典逻辑的司各脱法则似乎表明，只要一个理论或信念体系中出现悖论，它们就会立即变成一切矛盾的被动的"接收器"。然而，从我们的各种知识体系的实际来看，情况并非如此。在日常思维中，以知道者悖论、意外考试疑难等为代表的认知悖论显示了我们深层次背景信念间的不相容，但我们仍能保持足够的理性，审慎地对关于世界的各种信息进行取舍。更加典型的现实原型是那些在历史上曾经含有悖论但仍具有强大生命力的科学理论，如含有无穷小悖论的牛顿-莱布尼茨微积分、含有罗素悖论的康托尔素朴集合论、含有光速悖论的经典物理学等。这也正是逻辑学家构建亚相容逻辑之动机的合理性所在。

如果把悖论的出现视为一种灾难，那么我们的理论或信念体系看起来拥有某种"熔断"机制，能够自动将矛盾隔离起来，从而切断滑向平庸的通路，用普利斯特的话说，能够防止出现矛盾"有害的灾难性扩散"。于是，这样的理论或信念体系既是不相容的，又维持着一种稍弱的相容性，即处于"亚相容"状态。相应地，这种稍弱的相容性被称为"亚相容性"。从逻辑角度来看，要维持亚相容性，只需对司各脱法则的作用进行限制即可，这也正是上述熔断机制的奥秘所在。

本书第二章和第三章对亚相容弃合方案、多值化方案、正加方案和相干方案的介绍和讨论表明，在当前学界的认识下，这意味着必须对经典逻辑进行一定程度的修改，重新建立起与这种亚相容状态相适应的基础逻辑。为此，可以放弃矛盾律的普适性，在语义上允许 α 和 $\neg\alpha$ 同时为真，如达·科斯塔的 C_n（$1 \leq n \leq \omega$）系统、普利斯特的 LP 系统；也可

第七章 亚相容方案的"逻辑应用"构想

以对"有效性"进行某种限制，如安德森、贝尔纳普等主张增加前提与结论间的相干性要求。

然而，不论采用何种方式，亚相容逻辑系统的中心任务都是要实现对系统外"亚相容性"恰当的形式刻画。具体来说，包含以下两项工作：

（1）恰当地刻画"不"相容性；
（2）恰当地刻画"亚"相容性。

逻辑哲学终归是要回答系统内有效性与系统外有效性是否或如何恰当相符这一中心问题。形形色色逻辑系统的构建正是在对这种"恰当相符性"的哲学考量之下展开的。因此，我们在构建亚相容逻辑系统的时候，也应当面向处于亚相容状态的理论或信念体系本身。换言之，围绕上述中心任务，我们所提供的逻辑，一方面要能确保 α 和 $\neg \alpha$ 的确具有矛盾关系，另一方面要能回答为什么 α 和 $\neg \alpha$ 的出现没有导致理论或信念体系的平庸。

在现代逻辑中，"相容性"可以通过纯语法方式得到定义：系统中的一个命题集是相容的，当且仅当不存在命题 α，使得 α 和 $\neg \alpha$ 都由该命题集形式可推演。然而，给 α 增加一元联结词"$\neg$"得到的究竟是一个什么样的命题，在根本上取决于系统对"$\neg$"的语义解释。正如张建军所说："我们不能忘记的是，逻辑终究是一项为探究语义有效性提供'求真工具'的事业，因而要始终牢记逻辑的语义学本位。一个纯粹的形式语法系统是否为'逻辑系统'，必须在明确其语义模型论之后才能予以评判。"[①] 因此，一个亚相容逻辑系统要恰当地刻画"不"相容性，就必须使得 α 和 $\neg \alpha$ 之间的语义关系能够真正体现"矛盾"的完整含义：既不同真也不同假。

从现有的亚相容逻辑系统来看，爆炸原理（即与司各脱法则对应的推理形式）失效是它们之为亚相容逻辑系统的根本标志。看起来，这似乎清楚地回答了为什么理论或信念体系不是平庸的。然而，笔者认为，要判断一个亚相容逻辑系统有没有恰当地刻画系统外的亚相容性，应当回到含有矛盾的理论或信念体系本身，看看爆炸原理事实上是否被放弃

[①] 张建军：《关于 paraconsistent logic 的几个问题》，《逻辑学研究》2018 年第 2 期，第 1~8 页。

了，或者，它在何种意义上被放弃了。

达·科斯塔等人在阐述构建亚相容逻辑的动机时说："那么，我们如何能够述说不相容但非平庸的理论呢？当然是通过把基础逻辑转变为允许不相容性而不导致系统平庸的逻辑。亚相容逻辑做的正是这项工作。"① 在这里，他们一方面谈到了亚相容逻辑与其现实原型间的关联，另一方面指出了刻画亚相容性的一条路径，即修改经典逻辑，建立新的"基础逻辑"②，这也正是亚相容逻辑学家目前的共识。

此外，从理论和信念体系实际的状况来看，不相容只是局域性的（出现的矛盾是有限的甚至是个别的）。因此，亚相容的基础逻辑不论其系统如何构建，都应当尽可能多地保留经典逻辑的规则。按照 RZH 解悖标准，这种基础逻辑应该"充分宽广"，尽量使经典逻辑原样不动。这也是我们在刻画系统外之亚相容性时需要考虑的重要问题。

二 "基础逻辑"路径的局限

在推理规则层面，"基础逻辑"路径的基本策略是在系统内取消爆炸原理 $\alpha, \neg \alpha \vdash \beta$ 的有效性。如前所述，要实现这一点，可以有两种思路（或二者的结合）。其一，"真矛盾"思路：修改经典二值语义，允许 α 和 $\neg \alpha$ 同时为真。由于结论 β 是任一命题，这样，便容易为爆炸原理构造出前提真而结论为假的反例。其二，限制"有效性"思路：修改经典逻辑关于推理形式之"有效性"的定义。在经典逻辑中，要判定一个推理形式是否有效，只需考察推理前提和结论之间的真值关联。于是，如果增加前提与结论之间在内容上的相干性要求，"有效性"便受到了限制。由于 β 是任一命题，可以跟前提 α 和 $\neg \alpha$ 在内容上毫无关系，在此限制之下，爆炸原理的经典表达式也就不再有效了。

（一）"真矛盾"思路的局限

达·科斯塔的命题演算系统 C_n $(1 \leq n \leq \omega)$ 和普利斯特的 LP 系统都

---

① N. C. A. da Costa, D. Krause and O. Bueno, "Paraconsistent Logics and Paraconsistency," in D. Jacquette, ed., *Philosophy of Logic* (Amsterdam: North-Holland Publishing Company, 2007), p. 791.

② 这种新的"基础逻辑"将（至少部分地）取代经典逻辑的基础地位，因此，下文的"'基础逻辑'路径"也可称作"'逻辑择代'路径"。

可视为"真矛盾"思路的典型代表。为了更直观地总结这一思路的局限，我们简单回顾一下他们的工作。

在达·科斯塔的系统 C_n（$1 \leq n \leq \omega$）中，C_n 代表具有严格层级序列的多个系统：C_0 是经典命题演算，C_1 是第一级，C_2 是第二级……一直扩展至（可数）无穷级 C_ω，并且，每一层级的系统都严格强于它之后的所有系统。为了使得 C_n（$1 \leq n \leq \omega$）具有亚相容性，达·科斯塔为它们设定了若干条件，其中包括：矛盾律必须不再有效；从相互矛盾的命题 α 和 ¬α 出发，一般不再能演绎得出任一命题 β；必须最大限度地包含 C_0 中不与第一条冲突的部分。

在经典逻辑中，否定词"¬"的语义定义可直观地表述为：¬α 为真，当且仅当，α 为假。为了使矛盾律在 C_1 以及更高等级的系统中不再有效，达·科斯塔对否定词进行了弱化：如果 α 为假，那么 ¬α 为真。根据这个定义，α 和 ¬α 不能同时为假，但可能同时为真。

普利斯特在构建 LP 系统时，首先把命题获得真、假语义值的状态分为三类：单真，如果一个命题真而不假，则它是单真的；单假，如果一个命题假而不真，则它是单假的；悖论性，如果一个命题既真又假，则它是悖论性的。其中，"单真"和"悖论性"都被规定为系统的特征值。然后，普利斯特对否定词做了如下定义：如果 α 是单真的，则 ¬α 是单假的；如果 α 是单假的，则 ¬α 是单真的；如果 α 是悖论性的，则 ¬α 是悖论性的。

这样，α 和 ¬α 可以都是悖论性的，而根据"悖论性"之含义，它们就都获得了"真"这个值。关于推理规则，普利斯特规定它们仅在一种情况下是无效的，即前提是单真的或悖论性的，且结论是单假的。如此，便很容易给爆炸原理构造出反例：让 α 取值"悖论性"，让结论 β 取值"单假"。

达·科斯塔和普利斯特的工作在学界产生了广泛影响，引发了逻辑学家的持久关注和讨论。其系统各自显现的独特性质，以及他们关于亚相容逻辑合理动机的阐释，对于刻画亚相容性具有重要的启发意义和参考价值。[1]

---

[1] 除了普利斯特和达·科斯塔，本书提到的瓦西里耶夫、雅斯科夫斯基、阿鲁达、雷歇尔、阿森霍、比尔等逻辑学家的思路与他们也有共通之处。

然而，从前文讨论之亚相容逻辑的中心任务来看，我们必须追问：除了能在系统内使爆炸原理失效，"允许α和¬α同真"这一语义规定在系统外有什么合理根据。不仅如此，我们还必须追问：这一规定是否能够在系统内真正实现，即是否能够准确刻画"不"相容性。

笔者在第六章的考察已经表明，这一思路实际上存在重要的理论缺陷：无论从语形、语义还是从语用角度来看，所谓的"真矛盾"都不可能实现；无论对于实在世界还是对于我们的思维和言语行动，矛盾律之为"规律"都是不可能被违反的。由此可知，在系统内"允许α和¬α同真"这一做法缺少与之对应的系统外现实原型。

如前文所述，斯莱特尔批评普利斯特的 LP 系统中的否定词"¬"不过是一个下反对关系形成算子，并非真正的矛盾关系形成算子；杜国平则在他构建的"哲思逻辑"系统中，同时定义了亚相容否定和经典否定，更精确地呈现了二者的区别。显然，斯莱特尔和杜国平所揭示的秘密也存在于达·科斯塔的系统中。正是因为α和¬α不会同真，它们的出现才使得我们的理论或信念体系处于"不"相容状态；既然二者被允许同真，不相容性自然也就不复存在了。因此，在系统内允许α和¬α为真，不过是"改变了论题"，没能完成对系统外"不"相容性的恰当刻画，对"亚"相容性的刻画更是无从谈起了。

总而言之，通过修改经典二值语义来构建亚相容"基础逻辑"具有明显的特设性。

（二）限制"有效性"思路的局限

与"真矛盾"思路相比，对"有效性"进行限制看起来更加合理一些。其中，最具代表性的成果就是相干方案：给前提和结论追加"内容相干"的要求。至少，增加这种限制的初衷并不是专门针对司各脱法则（或爆炸原理）的。相干逻辑的产生是为了解决实质蕴涵怪论和严格蕴涵怪论问题，而司各脱法则只是众多怪论之一。然而，实际的情况也不容乐观。

众多的相干逻辑系统强、弱各异，但有着共同之处："坚持演绎推理的相干性，拒斥'结论的推导未实际使用前提'的推理方式。"[①] 其方法

---

① 冯棉：《论相干逻辑的研究方法》，《华东师范大学学报》（哲学社会科学版）2008 年第 6 期，第 58~62 页。

上的特色由"相干原理"集中体现出来：如果 $\alpha \to \beta$ 是系统的内定理，则 α 和 β 至少有一个共同的命题变元。拥有"共同的变元"所要实现的，正是命题内容上的相关性。

从直观来看，相干性要求似乎更符合推理的实际情况。然而，"相干原理"是否真正恰当地刻画了前提与结论在内容上的关联呢？对此，许多学者持怀疑态度。在余俊伟看来，相干逻辑在命题逻辑层面诉诸命题变元的共享，这在技术上显得有些粗糙了，而"谓词逻辑还可通过共享个体变元来表达语句在内容、意义方面的联系，而且共享个体变元比起共享命题变元毫无疑问更精致"。[①]

麻烦还远不止如此。陈波认为，"有共同变元"与"内容相关"实际并无必然的联系：存在有共同变元而内容不相关的情况，也存在无共同变元但内容相关的反例。他针对相干系统 R 的断定公理 $\alpha \to ((\alpha \to \beta) \to \beta)$ 构造了一个代入例：

如果狗叫，那么，如果（如果狗叫则雪花飘）则雪花飘。

它的前件和后件有共同的原子命题"狗叫""雪花飘"出现，满足相干性的要求。但我们一般不会认为"狗叫"和"雪花飘"存在内容上的联系。此外，陈波还举了一例：

如果一个动物有心脏，则这个动物有肾脏。

从我们通常的理解来看，前后两个句子分别谈论了两种不同属性，都是对动物这一共同对象的述说，在内容上是相干的。但是，从相干逻辑来看，在命题层面上，它们并不拥有共同的命题变项，因而不满足相干性要求。因此，陈波认为，"变元的共同出现是一个过于人为的技术性规定，与人们通常所理解的内容相关相去甚远"，"由于推理的具体内容千差万别，从逻辑上去刻画推理的前提与结论之间的内容关联

[①] 余俊伟：《弗雷格论条件与普遍性》，《湖南科技大学学报》（社会科学版）2010 年第 6 期，第 46~49 页。

是没有出路的,即使是去刻画这种内容相关的形式表现也不大可能取得成功"。①

可见,诉诸相干性固然能够使司各脱法则(或爆炸原理)失效,但由于其技术本身的缺点及特设性,对于"亚"相容性的刻画也是难以令人满意的。

三 "逻辑应用"路径构想

面对部分理论或信念体系不相容但非平庸这一事实,"基础逻辑"路径试图构建一种新的、非经典的逻辑来实现对其"亚相容性"的把握。笔者认为,这实际上是在试图回答这样一个问题:我们应当使用什么样的逻辑。它给出的回答是,因为现实原型是非平庸的,所以我们应当使用没有司各脱法则的逻辑。这找错了问题和方向。

陈波在批评相干逻辑的时候还做了一段耐人寻味的论述,他说:"一个推理理论只要具有保真性就足够了,这样就能保证它是一个安全的推理工具……内容相关性是在应用推理工具实际地进行推理时人们会自动考虑的事情,没有必要在构造推理理论本身时考虑它。"② 同样,我们可以这样来看待出现矛盾的理论或信念体系:是否使用司各脱法则从矛盾继续推出任一命题,这也是会被自动考虑的问题,没有必要在推理理论中否认司各脱法则的合理性。换言之,当矛盾出现之后,我们并不会"实际地"使用司各脱法则。

这样看来,我们真正应当做的事情是回到亚相容状态下的理论或信念体系本身,重新考察其"熔断机制"是如何发挥作用的。以下实例将有助于我们的认识。如果计算机机械磁盘出现了坏道,我们通常会使用一些软件进行修复。但是,有些磁盘的损伤可能是不可修复的,于是,软件便会专门划定区域,将坏道隔离起来。隔离的目的是防止损伤范围进一步扩大,方法则是禁止操作系统访问隔离区。另一个例子更常见:如果计算机中的某个程序被病毒感染,而杀毒软件暂时无法将病毒清除,则通常会把该程序连同病毒放入"隔离箱",不允许操作系统运行它。

---

① 陈波:《逻辑哲学》,北京大学出版社,2005,第 44 页。
② 陈波:《逻辑哲学》,北京大学出版社,2005,第 44~45 页。在当前的语境下,对"自动"一词作"主动"理解更贴切。

在这里，我们看到的是禁止对磁盘坏道和感染病毒的程序进行访问，而不是干脆放弃操作系统的读取功能，更不是默认坏道或病毒无害。与此相似，矛盾出现以后，我们实际（自动地）采用的办法是不对它使用司各脱法则，而不是认为司各脱法则不合逻辑，更不是直接把 α 和 $\neg \alpha$ 都接受为真理。

可见，我们真正需要回答的问题恐怕不是"应当使用什么样的逻辑"，而是"应当如何使用（经典）逻辑"。基于对这个问题的回答来刻画亚相容性，可称为"逻辑应用"路径，以与目前的"基础逻辑"路径相对应。下文将简要阐释笔者在这条路径上的一种尝试性的构想。

在此之前，还有两点需要说明。(1) 此构想以"主体"（可理解为理论或信念体系的构建者，亦可设想为具有能动性的理论或信念体系自身）实际推理状态为对象，对"如何使用逻辑"的回答将被具体化为对"α 和 $\neg \alpha$ 的出现没有导致平庸"之原因的描述。(2) 既然是关于"如何使用逻辑"，便需要假定主体已掌握某种逻辑作为推理的工具，此处将它设定为经典命题逻辑。换言之，主体拥有对经典逻辑的自觉，经典逻辑的公理、定理和规则都将被完整地保留下来。

首先，在保持经典逻辑语言和联结词定义的基础上，引入代表主体的符号 i，并增加一个"推出"算子符 F_i 和一个"相信"算子符 B_i。公式 $F_i\alpha$ 的含义是"α 被主体 i 推出"（或"主体 i 推出 α"）；$B_i\alpha$ 的含义是"α 被主体 i 相信"（或"主体 i 相信 α"）。

本节第一部分指出，要恰当地刻画系统外的亚相容性，须完成两项工作：第一，恰当地刻画"不"相容性；第二，恰当地刻画"亚"相容性。我们知道，从语法上来看，一个理论或信念体系是不相容的，当且仅当形如 α 和 $\neg \alpha$ 的命题在其中都被推出，或形如 $\alpha \wedge \neg \alpha$ 的命题被推出。于是，借助新增的推出算子符 F_i，"不"相容性可以表达为两种形式（为了方便，下文都在命题而非推理层面进行刻画）：

$F_i\alpha \wedge F_i\neg \alpha$；
$F_i(\alpha \wedge \neg \alpha)$。

相应地，在此意义上的"司各脱法则"可以刻画为：

$F_i\alpha \wedge F_i \neg \alpha \rightarrow F_i\beta$；

$F_i(\alpha \wedge \neg \alpha) \rightarrow F_i\beta$。

显然，这两个公式都是无效的，我们很容易为它们构造反例。于是，"亚"相容性得到了刻画。

然而，要说明这种形式刻画的确与系统外的亚相容性恰当相符，仅仅通过构造反例的方式还不够充分。我们仍须回到现实原型本身，并追问矛盾被推出以后，为什么主体不对它使用司各脱法则。

对此，可以有两种解答。第一种解答是：因为这样会导致平庸。如果这样解答，我们就陷入了循环：不使用司各脱法则是为了避免平庸，没有平庸是因为没使用司各脱法则。在此，我们不妨将其与哈克关于解悖方案"非特设性"评价标准的说明进行类比。哈克认为，对于解悖方案之合理性的解释"应该表明被拒斥的前提或原则本身就是有缺陷的，这就是说，这些缺陷不依赖被拒斥的前提或原则导致悖论"。[①] 同样，不使用司各脱法则的正当理由不应当仅仅在于"使用它就会导致平庸"；相反，我们需要的是一个关于使用逻辑规则或定理的更一般的限制性条件，它不仅适用于司各脱法则，也适用于其他规则或定理。这就要求我们再次回到理论或信念体系本身。

理论或信念体系的构建需要使用逻辑有效式进行推理，但是，在对待推理所用的前提的态度上，它们与逻辑本身是不同的。在逻辑层面，我们只关心前提和结论在真值上是否具有必然的关联，不必承诺前提的真实性，当然也不必追求结论的真实性。而在实际的理论或信念体系的构建中，我们始终怀有对结论真实性的诉求。我们总是期望从那些被我们认定为真的背景知识出发，经由逻辑上有效的推理，得到能被我们接受的结论。这样，在推理的每一个环节，我们实际上都持有对前提的信念。

基于这样的理解，对于"主体推出 β"的条件性，我们可以用如下表达式来刻画：

[①] 〔英〕S. 哈克：《逻辑哲学》，罗毅译，商务印书馆，2003，第172页。

第七章 亚相容方案的"逻辑应用"构想

$$B_i\alpha \wedge B_i (\alpha \to \beta) \to F_i\beta.$$

于是，我们得到了对上述追问的第二种解答：主体之所以不使用司各脱法则，是因为主体不相信 $\alpha \wedge \neg \alpha$。也就是说，假如有 $B_i(\alpha \wedge \neg \alpha \to \beta)$ 和 $B_i(\alpha \wedge \neg \alpha)$，那么就能得到 $F_i\beta$。但由于我们把主体所掌握的逻辑设定为经典逻辑，所以 $B_i(\alpha \wedge \neg \alpha)$ 这个条件并不存在。

那么，究竟在何种情况下主体才有充分的理由相信一个命题 α 呢？笔者认为，α 之成为主体的信念须满足两个条件：（1）α 被主体推出；（2）$\neg \alpha$ 没有被推出。这两个条件合起来就成为主体"相信 α"的充分且必要条件，可以用以下公式表达：

$$B_i\alpha \leftrightarrow F_i\alpha \wedge \neg F_i \neg \alpha.$$

这样，假如 α 和 $\neg \alpha$ 都被主体推出，则它们都不会成为主体的信念。

需要注意的是，在我们的形式刻画中，$F_i\alpha \wedge F_i \neg \alpha$ 和 $F_i(\alpha \wedge \neg \alpha)$ 这两种对不相容性的刻画并不等价，因而不能互推。从直观上理解，这是因为，假如 $F_i\alpha \wedge F_i \neg \alpha$ 已经被得到，α 和 $\neg \alpha$ 就都不能成为主体的信念，主体不会对它们使用合取引入规则；同理，反过来，主体也不会对 $\alpha \wedge \neg \alpha$ 使用合取分解规则。

那么，假设形如 $\alpha \wedge \neg \alpha$ 的矛盾直接被推出，应该如何说明它不能成为主体的信念呢？在此，我们需要增加一个假定：所有经典逻辑的公理和定理都已被主体推出，即

如果 α 是形式可证的，那么有 $F_i\alpha$。

这样，我们就同时有 $F_i(\alpha \wedge \neg \alpha)$ 和 $F_i\neg(\alpha \wedge \neg \alpha)$，因此 $B_i(\alpha \wedge \neg \alpha)$ 不成立。

对此，还需要做两点讨论。（1）关于这个假定的合理性。该假定可以视为一种必要的逻辑准备，因为掌握经典命题逻辑的有效式，是主体在构建理论或信念体系时进行推理的前提条件。（2）$B_i(\alpha \wedge \neg \alpha)$ 不成立的代价是主体也失去了对矛盾律 $\neg(\alpha \wedge \neg \alpha)$ 的信念，这看起来让人

难以接受。然而，从上文对这一构想的阐释来看，它的后果仅仅在于无法直接使用¬（α∧¬α）作为前提进行推理。关于这一点，我们对悖论的认识或许可以为其合理性提供一种说明。在悖论中，矛盾是在一定的背景知识之下得出的，逻辑也是背景知识的组成部分。塔尔斯基在分析说谎者悖论的根源时就明确指出，它产生的条件之一是假定了经典逻辑"通常的二值逻辑定律是有效的"。①而所谓解决悖论，就是要找到背景知识中不合理的成分，予以修正或放弃。在这个过程中，每个明晰的或隐藏的知识都需要重新被拷问，逻辑也不能幸免。

最后需要指出的是，在这个构想中，经典逻辑的全部特性都得到了保持，对与主体无涉的公式是如此，对含有 F_i 和 B_i 算子符的公式也是如此，例如，以下公式都将是成立的。

$$¬（F_i α∧¬F_i α）$$
$$¬（B_i α∧¬B_i α）$$
$$F_i α∨¬F_i α$$
$$B_i α∨¬B_i α$$

这表明，对于"推出 α"和"相信 α"这两种主体的心智行动，经典矛盾律和排中律依然成立，它们在认知（事实）层面仍具有普适性。

至此，关于上述构想的核心内容已阐述完成。笔者在下一节构建了一个公理化的亚相容命题逻辑系统 BLP，正是对这个构想初步的形式化。

第二节　面向悖论的亚相容置信逻辑 BLP

一　系统 BLP 的语言

定义 1.1　令 $Agt = \{1, …, n, …\}$ 为主体的集合，系统 BLP 的形式语言的集合 L^{BLP} 由下列符号构成：

---

① 〔美〕A. 塔尔斯基：《语义性真理概念和语义学的基础》，肖阳译，载 A. P. 马蒂尼奇编《语言哲学》，牟博等译，商务印书馆，1998，第 91 页。

第七章 亚相容方案的"逻辑应用"构想

(1) 命题符：α, β, γ, …；
(2) 命题联结符：$\neg$，$\rightarrow$；
(3) 推出算子符：F_i ($i \in Agt$)；
(4) 相信算子符：B_i ($i \in Agt$)；
(5) 标点符号：），（。

其中，命题符号有可数无穷多个；$\neg$ 和 $\rightarrow$ 分别表示否定和蕴涵；($F_i\alpha$) 表示"α 被主体 i（经过某一推导过程）推出"；($B_i\alpha$) 表示"主体 i 相信 α"。所谓"主体"，可理解为理论或信念体系的构建者，亦可设想为具有能动性的理论或信念体系自身。同时，当前的系统 BLP 只针对单主体的情形，不涉及多主体之间的互动。①

定义 1.2　令 $Form(L^{BLP})$ 表示 BLP 所有公式的集合，任一表达式 α 是 BLP 的公式［记为 $\alpha \in Form(L^{BLP})$］，当且仅当，α 能经有穷次使用下列规则得到：

(1) α 是单独的命题符；
(2) 如果 $\alpha \in Form(L^{BLP})$，则 $(\neg \alpha) \in Form(L^{BLP})$；
(3) 如果 $\alpha \in Form(L^{BLP})$ 并且 $\beta \in Form(L^{BLP})$，则 $(\alpha \rightarrow \beta) \in Form(L^{BLP})$；
(4) 如果 $\alpha \in Form(L^{BLP})$ 并且 F_i 和 B_i 都不在 α 中出现，则 $(F_i\alpha) \in Form(L^{BLP})$；
(5) 如果 $\alpha \in Form(L^{BLP})$ 并且 F_i 和 B_i 都不在 α 中出现，则 $(B_i\alpha) \in Form(L^{BLP})$。

在（4）和（5）中，"F_i 和 B_i 都不在 α 中出现"使得 F_i 和 B_i 各自的辖域中都不再含有形如（$F_i\beta$）和（$B_i\beta$）的表达式，这极大地简化了当

---

① 其中，符号 F_i 的引入借鉴了 H. N. Duc 的工作。他用〈F_i〉和［F_i］分别表示知识的两种推导过程，构建了动态认知逻辑系统 DES4$_n$。参见 H. N. Duc, "Reasoning about Rational, but not Logically Omniscient, Agents," *Journal of Logic and Computation* 5 (1997): 633-648。达克在系统 DES4$_n$ 中采用的一些技术方法也为本书的构想提供了重要参考。

前的工作。如果取消这项规定，则可以在 BLP 的基础上构建更为复杂的系统。

定义 1.3　二元联结符 ∨、∧ 和 ↔ 分别定义如下：

(1)　$(\alpha \vee \beta) =_{def} (\neg \alpha \to \beta)$；
(2)　$(\alpha \wedge \beta) =_{def} (\neg (\alpha \to \neg \beta))$；
(3)　$(\alpha \leftrightarrow \beta) =_{def} ((\alpha \to \beta) \wedge (\beta \to \alpha))$。

在系统 BLP 中，联结词的强弱顺序、括号的省略规则与经典命题逻辑相同，$(F_i\beta)$ 和 $(B_i\beta)$ 分别简写为 $F_i\beta$ 和 $B_i\beta$。

借助上述语言，我们依据经典逻辑语义关于理论或信念体系"不相容性"的直觉——"形如 $\alpha \wedge \neg \alpha$ 的命题被推出"或"形如 α 和 $\neg \alpha$ 的命题都被推出"，便可以由下列两个公式来刻画：

$F_i(\alpha \wedge \neg \alpha)$；
$F_i\alpha \wedge F_i\neg \alpha$。

它们的含义分别是：$\alpha \wedge \neg \alpha$ 被主体 i 推出；α 和 $\neg \alpha$ 都被主体 i 推出。需要注意的是，这两个公式是彼此独立的，各自对应于一种不相容的情形。雅斯科夫斯基区分"讨论系统"与普通的语句系统，雷歇尔和布兰登区分"不相容世界"与"标准世界"，也正是由于认识到了这两种不相容情形之间的差异。他们试图以某种方式取消合取引入规则（$\alpha, \beta \vdash \alpha \wedge \beta$）的有效性，从而阻断从 α 和 $\neg \alpha$ 向 $\alpha \wedge \neg \alpha$ 的推导。而本节构建的 BLP 公理系统不仅拒绝从 $F_i\alpha$ 和 $F_i\neg \alpha$ 推得 $F_i(\alpha \wedge \neg \alpha)$，也拒绝从 $F_i(\alpha \wedge \neg \alpha)$ 推得 $F_i\alpha$ 或 $F_i\neg \alpha$。

进一步来看，不相容的理论或信念体系要变得"平庸"，则要依赖分离规则①和以下两个法则：

---

① 为便于理解，此处用两种具体的形式来表达：若有 $F_i(\alpha \wedge \neg \alpha)$ 和 $F_i(\alpha \wedge \neg \alpha) \to F_i\beta$，则有 $F_i\beta$；若有 $F_i\alpha \wedge F_i\neg \alpha$ 和 $F_i\alpha \wedge F_i\neg \alpha \to F_i\beta$，则有 $F_i\beta$。

第七章 亚相容方案的"逻辑应用"构想

$F_i(\alpha \wedge \neg \alpha) \to F_i\beta$；

$F_i\alpha \wedge F_i\neg \alpha \to F_i\beta$。

这样，在保留分离规则的情况下，若要阻止"平庸"，就必须放弃这两个法则。由此，也就实现了对"亚相容性"的刻画。本节构建的 BLP 公理系统正是以此为目标。

二 系统 BLP 的公理和规则

定义 2.1 系统 BLP 的公理是具有下列形式的公式：

PC1. $\alpha \to (\beta \to \alpha)$
PC2. $(\alpha \to (\beta \to \gamma)) \to ((\alpha \to \beta) \to (\alpha \to \gamma))$
PC3. $(\neg \alpha \to \beta) \to ((\neg \alpha \to \neg \beta) \to \alpha)$
BF1. $B_i\alpha \leftrightarrow F_i\alpha \wedge \neg F_i\neg \alpha$
BF2. $B_i\alpha \wedge B_i(\alpha \to \beta) \to F_i\beta$

定义 2.2 系统 BLP 有以下变形规则：

MP：若有 α，并且有 $\alpha \to \beta$，则有 β。

在以上定义中，PC1 至 PC3 就是经典命题逻辑的公理模式，MP 就是经典命题逻辑中的分离规则，它们合起来完整地刻画了经典命题逻辑的公理系统。因此，该系统的所有内定理在 BLP 系统中也都成立。

公理模式 BF1 的含义是：公式 α 被主体 i 推出且公式 $\neg \alpha$ 没有被 i 推出是 i 相信 α 的充分且必要条件。换言之，如果 α 没有被 i 推出，或者 $\neg \alpha$ 已被 i 推出，那么 α 不能成为 i 的信念；如果 α 已成为 i 的信念，表明 α 已被 i 推出，并且 $\neg \alpha$ 没有被 i 推出。

公理模式 BF2 的含义是：主体 i 相信 α 并且相信 $\alpha \to \beta$ 是 β 被 i 推出的充分条件。它表明，在主体 i 相信 α 并且相信 $\alpha \to \beta$ 的情况下，i 就会正确使用分离规则进行推理。

定义 2.3 设公式 α 并非形如 $F_i\beta$，α 由公式集 Σ 形式可推演，记为

$\Sigma \vdash \alpha$，当且仅当，存在公式序列$<\varphi_1, \varphi_2, \cdots, \varphi_{n-1}, \varphi_n>$ $(n \in N)$，使得$\varphi_n = \alpha$，并且每一个φ_k $(1 \leq k \leq n)$都满足下列条件之一：

(1) φ_k是公理；
(2) $\varphi_k \in \Sigma$；
(3) 有$i, j < k$，使得$\varphi_i = \varphi_j \to \varphi_k$。

若$\Sigma = \emptyset$，则称α是形式可证明的，记为$\vdash \alpha$。

定义 2.4 系统 BLP 有以下规则：

NF：若$\vdash \alpha$，并且F_i和B_i都不在α中出现，则有$F_i\alpha$。

NF 规则的含义是：如果α是在 BLP 系统形式可证明的，那么α就已被主体i推出。由于要求"F_i和B_i都不在α中出现"，α实际上被限定为经典命题逻辑的公式，而能满足 NF 规则使用条件的只能是其中的公理或内定理。

由于 NF 和 MP 同为初始规则，彼此独立，要定义从公式集Σ到公式$F_i\alpha$的推演关系，就必须增加对 NF 规则的考虑。

定义 2.5 设α是形如$F_i\beta$的公式，α由公式集Σ形式可推演，记为$\Sigma \vdash \alpha$，当且仅当，存在公式序列$<\varphi_1, \varphi_2, \cdots, \varphi_{n-1}, \varphi_n>$ $(n \in N)$，使得$\varphi_n = \alpha$，并且每一个φ_k $(1 \leq k \leq n)$都满足下列条件之一：

[1] φ_k是公理；
[2] $\varphi_k \in \Sigma$；
[3] 有$i, j < k$，使得$\varphi_i = \varphi_j \to \varphi_k$；
[4] $\varphi_k = \beta$，并且$\vdash \varphi_k$。

若$\Sigma = \emptyset$，则称α是形式可证明的，记为$\vdash \alpha$。

定理 2.6 如果$\vdash \alpha$，并且F_i和B_i都不在α中出现，则$\vdash F_i\alpha$。

证明。由定义 2.5 直接可得到。 ∎

第七章 亚相容方案的"逻辑应用"构想

定理 2.7 设 $\Sigma \subseteq Form(L^{BLP})$，$\alpha、\beta \in Form(L^{BLP})$，则以下规则都成立：

(1) 如果 $\Sigma \cup \{\alpha\} \vdash \beta$，则 $\Sigma \vdash \alpha \to \beta$；　　（演绎定理，记为 DT）

(2) 如果 $\Sigma \vdash \alpha \to \beta$，则 $\Sigma \cup \{\alpha\} \vdash \beta$。　　（逆演绎定理）

证明。

(1) 若公式 β 并非形如 $F_i\varphi$，证明方法与经典命题逻辑相同。

若 β 是形如 $F_i\varphi$ 的公式，并且经使用 MP 规则得到，证明过程与经典命题逻辑相同。

若 β 是形如 $F_i\varphi$ 的公式，并且经由 φ 使用 NF 规则得到（此时 φ 是形式可证明的，并且 F_i 和 B_i 不在 φ 中出现），以下公式序列是由 Σ 到 $\alpha \to F_i\varphi$ 的一个推导：

[1]

……

[k] φ

[k+1] $F_i\varphi$　　　　　　　　　　　　　　　　　　[k]，NF

[k+2] $F_i\varphi \to (\alpha \to F_i\varphi)$　　　　　　　　　　　　　PC1

[k+3] $\alpha \to F_i\varphi$　　　　　　　　　　　　　[k+1] [k+2]，MP

(2) 的证明与经典命题逻辑相同。　　　　　　　　　■

定理 2.8 设 $\Sigma、\Gamma \subseteq Form(L^{BLP})$，$\alpha、\beta \in Form(L^{BLP})$，则以下规则都成立：

(1) 如果 $\alpha \in \Sigma$，则 $\Sigma \vdash \alpha$；

(2) 如果 $\Sigma \vdash \alpha$，则 $\Sigma \cup \Gamma \vdash \alpha$；

(3) 如果 $\Sigma \vdash \alpha \leftrightarrow \beta$，并且 $\Sigma \vdash \alpha$，则 $\Sigma \vdash \beta$；

(4) 如果 $\Sigma \vdash \alpha \leftrightarrow \beta$，并且 $\Sigma \vdash \neg \beta$，则 $\Sigma \vdash \neg \alpha$；

(5) 如果 $\Sigma \vdash \alpha \wedge \beta$，则 $\Sigma \vdash \alpha$，$\Sigma \vdash \beta$；

(6) 如果 $\Sigma \vdash \alpha$，并且 $\Sigma \vdash \beta$，则 $\Sigma \vdash \alpha \wedge \beta$；

(7) 如果 $\Sigma \vdash \alpha$，则 $\Sigma \vdash \alpha \vee \beta$；

(8) 如果 $\Sigma \vdash \neg \alpha \vee \neg \beta$，则 $\Sigma \vdash \neg (\alpha \wedge \beta)$；

(9) $\alpha \vdash \alpha$;

(10) 如果 $\Sigma \vdash \neg \alpha \rightarrow \beta$，并且 $\Sigma \vdash \neg \alpha \rightarrow \neg \beta$，则 $\Sigma \vdash \alpha$。

证明。证明方法与经典命题逻辑相同。∎

定理 2.9 设 $\Sigma \subseteq Form(L^{BLP})$，$\alpha \in Form(L^{BLP})$，则以下规则都成立：

(1) 如果 $\Sigma \vdash B_i \alpha$，则 $\Sigma \vdash F_i \alpha$；
(2) 如果 $\Sigma \vdash B_i \alpha$，则 $\Sigma \vdash \neg F_i \neg \alpha$；
(3) 如果 $\Sigma \vdash B_i \neg \alpha$，则 $\Sigma \vdash F_i \neg \alpha$；
(4) 如果 $\Sigma \vdash B_i \neg \alpha$，则 $\Sigma \vdash \neg F_i \neg \neg \alpha$。

选证 (1)，对其余规则的证明与之类似。

证明。

假设 $\Sigma \vdash B_i \alpha$，于是有以下推导：

[1] $\Sigma \vdash B_i \alpha$ 假设
[2] $\vdash B_i \alpha \leftrightarrow F_i \alpha \wedge \neg F_i \neg \alpha$ 公理 BF1
[3] $\Sigma \vdash B_i \alpha \leftrightarrow F_i \alpha \wedge \neg F_i \neg \alpha$ [2]，定理 2.8 (2)
[4] $\Sigma \vdash F_i \alpha \wedge \neg F_i \neg \alpha$ [1] [3]，定理 2.8 (3)
[5] $\Sigma \vdash F_i \alpha$ [4]，定理 2.8 (5)

因此，如果 $\Sigma \vdash B_i \alpha$，则 $\Sigma \vdash F_i \alpha$。∎

定理 2.10 以下公式都是 BLP 系统的内定理：

(1) $\neg(\alpha \wedge \neg \alpha)$；
(2) $\alpha \wedge \neg \alpha \rightarrow \beta$。

证明。证明方法与经典命题逻辑相同。∎

其中，$\neg(\alpha \wedge \neg \alpha)$ 就是经典（不）矛盾律，$\alpha \wedge \neg \alpha \rightarrow \beta$ 就是经典司各脱法则，它们在 BLP 系统中仍然成立。

将 $\neg(\alpha \wedge \neg \alpha)$ 应用于含有 F_i 和 B_i 的公式便得到以下特例：

第七章 亚相容方案的"逻辑应用"构想

(1-1) $\neg(F_i\alpha \wedge \neg F_i\alpha)$;

(1-2) $\neg(B_i\alpha \wedge \neg B_i\alpha)$。

将 $\alpha \wedge \neg \alpha \rightarrow \beta$ 应用于含有 F_i 和 B_i 的公式便得到以下特例:

(2-1) $B_i\alpha \wedge \neg B_i\alpha \rightarrow B_i\beta$;

(2-2) $B_i\alpha \wedge \neg B_i\alpha \rightarrow F_i\beta$;

(2-3) $B_i\alpha \wedge \neg B_i\alpha \rightarrow \beta$;

(2-4) $F_i\alpha \wedge \neg F_i\alpha \rightarrow B_i\beta$;

(2-5) $F_i\alpha \wedge \neg F_i\alpha \rightarrow F_i\beta$;

(2-6) $F_i\alpha \wedge \neg F_i\alpha \rightarrow \beta$。

与 $\alpha \wedge \neg \alpha \rightarrow \beta$ 对应的经典爆炸原理 $\alpha, \neg \alpha \vdash \beta$ 或 $\alpha \wedge \neg \alpha \vdash \beta$ 在 BLP 中也是成立的,对它们的证明也与经典命题逻辑相同。

定理 2.11 以下公式都是 BLP 系统的内定理:

(1) $B_i\alpha \rightarrow \neg B_i\neg \alpha$;

(2) $B_i\neg \alpha \rightarrow \neg B_i\alpha$;

(3) $\neg(B_i\alpha \wedge B_i\neg \alpha)$。

选证 (1),对 (2) 的证明与 (1) 类似,由 (1) 易得 (3)。

证明。

(1) $B_i\alpha \rightarrow \neg B_i\neg \alpha$

[1] $B_i\alpha$ 假设

[2] $B_i\alpha \leftrightarrow F_i\alpha \wedge \neg F_i\neg \alpha$ 公理 BF1

[3] $F_i\alpha \wedge \neg F_i\neg \alpha$ [1][2],定理 2.8 (3)

[4] $\neg F_i\neg \alpha$ [3],定理 2.8 (5)

[5] $\neg F_i\neg \alpha \vee \neg \neg F_i\neg \neg \alpha$ [4],定理 2.8 (7)

[6] $\neg(F_i\neg \alpha \wedge \neg F_i\neg \neg \alpha)$ [5],定理 2.8 (8)

[7] $B_i\neg \alpha \leftrightarrow F_i\neg \alpha \wedge \neg F_i\neg \neg \alpha$ 公理 BF1

[8] $\neg B_i\neg \alpha$ [6][7],定理 2.8 (4)

[9] $\vdash B_i\alpha \rightarrow \neg B_i\neg \alpha$ [1]~[8],DT

定理 2.11 表明，$B_i\alpha$ 和 $B_i\neg\alpha$ 不能同时成立，主体不会同时相信两个具有经典矛盾关系的命题。这体现了经典不矛盾思维法则在理论或信念体系构建中的基础地位。

定理 2.12　以下公式都是 BLP 系统的内定理：

(1)　$B_i\alpha \wedge B_i\neg\alpha \rightarrow B_i\beta$；
(2)　$B_i\alpha \wedge B_i\neg\alpha \rightarrow F_i\beta$；
(3)　$B_i\alpha \wedge B_i\neg\alpha \rightarrow \beta$。

选证 (1)，对 (2) 和 (3) 的证明与之类似。

证明。

(1)　$B_i\alpha \wedge B_i\neg\alpha \rightarrow B_i\beta$。

[1]　$B_i\alpha \wedge B_i\neg\alpha$　　　　　　　　　　　　　　　　假设
[2]　$B_i\alpha$　　　　　　　　　　　　　　　　[1]，定理 2.8 (5)
[3]　$B_i\neg\alpha$　　　　　　　　　　　　　　　[1]，定理 2.8 (5)
[4]　$B_i\alpha \rightarrow \neg B_i\neg\alpha$　　　　　　　　　　　　定理 2.11 (1)
[5]　$\neg B_i\neg\alpha$　　　　　　　　　　　　　　[2][4]，MP
[6]　$B_i\neg\alpha \wedge \neg B_i\neg\alpha$　　　　　　　　　[3][5]，定理 2.8 (6)
[7]　$B_i\neg\alpha \wedge \neg B_i\neg\alpha \rightarrow B_i\beta$　　　　　定理 2.10 (2)
[8]　$B_i\beta$　　　　　　　　　　　　　　　　[6][7]，MP
[9]　$\vdash B_i\alpha \wedge B_i\neg\alpha \rightarrow B_i\beta$　　　　　　[1]～[8]，DT

定理 2.13　以下公式都是 BLP 系统的内定理：

(1)　$B_i(\alpha \wedge \neg\alpha) \rightarrow B_i\beta$；
(2)　$B_i(\alpha \wedge \neg\alpha) \rightarrow F_i\beta$；
(3)　$B_i(\alpha \wedge \neg\alpha) \rightarrow \beta$。

选证 (1) 和 (3)，对 (2) 的证明与 (1) 类似。

证明。

(1)　$B_i(\alpha \wedge \neg\alpha) \rightarrow B_i\beta$

[1]　$B_i(\alpha \wedge \neg\alpha)$　　　　　　　　　　　　　　　　假设
[2]　$B_i(\alpha \wedge \neg\alpha) \leftrightarrow F_i(\alpha \wedge \neg\alpha) \wedge \neg F_i\neg(\alpha \wedge \neg\alpha)$　公理 BF1

[3] $F_i(\alpha \wedge \neg \alpha) \wedge \neg F_i \neg (\alpha \wedge \neg \alpha)$ [1][2]，定理 2.8 (3)
[4] $\neg F_i \neg (\alpha \wedge \neg \alpha)$ [3]，定理 2.8 (5)
[5] $\neg (\alpha \wedge \neg \alpha)$ 取 F_i 和 B_i 都不在 α 中出现 定理 2.10 (1)
[6] $F_i \neg (\alpha \wedge \neg \alpha)$ [5]，NF
[7] $F_i \neg (\alpha \wedge \neg \alpha) \wedge \neg F_i \neg (\alpha \wedge \neg \alpha)$ [4][6]，定理 2.8 (6)
[8] $F_i \neg (\alpha \wedge \neg \alpha) \wedge \neg F_i \neg (\alpha \wedge \neg \alpha) \to B_i \beta$ 定理 2.10 (2)
[9] $B_i \beta$ [6][7]，MP
[10] $\vdash B_i(\alpha \wedge \neg \alpha) \to B_i \beta$ [1]~[9]，DT

(3) $B_i(\alpha \wedge \neg \alpha) \to \beta$
[1] $B_i(\alpha \wedge \neg \alpha)$ 假设
[2] $B_i(\alpha \wedge \neg \alpha) \to B_i \neg (\alpha \wedge \neg \alpha)$ 定理 2.12 (1)
[3] $B_i \neg (\alpha \wedge \neg \alpha)$ [1][2]，MP
[4] $B_i \neg (\alpha \wedge \neg \alpha) \to \neg B_i(\alpha \wedge \neg \alpha)$ 定理 2.12 (1)
[5] $\neg B_i(\alpha \wedge \neg \alpha)$ [1][2]，MP
[6] $B_i(\alpha \wedge \neg \alpha)$ [1]，定理 2.8 (9)
[7] $B_i(\alpha \wedge \neg \alpha) \wedge \neg B_i(\alpha \wedge \neg \alpha)$ [5][6]，定理 2.8 (6)
[8] $B_i(\alpha \wedge \neg \alpha) \wedge \neg B_i(\alpha \wedge \neg \alpha) \to \beta$ 定理 2.10 (2)
[9] β [7][8]，MP
[10] $\vdash B_i(\alpha \wedge \neg \alpha) \to \beta$ [1]~[9]，DT

定理 2.12 的（1）和（2）以及定理 2.13 的（1）和（2）可理解为司各脱法则在"相信"行动中的特殊表现——如果主体同时相信两个具有经典矛盾关系的命题（或它们的合取），那么该主体将相信（或推出）任一命题。

但是，在推理层面情况却有所不同，系统没能提供证明 $F_i(\alpha \wedge \neg \alpha) \to F_i \beta$ 和 $F_i \alpha \wedge F_i \neg \alpha \to F_i \beta$ 所需的条件。对此，我们可以做一些直观的讨论。在 BLP 系统中，要从 $F_i(\alpha \wedge \neg \alpha)$ 或 $F_i \alpha \wedge F_i \neg \alpha$ 推得 $F_i \beta$，可以有（但不限于）以下两种方式。

其一，先推得 β，再对其使用 NF 规则。但是，由于 NF 要求 β 是形式可证明的，这种方式并非对一切 $F_i \beta$ 都适用。

其二，根据公理模式 BF2，显然有公理 $B_i(\alpha\wedge\neg\alpha)\wedge B_i(\alpha\wedge\neg\alpha\rightarrow\beta)\rightarrow F_i\beta$。因此，只需从 $F_i(\alpha\wedge\neg\alpha)$ 或 $F_i\alpha\wedge F_i\neg\alpha$ 推得 $B_i(\alpha\wedge\neg\alpha)\wedge B_i(\alpha\wedge\neg\alpha\rightarrow\beta)$，再结合 MP 规则即可得出 $F_i\beta$。但是，$B_i(\alpha\wedge\neg\alpha)$ 这个条件是不存在的，因为不论从 $F_i(\alpha\wedge\neg\alpha)$ 还是从 $F_i\alpha\wedge F_i\neg\alpha$ 都不能推得 $B_i(\alpha\wedge\neg\alpha)$。首先，假设 $F_i(\alpha\wedge\neg\alpha)$。由公里模式 BF1 可知，要得到 $B_i(\alpha\wedge\neg\alpha)$ 还需有 $\neg F_i\neg(\alpha\wedge\neg\alpha)$，但 NF 规则表明 $\neg(\alpha\wedge\neg\alpha)$ 已经被 i 推出（因为 $\neg(\alpha\wedge\neg\alpha)$ 是形式可证明的），因而不可能有 $\neg F_i\neg(\alpha\wedge\neg\alpha)$。其次，假设 $F_i\alpha\wedge F_i\neg\alpha$。根据公理模式 BF1，不论 α 还是 $\neg\alpha$，主体 i 都不会拥有对它们的信念，因而也无法进一步得到 $B_i(\alpha\wedge\neg\alpha)$。

三 系统 BLP 的语义

定义 3.1 BLP 系统上的一个赋值 v 是以 BLP 所有公式的集 $Form(L^{BLP})$ 为定义域、以 $\{0,1\}$ 为值域的一个函数，并满足下列条件：

(1) $v(\neg\alpha)=1$，当且仅当，$v(\alpha)=0$；
(2) $v(\alpha\rightarrow\beta)=1$，当且仅当，若 $v(\alpha)=1$ 则 $v(\beta)=1$；
(3) $v(B_i\alpha)=1$，当且仅当，$v(F_i\alpha)=1$ 并且 $v(F_i\neg\alpha)=0$。

以上是 BLP 系统的基本语义定义，语义值 1 和 0 按通常的理解分别代表"真"和"假"。其中，$B_i\alpha$ 的真值是由 $F_i\alpha$ 和 $F_i\neg\alpha$ 的真值共同决定的。但是，$F_i\alpha$ 和 $F_i\neg\alpha$ 的真值条件未加定义。这样，它们的真值各自独立，也不取决于 α 的真值情况，而是可以像原子公式一样被直接赋予，因为"α 被 i 推出"所表达的恰好是一个原子事实（不论 α 有怎样的结构）。此外，$F_i\alpha$ 的真值也可以通过以下定义 3.2 所述的方式确定。

定义 3.2 如果 α 满足下列条件之一，则 $v(F_i\alpha)=1$：

(1) 对于所有赋值 v'，$v'(\alpha)=1$；
(2) 存在公式 β 和 $\beta\rightarrow\alpha$，使得 $v(B_i\beta)=1$ 并且 $v(B_i(\beta\rightarrow\alpha))=1$。

第七章 亚相容方案的"逻辑应用"构想

定理 3.3 对于任一赋值 v，如果 $v(B_i\alpha) = 1$，那么 $v(B_i\neg\alpha) = 0$。

证明。

对于任一赋值 v，假设 $v(B_i\alpha) = 1$。由定义 3.1（3）可得：$v(F_i\alpha) = 1$ 并且 $v(F_i\neg\alpha) = 0$，因而 $v(B_i\neg\alpha) = 0$。∎

定义 3.4 设 $\Sigma \subseteq Form(L^{BLP})$，$\alpha \in Form(L^{BLP})$。如果存在赋值 v，使得 $v(\alpha) = 1$，则称公式 α 是可满足的；$v(\Sigma) = 1$，当且仅当，对于任一公式 β，如果 $\beta \in \Sigma$，则 $v(\beta) = 1$；如果存在赋值 v 使得 $v(\Sigma) = 1$，则称公式集 Σ 是可满足的；赋值 v 满足 α 或 Σ，也称 v 是 α 或 Σ 的模型。

定义 3.5 一个公式 α 是重言式，当且仅当，对于任何赋值 v 都有 $v(\alpha) = 1$；一个公式 α 是矛盾式，当且仅当，对于任何赋值 v 都有 $v(\alpha) = 0$。

定义 3.6 称公式 α 为公式集 Σ 的语义后承，记为 $\Sigma \models \alpha$，当且仅当，对于任何赋值 v，如果 $v(\Sigma) = 1$，则 $v(\alpha) = 1$。$\varnothing \models \alpha$ 简记为 $\models \alpha$，此时 α 为重言式。

定理 3.7 在 BLP 系统中有：

(1) $v(\alpha \lor \beta) = 1$，当且仅当，$v(\alpha) = 1$ 或者 $v(\beta) = 1$；
(2) $v(\alpha \land \beta) = 1$，当且仅当，$v(\alpha) = 1$ 并且 $v(\beta) = 1$；
(3) $v(\alpha \leftrightarrow \beta) = 1$，当且仅当，如果 $v(\alpha) = 1$，则 $v(\beta) = 1$，并且，如果 $v(\beta) = 1$，则 $v(\alpha) = 1$。

证明。证明方法与经典命题逻辑相同。∎

定理 3.8 以下公式都是 BLP 系统的重言式：

(1) $\neg(\alpha \land \neg\alpha)$；
(2) $\alpha \lor \neg\alpha$；
(3) $\neg(F_i\alpha \land \neg F_i\alpha)$；
(4) $\neg(B_i\alpha \land \neg B_i\alpha)$；
(5) $F_i\alpha \lor \neg F_i\alpha$；

(6) $B_i\alpha \vee \neg B_i\alpha$。

证明：证明方法与经典命题逻辑相同。∎

其中，(3) 和 (4) 都是 (1) 的特例，(5) 和 (6) 都是 (2) 的特例。该定理表明，对于"推出 α"和"相信 α"这两种心智行动，经典（不）矛盾律和排中律在 BLP 系统中都成立。

定理 3.9　以下公式都是 BLP 系统的重言式：

(1) $\alpha \wedge \neg \alpha \rightarrow \beta$；
(2) $B_i\alpha \wedge \neg B_i\alpha \rightarrow B_i\beta$；
(3) $B_i\alpha \wedge \neg B_i\alpha \rightarrow F_i\beta$；
(4) $B_i\alpha \wedge \neg B_i\alpha \rightarrow \beta$；
(5) $F_i\alpha \wedge \neg F_i\alpha \rightarrow B_i\beta$；
(6) $F_i\alpha \wedge \neg F_i\alpha \rightarrow F_i\beta$；
(7) $F_i\alpha \wedge \neg F_i\alpha \rightarrow \beta$。

证明。证明方法与经典命题逻辑相同。∎

其中，(2) 至 (7) 都是 (1) 的特例。

定理 3.10　以下公式都是矛盾式：

(1) $B_i\alpha \wedge B_i\neg \alpha$；
(2) $B_i(\alpha \wedge \neg \alpha)$；
(3) $B_i(\alpha \leftrightarrow \neg \alpha)$。

选证 (1) 和 (2)。

证明：

(1) $B_i\alpha \wedge B_i\neg \alpha$ 是矛盾式。

假设 $B_i\alpha \wedge B_i\neg \alpha$ 不是矛盾式，则存在一个赋值 v，使得 $v(B_i\alpha \wedge B_i\neg \alpha) = 1$。根据定义 3.7 (2) 可得 $v(B_i\alpha) = 1$ 并且 $v(B_i\neg \alpha) = 1$。于是，根据定义 3.1 (3)，由 $v(B_i\alpha) = 1$ 可得 $v(F_i\neg \alpha) = 0$，由 $v(B_i\neg \alpha) = 1$ 可得 $v(F_i\neg \alpha) = 1$。矛盾。所以，假设不成立，$B_i\alpha \wedge B_i\neg \alpha$ 是矛盾式。

(2) $B_i(\alpha \wedge \neg \alpha)$ 是矛盾式。

假设 $B_i(\alpha \wedge \neg \alpha)$ 不是矛盾式,则存在一个赋值 v,使得 $v(B_i(\alpha \wedge \neg \alpha)) = 1$。根据定义3.1(3)可得 $v(F_i \neg (\alpha \wedge \neg \alpha)) = 0$。由于 $\neg(\alpha \wedge \neg \alpha)$ 是重言式(定理3.8(3)),因而对于所有赋值 v',$v'(\neg(\alpha \wedge \neg \alpha)) = 1$。根据定义3.2可知 $v(F_i \neg (\alpha \wedge \neg \alpha)) = 1$。矛盾。所以,假设不成立,$B_i(\alpha \wedge \neg \alpha)$ 是矛盾式。∎

定理3.11 以下公式都是BLP的重言式:

(1) $B_i\alpha \wedge B_i \neg \alpha \rightarrow B_i\beta$;
(2) $B_i\alpha \wedge B_i \neg \alpha \rightarrow F_i\beta$;
(3) $B_i\alpha \wedge \neg B_i\alpha \rightarrow \beta$;
(4) $B_i(\alpha \wedge \neg \alpha) \rightarrow B_i\beta$;
(5) $B_i(\alpha \wedge \neg \alpha) \rightarrow F_i\beta$;
(6) $B_i(\alpha \wedge \neg \alpha) \rightarrow \beta$。

证明。

由定理3.10可知,以上公式的前件均为矛盾式。所以,根据定义3.1(2),这些公式都是重言式。∎

定理3.12 以下公式都可满足但都不是重言式:

(1) $F_i\alpha \wedge F_i \neg \alpha \rightarrow F_i\beta$;
(2) $F_i(\alpha \wedge \neg \alpha) \rightarrow F_i\beta$;
(3) $F_i\alpha \wedge F_i \neg \alpha \rightarrow F_i(\alpha \wedge \neg \alpha)$;
(4) $F_i(\alpha \wedge \neg \alpha) \rightarrow F_i\alpha$。

以上公式的后件都是形如 $F_i(*)$ 的公式。容易检验,当后件 F_i 辖域中的公式 $(*)$ 是重言式时,以上公式都有模型,因而是可满足的。同时,公式(1)至(4)都不是重言式,因为存在赋值使得前件 $F_i\alpha \wedge F_i \neg \alpha$ 或 $F_i(\alpha \wedge \neg \alpha)$ 的值为1而后件 $F_i\beta$ 或 $F_i(\alpha \wedge \neg \alpha)$ 的值为0。之所以可以构造出这样的赋值,是因为 F_i 不是真值联结词,$F_i\alpha$ 的真值

并不取决于 α 的真值（除非 α 是重言式），可以被单独赋予。

其中，公式（1）和（2）的无效表达了亚相容性的直观含义，是对系统外亚相容性直接的形式刻画。公式（3）和（4）的无效表明，$F_i\alpha \wedge F_i \neg \alpha$ 和 $F_i(\alpha \wedge \neg \alpha)$ 分别表达了两种不同的不相容情形，不能相互推出。显然，（3）和（4）更一般的形式 $F_i\alpha \wedge F_i\beta \to F_i(\alpha \wedge \beta)$、$F_i(\alpha \wedge \beta) \to F_i\alpha$ 也是无效的。

定理 3.13 BLP 系统中的公理都是重言式。

证明。

（1）根据定义 3.1（1）和 3.1（2），容易证明形如公里模式 PC1~PC3 的公式都是重言式，证明方法和经典命题逻辑完全相同。

（2）形如公理模式 $B_i\alpha \leftrightarrow F_i\alpha \wedge \neg F_i \neg \alpha$ 的公式是重言式。

假设形如 $B_i\alpha \leftrightarrow F_i\alpha \wedge \neg F_i \neg \alpha$ 的公式不是重言式，则存在一个赋值 v 使得 $v(B_i\alpha \leftrightarrow F_i\alpha \wedge \neg F_i \neg \alpha) = 0$，根据定义 3.1（3），即恰好有下列情形之一：

[1] $v(B_i\alpha) = 1$ 并且 $v(F_i\alpha \wedge \neg F_i \neg \alpha) = 0$；

[2] $v(B_i\alpha) = 0$ 并且 $v(F_i\alpha \wedge \neg F_i \neg \alpha) = 1$。

对于情形 [1]。根据定义 3.1（3），由 $v(B_i\alpha) = 1$ 知：$v(F_i\alpha) = 1$ 并且 $v(F_i \neg \alpha) = 0$。根据定义 3.1（1），由 $v(F_i \neg \alpha) = 0$ 可得 $v(\neg F_i \neg \alpha) = 1$。于是，根据定理 3.7（2），$v(F_i\alpha \wedge \neg F_i \neg \alpha) = 1$。矛盾。所以，情形 [1] 不成立。

对于情形 [2]。根据定理 3.7（2），由 $v(F_i\alpha \wedge \neg F_i \neg \alpha) = 1$ 可得：$v(F_i\alpha) = 1$ 并且 $v(\neg F_i \neg \alpha) = 1$。根据定义 3.1（1），由 $v(\neg F_i \neg \alpha) = 1$ 可得 $v(F_i \neg \alpha) = 0$。于是，根据定义 3.1（3），$v(B_i\alpha) = 1$。矛盾。所以，情形 [2] 不成立。

可见，不存在赋值 v 使得 $v(B_i\alpha \leftrightarrow F_i\alpha \wedge \neg F_i \neg \alpha) = 0$，假设不成立，形如 $B_i\alpha \leftrightarrow F_i\alpha \wedge \neg F_i \neg \alpha$ 的公式是重言式。

（3）形如公理模式 $B_i\alpha \wedge B_i(\alpha \to \beta) \to F_i\beta$ 的公式是重言式。

对于任一赋值 v，假设 $v(B_i\alpha \wedge B_i(\alpha \to \beta)) = 1$。

根据定理 3.7（2）可得：$v(B_i\alpha) = 1$ 并且 $v(B_i(\alpha \to \beta)) = 1$。于是，根据定义 3.2，$v(F_i\beta) = 1$。因此，由定义 3.1

(2) 可知，$v(B_i\alpha \wedge B_i(\alpha \to \beta) \to F_i\beta) = 1$。

所以，形如公理模式 $B_i\alpha \wedge B_i(\alpha \to \beta) \to F_i\beta$ 的公式是重言式。 ■

定理 3.14 对于任一公式集 Σ 和任一公式 α、β,

(1) 如果 $\Sigma \vDash \alpha$，并且 $\Sigma \vDash \alpha \to \beta$，则 $\Sigma \vDash \beta$;
(2) 如果 $\vDash \alpha$，则 $\vDash F_i\alpha$。

证明。

(1) 的证明方法与经典命题逻辑相同。

(2) 设 $\vDash \alpha$。因此，对于任一赋值 v，$v(\alpha) = 1$。于是，由定义 3.2 可知，对于任一赋值 v，$v(F_i\alpha) = 1$。因此，由定义 3.5 知，$F_i\alpha$ 是重言式，即 $\vDash F_i\alpha$。 ■

定理 3.15 对于任一公式集 Σ、Γ 和任一公式 α，如果 $\Sigma \vDash \alpha$，则 $\Sigma \cup \Gamma \vDash \alpha$。

证明。

设 $\Sigma \vDash \alpha$。即，对于任一赋值 v，若 $v(\Sigma) = 1$ 则 $v(\alpha) = 1$。

由于 $\Sigma \subseteq \Sigma \cup \Gamma$，所以，对于任一赋值 v'，如果 $v'(\Sigma \cup \Gamma) = 1$ 那么 $v'(\Sigma) = 1$。因为 $\Sigma \vDash \alpha$，所以有 $v'(\alpha) = 1$。因此，如果 $\Sigma \vDash \alpha$，则 $\Sigma \cup \Gamma \vDash \alpha$。 ■

四 系统 BLP 的特点

以上是笔者在亚相容解悖方案"逻辑应用"路径上的一种尝试。系统 BLP 的语形和语义目前主要侧重于对"逻辑应用"核心观念的刻画，作为一种形式化的研究仍比较初步。除了需要进一步精细化和严格化，BLP 的完全性、可判定性等元性质还有待进一步研究。但是，因为我们已经证明了它的公理模式都是有效式，初始变形规则都形式保真，所以在系统的可靠性方面，BLP 显然已经满足了要求：如果 $\Sigma \vdash \alpha$，那么 $\Sigma \vDash \alpha$；如果 $\vdash \alpha$，那么 $\vDash \alpha$。

从语形和语义的技术来看，BLP 系统的总体特点是："主体 i 相信 α"与"主体 i（实际）推出 α"相互制约。具体而言，体现在三个方面。

第一，预设了主体对于自身信念相容性要求的语义自觉（拒斥矛盾）：被推出的公式（包括逻辑定理）不相互矛盾是它们成为信念的必要条件。

第二，公式 α 已被主体推出，是 α 成为主体的信念的必要条件。

第三，如果依据某些前提，α 能够被逻辑地推出，并且这些前提都已成为主体的信念，那么 α 就被主体实际推出。

依据这一设定，当 α 和 $\neg\alpha$ 都被推出，二者都不能成为主体的信念，也就不能共同作为推理的前提实际地推出任一命题 β，所谓"平庸"也就不会实际发生。一个以经典逻辑为基础的理论，包含了司各脱法则 $\alpha\wedge\neg\alpha\to\beta$，但并不等于该理论就是平庸的。亚相容逻辑要求"圈禁"矛盾，在含有悖论的理论中，实际的做法是：不使用司各脱法则。正如某公民拥有某项法定权利，但这项权利并不一定被他实际地行使，相应的后果也就不会产生。用 B_i 制约 F_i，能够为这种实际的状况提供一种刻画。

由于以上技术特点，从直观来看，系统 BLP 能够表现出对其他非经典逻辑某些基本思想的容纳。以下三个方面比较明显。

（1）只有在 α 已被实际推出的情况下，α 才成为主体的信念。在此，系统把"信念"理解为一种确定的状态，以对 α 的证明实际被构造为前提，这可视为直觉主义思想的一种体现。尤其，被直觉主义逻辑拒斥的排中律 $\alpha\vee\neg\alpha$ 在系统 BLP 的信念层面（注意，不是"相信""推出"的心智行动层面）也是不成立的：$B_i\alpha\vee B_i\neg\alpha$ 和 $F_i\alpha\vee F_i\neg\alpha$ 显然都是无效式。不仅如此，$B_i(\alpha\vee\neg\alpha)\vee B_i\neg(\alpha\vee\neg\alpha)$ 也是无效式。

（2）如果 α 和 $\neg\alpha$ 都被推出，那么它们都不能成为主体的信念，这具有真值间隙的思想。（1）中所述情况也体现了这一点。

（3）当 α 被推出并且 $\neg\alpha$ 尚未被推出，主体便拥有对 α 的信念。但是，假如在后续的推理中又得到 $\neg\alpha$，那么主体必须放弃原先对 α 的信念。这说明系统 BLP 在信念层面具有非单调性，这包含了信念可修正的思想。

可见，虽然对"逻辑应用"路径的构想起源于对亚相容解悖方案的思考，但诉诸经典逻辑应用的一般原则，对于我们理解逻辑系统外的各种非经典现象亦不无帮助。对这一路径的讨论或能够为我们探索非经典逻辑研究的一般方法论带来启发。

同时，应当注意，尽管系统 BLP 能够体现上述非经典逻辑的思想，但严格来讲，它并没有也不试图对经典逻辑进行修改。经典逻辑作为基础逻辑，其语形和语义都被 BLP 完整地保留了下来。在思想方法上，其最终的根据在于对"逻辑"和"逻辑应用"的明确区分；在系统内，体现为对"命题的真"和"对命题的信念"的区别。它显示，非经典的情境都只出现于推理或信念中：矛盾之成为理论或信念体系的定理（相互矛盾的命题都被推出）只存在于 Fi 的层面；非单调性只存在于 B_i 层面；真值间隙也只存在于 F_i 和 B_i 层面。而在作为心智行动的"做推理"层面，对于某个命题之"被推出""被相信"本身（"推出 α"与"并非推出 α"、"相信 α"与"并非相信 α"），矛盾律和排中律仍然成立。

回到关于悖论的话题，区别"命题的真"和"对命题的信念"也有利于我们对经典逻辑地位的认识。

悖论是一种理论事实或状况，"公认正确的背景知识"这一要素表明，该理论中每一个定理（包括相互矛盾的命题）的得出都是以对背景知识的信念为条件的。由于背景知识中包括所使用的基础逻辑，为了消除悖论，有效式（公理和定理）也是可被怀疑的。所以，如果 α 要被主体 i 推出，不仅要求其非逻辑前提已被 i 相信，同时要求其逻辑前提（公理、定理和变形规则）已被 i 相信。例如，主体可能推出逻辑定理 $\neg(\alpha\leftrightarrow\neg\alpha)$，但是其矛盾命题 $\alpha\leftrightarrow\neg\alpha$（或它的某个代入例）也被推出，那么它们都不被主体相信。由于悖论本身的难解性（难以准确指出它们各自所在的推演序列中到底何处存在"不合理信念"），在悖论状态被消除之前，它们都将被"圈禁"起来，不能作为进一步推理的前提；但这并不一定对它们各自所在序列中其他命题（都已是主体的信念）的使用造成影响。

在系统 BLP 中，虽然就"被相信"而言，经典逻辑定理与其他命题相比并不具有"特权"（如果它们相互矛盾，则都不被相信），但从"被推出"来看，恰好表达了经典逻辑的"不可或缺"。例如，$B_i(\alpha\wedge\beta)\rightarrow$

$F_i\alpha$ 只是可满足式，而 $B_i(\alpha\wedge\beta)\wedge B_i(\alpha\wedge\beta\rightarrow\alpha)\rightarrow F_i\alpha$ 则是有效式，二者的差别仅在于 $\alpha\wedge\beta\rightarrow\alpha$ 这个经典逻辑定理是否成为主体的信念。换言之，如果缺少对经典逻辑的信念，那么主体将无法进行推理。况且，从公理模式 $F_i\alpha\leftrightarrow F_i\alpha\wedge\neg F_i\neg\alpha$ 来看，系统 BLP 亦显示了主体在信念层面对经典逻辑的自觉。

总结与展望

从雅斯科夫斯基在1948年建立"讨论逻辑"算起,亚相容逻辑已走过了70多年的历程。在不断的论争和反复的答辩中,亚相容逻辑的研究工作在多个方向上取得了长足进步,产生了众多极具代表性的成果,与逻辑学其他分支的良性互动也在各个层面全面展开。作为一种非经典的解悖方案,亚相容逻辑一方面主张"宽容地"对待理论或思维中的矛盾,另一方面要防止它们带来进一步的危害。就如我们对待好动的孩子,既不忍心压制他的天性,又不得不进行规诫以避免潜在的伤害。经过前面的考察,我们已经比较清楚地掌握了亚相容解悖方案容纳矛盾、防止平庸的基本策略,比较清晰地了解了它在哲学和技术上的特色和不足,也明确提出了一种新的研究构想并进行了初步尝试。在结束探讨之前,笔者还希望在以下三个方面谈一谈研究的总结或展望。

1. 关于"基础逻辑"路径的得与失

我们在构造以及评价某个逻辑系统的时候,一个需要考虑的重要问题是系统内与系统外推理的有效性是否恰当相符。悖论的出现将我们的理论或信念体系置于亚相容的情境之中:矛盾被合法地得出是事实,非平庸性也是事实。然而,从经典逻辑的角度来看,这两种情况不可能同时存在:依据司各脱法则(或"爆炸原理"),这样的矛盾必将导致系统的平庸。亚相容逻辑学家看到了经典逻辑与系统外实际状况之间的不相符。要消除这种冲突,我们自然不应奢望去改变现实。看起来,剩下的唯一通路就是修改经典逻辑。这正是"基础逻辑"路径最原始的出发点。

毫无疑问,亚相容解悖方案的动机是合理的:使逻辑学说能够准确刻画理论或信念体系的这种亚相容性,以实现与我们实际推理的匹配。为此,这项工作的全部努力都集中在了对司各脱法则的排斥上。

一些逻辑学家主张修改经典二值语义,在系统内允许形如 A 和 $\neg A$ 的命题同时为真。从技术上来看,这样的语义规定的确使司各脱法则失效了。然而，我们已经论证，用这项技术来解决相符性问题与亚相容方案的初衷是不融贯的。在经典语义中，司各脱法则之所以有效，除了与"有效性"的定义相关，更主要的根据就在于 A 和 $\neg A$ 不能同真。现在，司各脱法则"失效"，主要也是通过对该语义规则的改造。但是，既然 A 和 $\neg A$ 能够同真，它们之间显然就不具有矛盾关系，以同时得出它们为标志的"理论事实"也就不能称其为悖论了。因此，最终的结果并不是使逻辑更加相符于"悖论状态+非平庸状态"这一亚相容事实，而是反过来，通过新的逻辑来宣布"悖论状态"不是事实。可见，这种方式即便不是企图"改变"事实，也是在有意（或许是无意）"回避"事实。

为了消除这种不融贯，一种"讨巧"的办法是认为系统外的（某些）矛盾事实上就是可以接受的：认为存在着为"真"的矛盾，或者，认为有些理论事实上允许矛盾为"真"。以普利斯特为代表的"真矛盾"论者正是如此。但是，我们此前的讨论已经表明，这一理想是难以找到合理根据的。

另一些逻辑学家则更关心经典逻辑"有效性"观念存在的问题。在相干方案看来，司各脱法则之所以在经典逻辑中有效，是因为其中的"有效性"只考虑它的前件与后件之间的真值关联，对于是否存在意义上的联系则漠不关心。而我们实际的推理显然不是这般模样。因此，相干逻辑学家要求给蕴涵和推理追加相干性要求，对司各脱法则的作用进行约束。与前一种思路相比，相干方案对系统外有效性的关注更加务实。尽管这样更符合我们的直观，但是，若要在基础逻辑中植入相干性要求，特设性可能也就随之而来了，尤其体现在"相干原理"这项核心技术上。

尽管"基础逻辑"路径在总体上是不成功的，在方法论层面上，这些系统却给我们带来了一些重要的启示。我们关于亚相容方案"宽广性"的讨论表明，亚相容逻辑学家并不是真正想要放弃经典逻辑，而是要对部分法则的"使用"进行限制。雷歇尔和布兰登关于"相容世界"和"不相容世界"的区分、普利斯特对"准有效"规则的讨论、达·科斯塔对 A^0 的定义和运用等已充分显示了他们的目的。安德森和贝尔纳普关于所有前提都必须真正"被使用"的规定则更加直接地表达了这一意图。对于笔者所主张的"逻辑应用"路径来说，这也不无启发。

2. 关于"逻辑应用"路径的定位

尽管"基础逻辑"路径也关注逻辑法则的"使用",但是,在如何理解或刻画这种"使用"的问题上,与"逻辑应用"路径有着根本区别。首先,在"基础逻辑"路径看来,司各脱法则等不应当在不相容的情境下使用,是因为它们本身在系统内是无效的;"逻辑应用"路径则认为,这些法则在系统内是有效的。其次,"基础逻辑"路径试图在"基础逻辑"系统内刻画本应属于系统外的"使用"规范,必定要求对经典逻辑系统进行"削减";"逻辑应用"路径则在明确区分"有效性"和"可使用性"的前提下,在"基础逻辑"系统外增加对"使用"规范的刻画,是对经典逻辑系统的扩充。

因此,从"逻辑应用"路径的视角来看,"基础逻辑"路径在总体上不成功的一个重要原因是没有真正区分"逻辑"与"逻辑的应用"。正如笔者在第七章中所说,要准确刻画"亚相容性",真正需要回答的问题是"应该如何使用(经典)逻辑"而非"应该使用什么逻辑"。

在我们谈论系统外实际的推理时,会涉及我们对"推理"一词的两种用法:

> 一是逻辑本体层面的用法,它只关注推理的前提与结论之间的一种结构关联——形式保真(有效性)关联,不涉及推理者的"推理过程";一是心理-认知层面的用法,它所表征的恰恰是推理者一种实际的心智过程,也就是"做推理"的过程。[①]

当我们考察亚相容情境下的推理时,这两层含义不应当但实际上是常常被混淆的。正因为如此,坚持"基础逻辑"路径的亚相容逻辑学家才会认为经典逻辑对于这种情境不再适用,才会提出建立另一种基础逻辑的主张。这种主张试图对经典逻辑进行改造,要求它在自身内部就能够充分展现主体实际的推理过程。可是,"做推理"的过程因个体而异,影响推理活动的"心理的东西"千差万别,若要求基础逻辑来担此重

---

① 张建军:《走向一种层级分明的"大逻辑观"》,载张建军《在逻辑与哲学之间》,中国社会科学出版社,2013,第60页。

任，我们关于系统内有效性的观念将变得面目全非。

严格区分"系统内有效性"和"系统外有效性"是我们能够恰当地讨论"相符性"问题的先决条件。"逻辑应用"路径正是基于对二者的明确区分，在完整保留经典逻辑关于有效性的观念的前提下，探索系统内有效的法则在系统外恰当应用的一般原则。若将这些原则再以逻辑的手段刻画出来，便可以产生新的逻辑系统或完整的推理理论。这正是杜国平所说的特定领域中"逻辑应用"向"应用逻辑"转变的过程。①

因此，在学科定位上，亚相容方案"逻辑应用"路径的研究及其理想产品可归为"应用逻辑"的范畴。模仿张建军对"应用逻辑"的界定，② 这项研究可以表述为：面向可能包含悖论的理论或信念体系，系统探究逻辑因素在其中的作用机理，以及逻辑因素与非逻辑因素的相互作用机理，以把握方法论模式为研究核心，旨在形成关于理论或信念体系构建中的逻辑应用方法论。

当然，第七章提出的"逻辑应用"路径构想还比较初级，BLP 系统的构建还只是一次初步的尝试。尽管如此，与"基础逻辑"路径相比，这些工作业已表现出鲜明的特色，也显示了探索亚相容解悖方案研究之新范式的可能性。在进一步的研究中，笔者将对 BLP 系统的一系列元性质展开精确考察，为其建立比较完整的元理论。

3. 关于"逻辑应用"路径和"置信语义"

2014 年，张建军在修订其著作《逻辑悖论研究引论》时新增了一些关于亚相容逻辑的评论，并第一次明确提出"置信语义"构想。他说：

> 亚相容逻辑特别是普利斯特的"悖论逻辑"（LP）系统的合理解释，应诉诸一种"置信语义"。这首先要澄清 $Bp \land \neg Bp$ 和 $Bp \land B \neg p$ 这两个合取式之根本不同：前者依矛盾律是永假式，而后者却是人类信念系统中的可满足式，在语用学界说下的"悖论"就是后者的一种现实原型。③

---

① 参见杜国平《应用逻辑研究进展》，《哲学动态》2010 年第 1 期，第 71 页。
② 参见张建军《走向一种层级分明的"大逻辑观"》，载张建军《在逻辑与哲学之间》，中国社会科学出版社，2013，第 64 页。
③ 张建军：《逻辑悖论研究引论》（修订本），人民出版社，2014，第 282 页。

其中，Bp 和 $\neg Bp$ 分别表示"相信 p"和"不相信 p"。由于 $Bp \wedge \neg Bp$ 永假，$Bp \wedge \neg Bp \to Bq$ 就是永真的；由于 $Bp \wedge B\neg p$ 是可满足的，$Bp \wedge \neg Bp \to Bq$ 的反模型便容易构造出来了。显然，与经典命题逻辑司各脱法则 $p \wedge \neg p \to q$ 相对应的表达式是前者而非后者，司各脱法则在信念层面仍具有有效性。同时，$Bp \wedge B\neg p$ 刻画的正是理论或信念体系实际的矛盾状态，$Bp \wedge B\neg p \to Bq$ 的失效恰好是对"非平庸性"的表征。可见，对于"亚相容性"的逻辑刻画，"置信语义"构想也提供了一条合理的思路。

容易看出，对置信语义的上述解释与第七章构建的 BLP 系统颇为相似。但是，二者也存在一些直观上较为明显的区别。比如，$Bp \wedge B\neg p$ 在这里通常被解释为一种"隐性"的"弱"矛盾信念，[①] 是可以为真的。而在 BLP 系统中对矛盾信念未做"强""弱"之分，该命题形式在语义上被定义为永假。这两种解释何者更加符合实际，还有待进一步分析和讨论。

此外，与系统 BLP 相似，以上张建军对"置信语义"的解释仍然主要是在语形层面展开的，其目的主要在于说明应该如何对普利斯特 LP 等亚相容逻辑系统做"合理化"解释。按照张建军的构想，"置信语义"的研究应当以严格区分"命题语义"和"置信语义"为基础，一个命题是否被"相信为真"对它自身的真假并不构成影响。从笔者的角度来看，在理论或信念体系的建构中，对逻辑定理"置信为真"正是我们恰当地使用逻辑进行推理的先决条件。因此，"置信语义"研究的首要工作将是对经典逻辑进行语义扩充（例如，增加语义值"置信真""置信假"），而经典逻辑在语形和语义上的成果都将得到完整保留。目前，学界对"置信语义"的讨论还未真正展开，这也将是笔者下一步研究的一项重要内容。

综上所述，"置信语义"可视为亚相容解悖方案"逻辑应用"路径上的一种"语义进路"，而系统 BLP 则是在"语形进路"上所进行的尝试。二者更加细致的区别和联系，有待它们各自的深入研究之后方能充分显现。

[①] 参见张建军等《当代逻辑哲学前沿问题研究》，人民出版社，2014，第 270 页。

参考文献

一 中文文献

陈波：《逻辑哲学导论》，中国人民大学出版社，2000。

陈波：《逻辑哲学》，北京大学出版社，2005。

陈波：《悖论研究》，北京大学出版社，2014。

陈波、韩林合主编《逻辑与语言——分析哲学经典文选》，东方出版社，2005。

邓晓芒：《思辨的张力——黑格尔辩证法新探》，湖南教育出版社，1992。

杜国平：《经典逻辑与非经典逻辑基础》，高等教育出版社，2006。

杜国平：《不协调信息的推理机制研究》，中国社会科学出版社，2017。

冯棉：《可能世界与逻辑研究》，华东师范大学出版社，1996。

冯棉：《相干逻辑研究》，华东师范大学出版社，2010。

冯棉：《相干与衍推谓词逻辑》，华东师范大学出版社，2018。

弓肇祥：《真理理论》，社会科学文献出版社，1999。

桂起权、陈自立、朱福喜：《次协调逻辑与人工智能》，武汉大学出版社，2002。

韩雪涛：《数学悖论与三次数学危机》，湖南科技出版社，2006。

郝旭东：《弗协调认知逻辑研究》，华东师范大学出版社，2010。

金岳霖：《金岳霖文集》（第1~4卷），甘肃人民出版社，1995。

李志才主编《方法论全书》（第1卷），南京大学出版社，2000。

林德宏：《科学思想史》（第2版），江苏科学技术出版社，2004。

苗力田主编《亚里士多德全集》（第7卷），中国人民大学出版社，1993。

任晓明、桂起权：《非经典逻辑系统发生学研究：兼论逻辑哲学的中心问题》，南开大学出版社，2011。

涂纪亮、陈波主编《蒯因著作集》（第 3 卷），中国人民大学出版社，2007。

王浩：《数理逻辑通俗讲话》，科学出版社，1981。

王路：《走进分析哲学》，生活·读书·新知三联书店，1999。

王天思：《悖论问题的认识论研究》，上海世纪出版集团，2012。

王天思：《现代科学和哲学中的描述问题》，上海大学出版社，2014。

王习胜：《泛悖论与科学理论创新机制研究》，北京师范大学出版社，2013。

王宪钧：《数理逻辑引论》，北京大学出版社，1982。

夏基松、郑毓信：《西方数学哲学》，人民出版社，1986。

杨熙龄：《奇异的循环》，辽宁人民出版社，1986。

杨武金：《辩证法的逻辑基础》，商务印书馆，2008。

叶峰：《二十世纪数学哲学：一个自然主义者的评述》，北京大学出版社，2010。

余俊伟：《否定词研究》，中国社会科学出版社，2014。

张家龙：《数理逻辑的发展》，社会科学文献出版社，1993。

张建军：《科学的难题——悖论》，浙江科学技术出版社，1990。

张建军：《在逻辑与哲学之间》，中国社会科学出版社，2013。

张建军：《逻辑悖论研究引论》（修订本），人民出版社，2014。

张建军、黄展骥：《矛盾与悖论新论》，河北教育出版社，1997。

张建军等：《当代逻辑哲学前沿问题研究》，人民出版社，2014。

张锦文：《公理集合论导引》，科学出版社，1991。

张巨青：《再现矛盾的方法——谈对立统一方法的关系》，湖北人民出版社，1984。

张巨青：《辩证逻辑导论》，人民出版社，1989。

张清宇：《弗协调逻辑》，中国社会出版社，2003。

张清宇主编《逻辑哲学九章》，江苏人民出版社，2004。

张清宇、郭世铭、李小五：《哲学逻辑研究》，社会科学文献出版社，1997。

赵总宽：《现代逻辑方法论》，中国人民大学出版社，1998。

郑毓信:《现代逻辑的发展》,辽宁教育出版社,1989。

郑毓信、林曾:《数学·逻辑与哲学》,湖北人民出版社,1987。

中国逻辑学会编委会编《逻辑今探》,社会科学文献出版社,1999。

周礼全:《黑格尔的辩证逻辑》,中国社会科学出版社,1989。

周礼全:《周礼全集》,中国社会科学出版社,2000。

朱建平:《逻辑哲学与哲学逻辑》,苏州大学出版社,2014。

〔美〕A. 爱因斯坦:《爱因斯坦文集》(增补本),许良英等编译,商务印书馆,2009。

〔德〕A. 爱因斯坦、〔波〕L. 英费尔德:《物理学的进化》,周肇威译,湖南教育出版社,1999。

〔英〕K. 波普尔:《猜想与反驳》,傅季重等译,上海译文出版社,1986。

〔荷〕J. 范本特姆:《逻辑、语言和认知》,刘新文、郭美云等译,科学出版社,2009。

〔英〕S. 哈克:《逻辑哲学》,罗毅译,商务印书馆,2003。

〔德〕G. 黑格尔:《小逻辑》,贺麟译,商务印书馆,1980。

〔美〕M. 克莱因:《古今数学思想》(第1~3册),石明生等译,上海科学技术出版社,2014。

〔美〕W. 蒯因:《从逻辑的观点看》,江天骥译,上海译文出版社,1987。

〔英〕I. 拉卡托斯:《科学研究纲领方法论》,兰征译,上海译文出版社,1986。

〔英〕S. 里德:《对逻辑的思考》,李小武译,辽宁教育出版社,1998。

〔波兰〕J. 卢卡西维茨:《亚里士多德的三段论》,李真、李先焜译,商务印书馆,1995。

〔英〕B. 罗素:《我的哲学的发展》,温锡增译,商务印书馆,1982。

〔英〕B. 罗素:《逻辑与知识》,苑莉均译,商务印书馆,1996。

〔美〕A. P. 马蒂尼奇编《语言哲学》,牟博等译,商务印书馆,1998。

〔英〕W. 涅尔、M. 涅尔:《逻辑学的发展》,张家龙、洪汉鼎译,商务印书馆，1995。

〔波兰〕A. 沙夫：《语义学引论》，罗兰、周易译，商务印书馆，1979。

〔英〕R. 索伦森：《悖论简史》，贾红雨译，北京大学出版社，2007。

〔美〕S. 夏皮罗：《数学哲学》，郝兆宽、杨睿之译，复旦大学出版社，2012。

〔德〕H. 肖尔兹：《简明逻辑史》，张家龙译，商务印书馆，1997。

二　外文文献

Anderson, A. R., and N. D. Belnap, "Entailment and Relevance," *The Journal of Symbolic Logic* 2 (1960): 144-146.

Anderson, A. R., and N. D. Belnap, *Entailment: The Logic of Relevance and Necessity*, Vol. 1 (Princeton: Princeton University Press, 1975).

Asenjo, F. G. A., "Calculus of Antinomies," *Notre Dame Journal of Formal Logic* 1 (1966): 103-105.

Arruda, A. I., "On the Imaginary Logic of N. A. Vasil'év," in A. I. Arruda, N. C. A. da Costa, and R. Chuaqui, eds., *Non-classical Logic, Model Theory and Computability* (Amsterdam: North-Holland, 1977), pp. 3-24.

Arruda, A. I., "A Survey of Paraconsistent Logic," in A. I. Arruda, R. Chuaqui, and N. C. A. da Costa, eds., *Mathematical Logic in Latin America* (New York: North-Holland Publishing Company, 1980), pp. 3-5.

Beall, Jc, *Spandrels of Truth* (Oxford: Clarendon Press, 2007).

Béziau, J.-Y., "What is Paraconsistent Logic?" in D. Batens et al., eds., *Frontiers of Paraconsistent Logic* (Baldock: Research Studies Press Ltd., 2000), pp. 95-111.

Béziau, J.-Y., W. A. Carnielli, and Dov M. Gabbay, eds., *Handbook of Paraconsistency* (London: Collage Publications, 2007).

Béziau, J.-Y., M. Chakraborty, and S. Dutta, eds., *New Directions in Paraconsistent Logic* (London: Springer, 2015).

Brown, B., "Yes, Virginia, There Really are Paraconsistent Logic," *Journal of Philosophical Logic* 5 (1999): 489-500.

Bueno, O., "Can a Paraconsistent Theorist be a Logical Monist?" in

W. A. Carnielli, M. E. Coniglio, and I. M. L. D'Ottaviano, eds., *Paraconsistency: The Logical Way to the Inconsistent* (New York: Marcel Dekker, Inc., 2002), pp. 535-552.

Curry, H. B., "The Inconsistency of Certain Formal Logics," *Journal of Symbolic Logic* 3 (1942): 115-117.

da Costa, N. C. A., "On the Theory of Inconsistent Formal Systems," *Notre Dame Journal of Formal Logic* 4 (1974): 497-510.

da Costa, N. C. A., and O. Bueno, "Consistency, Paraconsistency and Truth (Logic, the Whole Logic and Nothing but 'the' Logic)," *Ideasy Valores* 4 (1996): 48-60.

da Costa, N. C. A., O. Bueno, and S. French, "The Logic of Pragmatic Truth," *Journal of Philosophical Logic* 6 (1998): 603-620.

da Costa, N. C. A. and L. Dubikajtis, "On Jaśkowski's Discussive Logic," in A. I. Arruda, N. C. A. da Costa, and R. Chuaqui, eds., *Non-Classical Logics, Modal Theory and Computability* (Amsterdam: North-Holland Publishing Company, 1977), pp. 37-56.

da Costa, N. C. A., D. Krause, and O. Bueno, "Paraconsistent Logics and Paraconsistency," in D. Jacquette, ed., *Philosophy of Logic* (Amsterdam: North-Holland Publishing Company, 2006), pp. 791-911.

da Costa, N. C. A. and R. G. Wolf, "Studies in Paraconsistent Logic I: The Dialectical Principle of the Unity of Opposites," *Philosophia* 9 (1980): 189-217.

Denyer, N., "Dialetheism and Trivialisation," *Mind* 390 (1989): 259-263.

Diderik, B., "Paraconsistency and Its Relation to World Views," *Foundations of Science* 3 (1999): 259-283.

Dunn, J. M., "Intuitive Semantics for First Degree Entailment and Coupled Trees," *Philosophical Studies* 3 (1976): 149-168.

Dunn, J. M. and G. Restall, "Relevance Logic," in Dov M. Gabbay and F. Guenthner, eds., *Handbook of Philosophical Logic*, Vol. 6 (2nd) (Dordrecht: Kluwer Academic Publishers, 2002), pp. 1-136.

Eklund, M., "Deep Inconsistency," *Australasian Journal of Philosohy* 3 (2002): 321-331.

Erickson, G. W. and J. A. Fossa, *Dictionary of Paradox* (New York: University Press of America, 1998).

Field, H., "Tarski's Theory of Truth," *The Journal of Philosophy* 13 (1972): 347-375.

Field, H., "Saving the Truth Schema from Paradox," *Journal of Philosophical Logic* 1 (2002): 1-27.

Field, H., "A Revenge-immune Solutiontothe Semantic Paradoxes," *Journal of Philosophical Logic* 32 (2003): 1-33.

Field, H., *Saving Truth from Paradox* (New York: Oxford University Press, 2008).

Gabbay, Dov M. and H. Wansing, eds., *What is Negation?* (Dordrecht: Kluwer Academic Publishers, 1999).

Gabbay, Dov M. and J. Woods, eds., *Handbook of the History of Logic*, Vol. 8 (New York: Elsevier, 2007).

Irvine, A. D., "Gaps, Gluts and Paradox," *Canadian Journal of Philosophy* Supp. 1 (1992): 273-299.

Jaśkowski, S., "Propositional Calculus for Contradictory Deductive Systems," *Logic and Logical Philosophy* 35 (1999): 35-56.

Kotas, J. and N. C. A. da Costa, "On the problem of Jaśkowski and the Logics of Łukasiewicz," in A. I. Arruda, N. C. A. da Costa, and R. Chuaqui, eds., *Mathematical Logic: Proceedings of the 1st Brazilian Conference* (New York: Marcel Dekker, 1978), pp. 127-139.

Mares, E., " 'Four-Valued' Semantics for the Relevant Logic R," *Journal of Philosophical Logic* 3 (2004): 327-341.

Mares, E., "Relevance Logic," in E. N. Zalta, ed., *The Stanford Encyclopedia of Philosophy* (Spring 2014 Edition), URL = < https://plato.stanford.edu/archives/spr2014/entries/logic-relevance/>.

Mortensen, C., *Inconsistent Mathematics* (Dordrecht: Kluwer Academic Publishers, 1995).

Omori, H., "Towards a Unification of Paraconsistent Logics," *Proceedings of International Conference: Paradoxes, Logic and Philosophy* (Beijing, China, 2016), pp. 291-300.

Paoli, F., "Quine and Slater on Paraconsistency and Deviance," *Journal of Philosophical Logic* 5 (2003): 531-548.

Parsons, T., "True Contradictions," *Canadian Journal of Philosophy* 3 (1990): 335-353.

Priest, G., "The Logic of Paradox," *Journal of Philosophical Logic* 1 (1979): 219-241.

Priest, G., "Sense, Entailment and Modus Ponens," *Journal of Philosophical Logic* 9 (1980): 415-435.

Priest, G., "Logic of Paradox Revisited," *Journal of Philosophical Logic* 2 (1984): 153-179.

Priest, G., "Dialectic and Dialetheic," *Science and Society* 4 (1990): 388-415.

Priest, G., "Minimally Inconsistent LP," *Studia Logica* 2 (1991): 321-331.

Priest, G., "What is So Bad about Contradictions?" *Journal of Philosophy* 8 (1998): 410-426.

Priest, G., "Semantic Closure, Descriptions and Non-Triviality," *Journal of Philosophical Logic* 12 (1999): 549-558.

Priest, G., "Truth and Contradiction," *The Philosophical Quarterly* 200 (2000): 305-319.

Priest, G., *Beyond the Limits of Thought* (2nd) (New York: Oxford University Press, 2002).

Priest, G., "Paraconsistent Logic," in Dov M. Gabbay, and F. Guenthner, eds., *Handbook of Philosophical Logic*, Vol. 6 (2nd) (Dordrecht: Kluwer Academic Publishers, 2002), pp. 287-393.

Priest, G., *In Contradiction: A Study of the Transconsistent* (2nd) (New York: Oxford University Press, 2006).

Priest, G., *Doubt Truth to be a Liar* (Oxford: Clarendon Press, 2006).

Priest, G., Jc Beall, and B. Armour-Garb, eds., *The Law of Non-Contradiction* (Oxford: Clarendon Press, 2004).

Priest, G. and B. Francesco, "Dialetheism," in E. N. Zalta, ed., *The Stanford Encyclopedia of Philosophy* (Fall 2018 Edition), URL = < https://plato.stanford.edu/archives/fall2018/entries/dialetheism/>.

Priest, G., R. Routley, and J. Norman, eds., *Paraconsistent Logic: Essays on the Inconsistent* (München: Philosophia Verlag, 1989).

Priest, G. and K. Tanaka, "Paraconsistent Logic," in E. N. Zalta, ed., *The Stanford Encyclopedia of Philosophy* (Summer 2018 Edition), URL = < https://plato.stanford.edu/archives/sum2018/entries/logic-paraconsistent/>.

Prior, A. N., "Curry's Paradox and 3-Valued Logic," *Australasian Journal of Philosophy* 3 (1955): 177–182.

Rahman, S. and A. W. Carnielli, "The Dialogical Approach to Paraconsistency," *Synthese* 1-2 (2000): 201–232.

Rescher, N., *Paradoxes: Their Roots, Range, and Resolution* (Chicago: Carus Publishing Company, 2001).

Rescher, N. and R. Branddom, *The Logic of Inconsistency* (Oxford: Blackwell Press, 1980).

Rescher, N. and R. Manor, "On Inference from Inconsistent Premises," *Theory and Decision* 1 (1970): 179–217.

Restall, G., "Simplified Semantics for Relevant Logics (and Some of Their Rivals)," *Journal of Philosophical Logic* 5 (1993): 481–511.

Restall, G., "Four-Valued Semantics for Relevant Logics (and Some of Their Rivals)," *Journal of Philosophical Logic* 2 (1995): 139–160.

Rey, F. M., Contradiction, Paraconsistency, and Dialetheism (Doctoral Dissertation of Clumbia University, 2007).

Routley, R., "Dialectical Logic, Semantics and Metamathematics," *Erkenntnis* 3 (1979): 301–331.

Routley, R., V. Plumwood, R. K. Meyer, and R. T. Brady, *Relevant Logics and Their Rivals I: The Basic Philosopical and Semantical Theory* (Ridgeview: Atascadero, 1982).

Shapiro, L. and Jc Beall, "Curry's Paradox," in E. N. Zalta, ed., *The Stanford Encyclopedia of Philosophy* (Summer 2018 Edition), URL = <http://plato.stanford.edu/archives/Sum2018/entries/curry-paradox/>.

Shapiro, S., "Incompleteness and Inconsistency," *Mind* 444 (2002): 817–832.

Sainsbury, R. M., *Paradoxes* (3rd) (Cambridge: Cambridge University Press, 2009).

Slater, B. H., "Paraconsistent Logics?" *Journal of Philosophical Logic* 4 (1995): 451–454.

Smiley, T. and G. Priest, "Can Contradictions be True?" *Proceedings of the Aristotelian Society* Supp. 1 (1993): 17–54.

Tanaka, K., "Three Schools of Paraconsistency," *Australasian Journal of Logic* 1 (2003): 28–42.

Tanaka, K., F. Berto, E. Mares, and F. Paoli, eds., *Paraconsistency: Logic and Applications* (London: Springer, 2013).

Vasil'év, N. A., "Imaginary (Non-Aristotelian) Logic," *Axiomathes* 3 (1993): 353–355.

Vasil'év, N. A., "Logic and Metalogic," *Axiomathes* 3 (1993): 329–351.

Woods, J., *Paradox and Paraconsistency: Conflict Resolution in the Abstract Science* (Cambridge: Cambridge University Press, 2003).

Zermelo, E., "Investigations in the Foundations of Set Theory," trans. by S. Bauer-Mengelberg, in J. van Heijenoort, ed., *From Frege to Gödel: A Source Book in Mathematical Logic, 1879–1931* (Cambridge: Harvard University Press, 1967), pp. 199–215.

索 引

A

阿克曼　25，94，98

阿鲁达　17，18，23，138

阿莫尔加博　107，108

阿森霍　25

爱因斯坦　147~152

安德森　25，55，94，98，99，101，102，104~106，201，230

奥洛夫　98

B

巴门尼德　46

半费之讼　159

保假　64，65，72

保守进路　27

保真　59，64，65，117，119，124，135，225，231

保真性　33，108，188，206

爆炸　16，180，187

爆炸原理　117，128，169，189，201~204，206，217，229

贝尔纳普　25，26，55，94，98，99，101，102，104~106，201，230

贝克莱　140，141

贝克莱悖论　141，142，144，146

悖论逻辑　23，25，55，60，108，163，168，232

悖论性　3，6，12，25，31，34，55~57，61，64~66，108，113，119，120，124~126，128，136，162，168，197，203

悖态　16，34，108，109，138

比尔　24，170，173

辩证论题　176~178

辩证逻辑　23，74，84~86，89，177

辩证矛盾　177

标准世界　47~49，52~54，122，123，212

不矛盾规范　197~199

不相容世界　37，46，48，49，51~54，109，111~113，122，123，152，155，171，212，230

不相容性　47，55，108，111，131，136，191，202，204，209，212

布埃诺　36

布兰登　24，37，46~54，74，109，111~113，122，123，155，170，171，212，230

布鲁迪　172，183

C

策墨罗　9，14，15
超不相容　171
陈波　3，205，206
充分宽广　15，16，35，136，137，202

D

达·科斯塔　23~25，27，32，36，54，74~80，82，84，85，87~90，92，108，120，121，127，134~136，161，163~165，170~174，183，189，200，202~204，230
大森仁　26
单调　131
单假　55~57，65，66，113，119，203
单真　55~57，65，66，113，119，162，203
德摩根律　87，92，166
邓恩　25，26，94，98
杜国平　24，26，181，182，204，232
断定定理　67，116，117
对立统一　84，85
对象语言　30，168
多值化方案　31，37，54，74，93，200

E

二维逻辑　21
二值语义　9，66，67，136，138，202，204，229
二值原则　31

F

非标准世界　47~49，51，52，111，122，171
非单调　131，226，227
非经典逻辑　23，35，75，137，226，227
非平庸　1，16，17，55，75，76，82，84，89，94，114，115，120，132~134，152，155，161~163，170，180，188，189，202，206，229，230，233
非特设　16，137，138，172
非特设性　14，36，137，138，208
非形式悖论　18
非形式的二律背反　18，19，138
非亚氏逻辑　21
菲尔德　31，112，117，119~121
分离规则　19，38~40，59，60，63，70，71，73，76，87，100，103~105，110，116，117，119~121，123~125，128，132，212，213
冯棉　94~96
否定词　24，26，37，49，50，74，

76，77，79，80，86，93，120，
121，136，167，173，177，181，
182，192，193，203，204

弗雷格　192，193

负事实　196

G

哥德尔　9，19，74，137

哥德尔不完全性定理　19

格瑞姆　172，173，183

光速悖论　6，145，148，152，200

归谬律　4，27，59，90，102，119，
123，128

规范　9，158，194，198，199，231

规律　20，21，35，84，85，145，
158，166，193，194，197~199，
204

桂起权　137

过充盈　43~45，109，110

过完备　22，23

H

哈克　14，172，208

郝旭东　27，35

合经典性　27，134，136

合取引入　24，37，38，183，209，
212

赫拉克利特　46

黑格尔　84，85，87，165，184

黑格尔论题　18，138

黄油猫悖论　11

J

基础逻辑　4，9，18，23，98，
114，115，117，120，200，202，
204，206，207，227，229~232

激进进路　27

极限　144，145

极小悖论逻辑　129

极小不相容　130~133

集合论悖论　15，147

伽利略变换　149~151

解悖　1，5，13，15，16，27，28，
31，33，34，36，107，115，
120，134，137，202

解悖方案　1，12，13，15，16，
27，33，34，55，111，121，
155，191，208，229

经典方案　14，31，33，34，36，
55，107，120，137，163，191

经典否定　80，89，93，177，192，
193，204

经典逻辑　1，4，15，16，18，19，
22，27，31，34，35，37，38，
49，54，64，74~77，83，85~
89，92，94，95，97，98，108，
109，120~126，128，129，131，
132，134~136，165，166，168，
178，179，181，189，192，193，
200，202，203，207，209，210，
212，226~233

K

康托尔 6，7，145，200

柯西 144

可能世界 21，23，24，37，47，48，51，52，65，70，122，123，170，171

可能世界语义学 45，73

克莱因 144

克里普克 13，31，112，120，121，191

寇里 115，118～120

寇里型悖论 113，115～117，120，125

库恩 146

蒯因 174

宽广性 107，120，121，230

奎萨达 16

L

拉卡托斯 139

莱布尼茨 140，142，143，200

雷斯塔尔 25，94，98

雷歇尔 10，11，24，36，37，46～54，74，109，111～113，122，123，146，152，155，170，171，212，230

李娜 35

刘易斯 38，100，101

逻辑多元论 134，135

逻辑混乱 171

逻辑矛盾 1，145，147，176～178，198

逻辑维 21

逻辑虚假 163，167，168，174

逻辑一元论 134，135

逻辑应用 200，206，207，225～227，230～233

逻辑真理 26，57，58，60，62，67，69，95，117，127，163，165～167，174

罗素 7，9，13～15，74，165，170

罗素悖论 6，7，9，13，18，111，137，147，200

洛伦兹变换 151

M

马克思 84，85，87，176

马雷什 25，94

迈尔 25，36，94

麦克吉尔 84，85，87，88

矛盾等价式 3，4，109，114，167

矛盾关系 108，163～166，178～184，192，193，201，204，218，219，230

矛盾律 20～22，26，31，32，35，43，47，52，54，75～81，83，86，87，89，90，92，93，108，109，120，121，127，128，136，146，163，165，166，172～174，178～182，190，193～200，203，

204，209，210，216，222，227，
232

矛盾系统 22

矛盾信念 171，189，233

矛盾性的结论 5，13，29，31，
33，34，107~109，120，197

梅农 19，20，152

明兹 98

命题演算 22，23，75，76，78~
80，101，110，121，202，203

模糊逻辑 23，85

模糊谓词 156，159，188

模态逻辑 23，24，101，165

莫绍揆 94，98

N

牛顿 140，142~145，149，200

O

欧布里德 28

欧性 45

P

帕里 84，85，87，88

排四律 20，21

排中律 26，47，86，87，89，90，
92，93，95，120，121，164~166，
181，182，210，222，226，227

平庸 1，16，18，19，31，33，35，
54，55，78，80，82，90，92，
101，107，109，115，117，119，

124，132，134，138，139，161，
163，169，171，172，180，
200~202，207，208，212，213，
226，229

普赖尔 115，172，178，179

普利斯特 2，4，23~26，32，34，
36，55，60，63~67，70~74，
107，108，113，117，119，120，
123~136，152，155~160，162~
166，168，170，171，173~
175，180~186，189~193，195~
197，200，202~204，230，232，
233

普罗泰戈拉 159~161

Q

弃合方案 37，46，54，74，93，
183，200

强不相容 171

强否定 79，83，89，90，93，136

强化的说谎者悖论 15，113

强化的说谎者语句 112，113

强矛盾 89，93

强亚相容论者 170，171

情境语义学 9，13

R

R. 卢特雷 25，94，135，172

RZH 标准 16，33，35，36

任晓明 137

瑞 114

弱不相容　171

弱亚相容论者　170，172

S

赛恩斯伯里　2，4

三维逻辑　21

三值化方案　31，112

司各脱法则　4，16，19，22，24～26，43，55，74，82，88，90，92～94，99，100，103，117，128，139，162，163，168，169，189，190，200，201，204，206～209，216，219，226，229～231，233

思想世界　193～196，198，199

斯莱特尔　164，181，182，204

实在世界　21，36，152，171，172，193～196，199，204

实质蕴涵　25，57，63～65，73，98，101，103，124

实质蕴涵怪论　94，100，101，204

收缩定理　69，116，117

双重否定律　88，100，103，121，166

说谎者悖论　2，5～7，9，10，13～15，18，28～30，109，111，112，114，120，137，163，191，197，210

说谎者语句　3，9，13，108，109，111，112，114，115，136，167，168，189，192，197

T

T～模式　28，72，114，118，119，182，184～187，190，197

T～认知模式　187，188

塔尔斯基　5，7，9，13，14，28～30，114，115，118，120，163，182，184，185，187，210

塔纳卡　134，135

讨论地等值　39，40，46

讨论地蕴涵　39，121

讨论逻辑　22～24，37～39，44，46，109，110，121，122，183，229

讨论系统　23，38～40，44，45，109，155，212

特设　113，169

特设性　14，137，139，140，163，170，191，204，206，230

V

V. 卢特雷　25，94，172

W

瓦西里耶夫　20，21，36

完全性　19，225

王天思　9

威尔斯特拉斯　145

微积分　140～142，145，146，200

稳固　86～90，92，93

沃尔夫　74，84，85，87～90，92

索　引

无差别判断　21

无穷小量　140~146

X

西蒙斯　168

析取三段论　32，55，59，105，106，123~128

析取引入　32，124，125

系统内有效性　201，232

系统外有效性　201，230，232

狭窄性　107，113

下反对关系　163，164，166，179~182，184，204

相干标记　97，103~105

相干方案　33，74，93，94，98，189，200，204，230

相干逻辑　23，25，26，33，75，93，94，97，98，100，101，204~206，230

相干性　26，32，93~95，97，100~106，201，202，204~206，230

相干原理　55，100，205，230

相干蕴涵　25，99，100，102

相容性　1，16，17，19，34，35，37，46，108，109，128，136，191，200，201，204，206~208，226

想象逻辑　20，21

信念体系　37，162，169，189，200~202，204，206~209，211，212，218，227，229，232，233

形式悖论　18，19，138

形式的二律背反　18

Y

雅斯科夫斯基　22~24，37~42，44~46，74，109，121，155，170，183，212，229

亚里士多德　21，46，47，165，175，194，195

亚氏逻辑　21

亚相容方案　1，13，16，20，27，31~36，46，51，55，63，73，107，109，111，120，121，125，134，136，138，139，152，155，162，163，169，177，180~182，200，230，232

亚相容否定　24，26，74，135，165，166，178，181，204

亚相容解悖方案　4，14，16，17，20，31，53，54，94，107~109，113，115，117，120，121，125，127，136，138，139，152，155，159，161，169，170，189，225，227，229，232，233

亚相容论者　15，17，20，34，35，152，157，161，170，175，177，187，197，199

亚相容逻辑　1，2，15，16，18~20，22~27，31~36，48，51，74~76，82，84，93，94，101，

108，109，113，117，119～121，
123，125，126，128，131，134～
139，146，152，155，156，161，
165，170～174，176～182，184，
188～191，197，200～204，226，
229～233

亚相容情境　128，231

亚相容素朴公理化理论　114

亚相容性　23，25，27，35，75，
94，99，121，134，135，169，
172，200～203，206～208，213，
224，229，231，233

亚相容原型　152，155，161，169

严格蕴涵　100，101，103

严格蕴涵怪论　25，94，101，204

衍推　55，63～65，71～73，98，
102～104，117，119，120

演绎定理　60，162，215

一维逻辑　21

伊壁门尼德　28

英费尔德　150

有效性　24，31～34，37，54，55，
58，62，74，87，93，108，109，
117，120，121，123，124，126～
128，160～162，178，198，201，
202，204，212，229～233

有意义的矛盾　138，139

余俊伟　24，205

逾矩　77，78

语形　6，49，77，108，114，121，
123，126，152，161，162，169，
172～174，176～178，182，187～
189，191，204，225～227，233

语形悖论　5，115

语言层次　9，14，30，31，136，
137，163

语言世界　193～195，198，199

语义　4，6，13，23～27，29，30，
32～34，49，51，52，54，55，
57，60，61，64～67，69，71，
74，77，82，83，92～94，108，
111，112，114，120，122，123，
125，128～130，145，152，155～
157，161～163，166～169，172～
174，178～180，182～191，193，
197，200，201，203，204，212，
220，221，225～227，229，230，
233

语义悖论　5，6，115

语义封闭　12，29，114，115，124，
125，163，166，168

语用　6，123，126，172，182～
189，191，197，204，232

语用悖论　5，6

元层次　16，33，37，74，108，
109，123，136，188

元逻辑　18，21，89，90，93

元语言　19，30

蕴涵怪论　25，95，97，98，101

Z

张家龙　3，94

张建军　3，11，15，27，136，145，147，177，188，193，201，232，233

张清宇　24，94

哲思逻辑　181，182，204

真理模式　28，115，116

真矛盾　36，107，108，124，125，130，131，135，138，145，147，152，156~159，161，163，165，168~180，182~184，188，189，191，192，196，202~204，230

真值函项　24，25，37，53，54，74，106，166

真值间隙　9，15，31，112，120，136，226，227

正加方案　74，93，200

正事实　196

直觉主义　75，165，180~182，226

置信逻辑　27，210

置信语义　27，232，233

中矩　77，78，87

专家知识库　152，153，155，157

准有效　34，123~127，136，230

自我指称　6，12，137

足够狭窄　15，33，107，113，137

致　谢

本书是国家社科基金后期资助项目"亚相容解悖方案研究"（15FZX033）的最终成果；在成果的完善阶段，各位评审专家以及南京大学张建军教授、潘天群教授和中国社会科学院杜国平研究员提供了极为宝贵的意见和建议；社会科学文献出版社编辑对书稿进行了非常耐心、细致和专业的编校。在此，我谨表示最诚挚的谢意！

二〇二一年四月

图书在版编目(CIP)数据

亚相容解悖方案研究 / 付敏著. -- 北京：社会科学文献出版社，2021.7
国家社科基金后期资助项目
ISBN 978-7-5201-8616-2

Ⅰ.①亚⋯ Ⅱ.①付⋯ Ⅲ.①逻辑学-研究 Ⅳ.①B81

中国版本图书馆 CIP 数据核字（2021）第 124980 号

国家社科基金后期资助项目
亚相容解悖方案研究

著　　者 / 付　敏

出 版 人 / 王利民
责任编辑 / 罗卫平

出　　版 / 社会科学文献出版社·人文分社（010）59367215
　　　　　　地址：北京市北三环中路甲29号院华龙大厦　邮编：100029
　　　　　　网址：www.ssap.com.cn
发　　行 / 市场营销中心（010）59367081　59367083
印　　装 / 北京玺诚印务有限公司
规　　格 / 开　本：787mm×1092mm　1/16
　　　　　　印　张：16.75　字　数：265千字
版　　次 / 2021年7月第1版　2021年7月第1次印刷
书　　号 / ISBN 978-7-5201-8616-2
定　　价 / 148.00元

本书如有印装质量问题，请与读者服务中心（010-59367028）联系

版权所有 翻印必究